编 委 会

序　言

随着大数据、人工智能、云计算、物联网、AR/VR、区块链等新技术的飞速发展，社会已进入数字经济时代，新一代信息技术正以超强的存储和计算能力、快速准确的数据挖掘能力向生产、消费领域渗透，扩展了其广度和深度。数字科技新技术正不断推进和改变着我们的生活，以知识驱动、智慧驱动、数据驱动为发展引擎的新商业模式不断涌现，为新商业发展提供了新的技术基础和新的发展空间，新商业“互联网＋”跨界融合的特质深刻影响了电子商务、物流、营销等多个行业，传统的商业模式和产业结构正经历着巨大的挑战和变革。新商业孕育和催生新职业，新职业亟需新人才，高校传统的商科人才培养模式已面临严峻挑战，促使高校“大经管”向“新商科”转型。新的时代背景下，转变传统的商科育人理念，培养符合时代所需的“新商科”人才已迫在眉睫。“新商科”突出了四个“新”，即“新思维”“新规则”“新理论”“新工具”。相对于传统商科，“新商科”是一场教育思维的认知革命，是商科教育重塑性的变革工程。一方面，随着产业结构调整，人才需求结构也发生了巨大的改变，企业需要的是跨学科、跨专业能力的复合型、创新型新商科人才；另一方面，随着信息技术及相关科技的发展与应用，学生的学习方式也发生了巨大的变化。突破资源边界、融通院系边界、重构商科专业集群、解构专业内涵、改革教学模式，为新商科教育教学改革带来了动力与压力。

此次出版的新商科系列教材对接新产业、新业态、新模式、新职业，反映相关领域新技术、新工艺、新规范，体现行业企业参与特征，紧贴商科专业相关技术领域职业岗位（群）的能力要求。系列教材围绕教材、课程、教学实施为一体的建设思路，全面体现新时代教育教学改革成效，以职业活动为导向设计框架，以真实工作任务为载体进行整体设计，由院校教师与企业岗位能手共同开发教材资源，深化“产教融合”，融“课、岗、赛、训”为一体，以新理念、新模式、新方法为学生提供综合性跨学科教育。按照当前职业教育的发展趋势及国家规划教材的评审要求，遵循职教育人规律，体现了如下特色：

第一，将德育资源、德育素材融入教材内容。以习近平新时代中国特色社会主义思想为指导，坚持正确的政治方向和价值取向，坚持育人为本，深入挖掘教材中蕴含的新时代商务人员的基本素养，将倡导担当意识、精益求精的工匠精神、诚实守信、自利利他的职业品质等思政元素融入学习情境的具体项目任务中，将职业能力和职业素养相融合，引导学生强化家国情怀。

第二，契合地域经济发展的战略布局。紧密围绕地域经济发展和社会需求，对课程资源进行精准设计，充分反映现代产业体系建设优化最新进展，对接科技发展趋势和市场需求，充分体现服务区域经济发展，培养技术型、技能型人才。

第三，紧扣专业教学标准并结合参赛标准。教材内容在《国家职业教育改革实施方案》及《高等职业学校专业教学标准》的指导下，落实新时代的新要求，秉持高等职业教育教学理念、坚持职业教育属性，结合国家职业标准、1+X 职业技能等级标准或技能大赛标准等，针对财经商贸大类各专业的教学需要，构建完整的知识技能体系，兼顾知识点、技能点的广度和深度，落实专业人才的培养目标。

第四，保证教材内容的先进性。在编写过程中关注相关行业的技术、经济、社会环境的发展和变化，引入最新的政策、经济数据、工艺、技术、案例等，使教材内容与时俱进，切实做到理论联系实际。

第五，教材编排生动、形式多样。教材内容组织多运用表格、图片来表达概念，力求做到图文并茂，增加趣味性，项目任务、能力实训等有提示、引导等环节，强化实操性。选择部分适合的教材按照典型的职业活动进行编写，对教学模块进行有机组合，使用活页式、工作手册式装帧，使教材内容兼顾独立性和系统性。

第六，作者团队优势最大化，突出校企合作。由校内资深教师和企业专家、校企合作人员共同组建作者团队，充分发挥作者团队的丰富教学经验与实践经验的优势，将教育链与产业链相融合、教学端与学生端相融合、编教材与用教材相融合。每本书由副高及以上人员担任主编，知识体系设置贴合教学需求；由企业专家精选企业真实案例来应证理论，将企业的岗位要求和工作过程有机融入教材中，分解工作过程、明确任务要点，以真实工作项目导入、典型工作任务驱动学生业务操作学习，引导工学结合、知行合一。

第七，精心打造立体化资源。做好微课、动画、视频、课件、习题、实训、案例等数字化教学资源建设，实现“教材 + 微课 + 平台课 + 教学”的深度融合，打造线上线下融合的“互联网 +”新形态一体化教材。

2022 年 8 月 29 日于浙江大学紫金港校区

前　言

随着大数据、物联网、云计算等新一代信息技术的迅速发展，数字经济、智慧城市、智改数转[①]、东数西算[②]等新名词不断出现，互联网时代的“数据”正在潜移默化地改变着人们的日常生活、学习和工作。数据需要和业务结合才有意义，数据经过收集、整理，再进行“数据分析”，可充分发挥其价值。

数据分析工作现已在社会各方面充分展开，无论是人们日常生活，还是航空航天等重大国家项目，处处体现了数据分析的重要性。作为推动社会发展的商业活动同样是数据分析的主要应用领域之一。伴随着信息时代的发展，社会各界对数据分析人才的需求不断加大，对相关专业人才的要求也在不断提升。这就要求相关的数据分析从业人员具有良好的业务分析能力、数据分析处理能力、工具运用能力，才能胜任“数据驱动业务发展”的工作要求。

在此背景下，国内诸多职业院校纷纷开设“商务数据分析”课程，经过一段时间的积累，虽然已经有了一些成形的教学资源和教材，但是由于商务数据分析的跨学科、跨领域、业务实操能力要求强等特点，对相关数据分析人才的培养还有不少短板。为了完善和弥补商务数据分析人才培训的不足，在对企业经营业务、数据分析处理、职业学校人才培养机制研究等多方面调查研究的基础上，我们尝试进行教学需求、工作任务和岗位标准的有机融合，编写了本书。

本书具有如下特点：

一、思政特色，贯穿始终

以社会主义核心价值观为中心，结合学科与时代特色，将思政内容贯穿学习始终。在思政内容设置过程中，一方面充分考虑到思政内容与学科特点的结合，不做刻意空洞的说教，而是将与学科关联的现象、事件、人物与立德树人目标紧密结合，使学生在学习过程中潜移默化地受到正确思想的感染和熏陶，从思想深处进行调整与提升；另一方面，将具有鲜明时代特色的思政材料纳入体系中，增加了思政内容的亲和度，使学生加深对思政内容的理解，引导学生用思想引领行动，在学习、工作中提升道德素养。

二、案例驱动，活页装帧

本书为活页式教材，以商务数据分析过程为导向，每个模块以案例导入、问

① 智改数转：智能化改造和数字化转型。
② 东数西算：即东数西算工程，将东部算力需求有序引导到西部，优化数据中心建设布局，促进东西部协同联动。

题引导为驱动，进行知识与技能讲解，使学生能够从实际出发、带着问题思考，再应用到实践中去，充分将所学知识以最高效的方式灵活运用，摆脱了传统案例教学无法跟上时代步伐的缺点。活页式装帧能够适应不断变化的教学要求和知识迭代更新，赋予本书全新的生命力，使其成为能够自我调节、不断成长的有“生命”的书，真正做到与时俱进。

三、内容丰富，难易适度

在内容设置上充分考虑本书使用对象的具体特点，对学生的使用场景和习惯进行了充分研究，在讲解数据分析的基础上，适当添加了相应的业务知识内容，着力进行技术与业务双向贯通的人才培养。在知识点、技能点的专业程度上，充分考虑到非理工类专业学生的学习状态和学习特点，有意将相关知识内容进行了适当简化与归纳汇总，不做过于深入、抽象的知识介绍与讲解，偏重知识技能在实际环境中的应用。同时，又为后续进行知识拓展预留了充分空间，为学生后续深造、提升做好充实的预备工作。

四、场景融入，全面助力

本书将学生学习作为一个整体看待，因此在内容设置上，不仅有相关的理论知识技能讲解，还设置“直通职场”“扩展知识”“行业观察”等环节，多方位、多角度地形成立体环境，以便对学生进行数据分析思想的讲授。不局限于简单的知识和技能讲解，更关注高等教育在启发式教育方面应发挥的作用，通过内容的精心设计，结合当代先进的教育理念和教育思想，力争为新时代高校学生的全面发展助一臂之力。

五、同步微课，资源丰富

针对复杂操作的技术环境，部分专业化的技术操作附带有二维码，学生可以扫码观看具体的实施过程。配合文字说明与图示，可帮助学生提高学习兴趣、增强学习信心、快速掌握先进技术工具的使用，并通过熟练操作增强实践动手能力。

本书由黑龙江职业学院刘宁、王海涛、王海鹰主编。其中，刘宁编写模块一和模块八，并负责全书的统稿工作；王海涛编写模块二至模块四；王海鹰编写模块五至模块七。在本书编写过程中，中国铁道出版社有限公司各位编辑给予了悉心指导和大力支持，在此表示真诚的感谢！

商务数据分析与应用的技术发展日新月异，在现代社会中所占比重也日益增大，由于覆盖关联面广、技术时效性强，加之编者水平所限，书中难免有疏漏之处，敬请广大读者批评指正（作者邮箱：1919859738@qq.com）。

编　者

2022 年 5 月

目　录

模块一

商务数据分析与应用概述

模块导读

本模块是商务数据分析的基础，首先从数据分析的基本概念入手，通过对日常工作、生活遇到的与数据分析处理有关事务的介绍，从多方面讲解数据分析的相关技术。然后介绍了对数据分析有重要影响的数据结构知识，并对如何做好商务数据分析进行了说明。

学习目标

【知识传递】

◎了解数据的概念。

◎熟悉各种数据技术。

◎掌握数据结构的概念。

◎掌握对数据结构维度的区分。

◎掌握做好数据分析的关键因素。

【能力培养】

能够使用 Excel 对数据进行基本操作。

【价值引领】

切实感受在我国社会主义建设过程中，我国老一辈技术专家对数字化建设的关注和投入，提升对国家的认同感。

思维导图

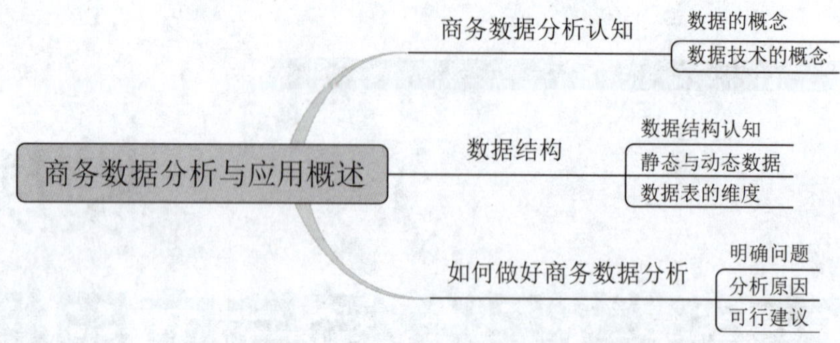

引入案例 保修问题让位于物联网解决方案

在某自动化工业制造公司，公司的产品质量团队向数据分析团队提交了一个业务分析项目。公司的商业智能主管表示："我们遇到了保修管理难题。我们不能仅仅看问题本身，而是需要利用我们的数据分析团队，将工作扩展开，将关注点放置到确定返厂产品的根本原因上。"

通过将数据追溯到机器级别，数据分析团队发现了一个制造缺陷，这一组装故障与保修返厂产品是相关联的。"将物联网（IoT）机器数据分析纳入其中，将有助于提升我们的战略和平台。"公司商业智能主管说，"本次针对业务问题的数据分析工作转变为一个出色的业务解决方案。通过与质量部门协作，创建了相应的设备级数据分析平台。借助数据分析，将业务问题转化为一个对客户有用的工具，并为公司创造了新的收入来源。"

（资料来源：小象数据分析师事务所）

问题引导：

1. 公司是如何将产品保修问题转化为一个业务解决方案的？

2. 数据分析在公司内主要起到什么作用？

知识准备

一、商务数据分析认知

（一）数据的概念

对于数据概念，人们会立刻联想到身边所能看到、接触到的一些数字化信息，比如财务报表、班级人数统计报表、统计局统计的房地产市场发展趋势、证券交易所的交易数据和股票走势图等。这些都是数据，但是都是数据的某种表现形式。为了进一步深入学习和掌握数据知识，我们就有必要深入到数据概念的内部，从根本上探究数据除去各种装饰和变异形态后的本质性内容。

首先是数字和数值，和以前做数学题类似，数据必须是数字和单位的结合体，没有单位的数据，没有任何意义。例如：单纯的“1”没有任何作用，必须结合具体的业务场景，如1千米，1分钟，1立方米。因此，我们在进行数据分析的时候，首先必须能够获取尽可能精准的数字，另一方面，必须要有相关的业务知识，否则，所谓数据内容只能是苍白的数字，对实际问题的解决没有任何帮助。不仅如此，为了能够充分说明问题，相关的内容还需要放置到某个具体的业务环境中，例如：1千米可以描述为，我家距离学校的直线距离为1千米；1分钟，可以描述为，环绕学校操场跑一圈花费了1分钟。所以，真正的数据应用应该包括“数值+业务单位+业务环境”。如果用一句话来说明，可以将数据定义为：数据是人类对客观事物及其发生发展过程的数字化记录。

因为数据的数据化记录功能，从理论上来讲肯定是相关数据越多越好，类型越丰富越好，这也是当今大数据理念流行的一个主要原因。但在实际业务中，我们在进行数据处理的时候，还是要秉承量力而行的原则，不能为了数据化而数据化。因为进行大数据处理时，相关的运营成本同样是巨大的。为了保证相关数据分析工作的顺利进行，需要涉及数据信息采集的成本投入、海量数据的存储设备投入，大量数据的统计处理同样需要高性能的计算机的支持。不仅如此，为了将数据分析有机融合到企业管理中，就必然需要相关的高级人才，这对于企业来讲也是一笔不小的开支。因此，企业在设定自身的数据化运营过程中，一定要切合实际，充分考虑到自身的发展环境和发展战略规划，有步骤、有计划地分阶段进行数据化运营建设才是正确的选择。

扩展知识：元数据

元数据（Metadata）是描述其他数据的数据（data about other data），或者说是用于提供某种资源的有关信息的结构数据（structured data）。元数据是描述信息资源或数据等对象的数据（见图1-1），其使用目的在于：识别资源，评价资源，追踪资源在使用过程中的变化，实现简单高效地管理大量网络化数据，实现信息资源的有效发现、查找、一体化组织和对资源的有效管理。

增量同步元字段　添加虚拟字段

	中文名	字段名	控件类型	列宽度	高度	新增状态	更新状态	快速查询	列表显示	单元格编辑	是否必填	允许排序	是否有多值
1	ID	id	自增框	130	20	禁用	隐藏	☐	☑	☐	☐	☑	☐
2	艺人姓名	nickname	文本框	130	20	正常	正常	☑	☑	☑	☑	☑	☐
3	状态	status	下拉框	130	20	正常	正常	☑	☑	☑	☑	☑	☐
4	登录账户	login_id	文本框	130	20	正常	正常	☑	☑	☑	☑	☑	☐
5	录登密码	login_pwd	密码框	130	20	正常	正常	☐	☑	☐	☑	☑	☐
6	注册时间	reg_time	时间框	180	20	正常	正常	☑	☑	☑	☑	☑	☐
7	备注	info	文本域	130	20	正常	正常	☐	☑	☐	☑	☑	☐
8	标签	tag	下拉框	130	20	正常	正常	☑	☑	☑	☑	☑	☑

图1-1　元数据字段编辑

（二）数据技术的概念

数据技术主要是指与数据处理相关的一系列技术，主要包括以下四种：

1. 数据采集技术

数据采集就是对事物在发生和发展过程中产生的数据进行采集的过程。当前数据运营发展迅速，其中一个很重要的原因就是数据采集技术的飞速发展。巧妇难为无米之炊，没有成熟的数据采集技术做支撑，后续的一系列数据处理工作就无法正常开展。现在的数据采集终端越来越智能化、平民化，相关技术水平不断得到提高，使用成本则不断降低。很普通的一部智能手机，里面就包括了定位、语言、指纹、光线等多达 20 多个智能数据采集元件，如图 1-2 和图 1-3 所示。

图 1-2 手机中摄像头与光线距离感应器

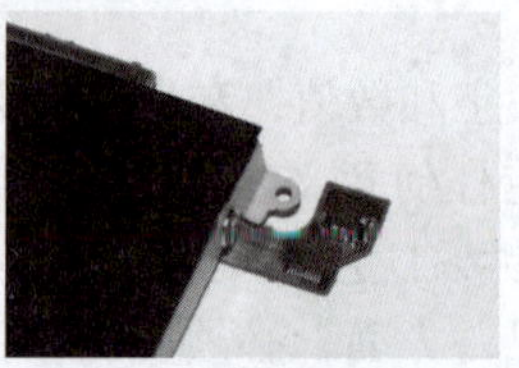

图 1-3 手机中加速度传感器

在具体的采集数据信息内容方面，一般又分为两个部分：

（1）对已经存在的信息内容进行采集：比较典型的例子就是“考古学”领域的操作，这个学科就是通过一定的专业技术，对古代文明中的遗留物品进行各种技术化操作，从中提取相关的数据信息，并以此为鉴，用来探寻人类社会的发展规律，并为当下和将来人类社会发展提供重要参考依据。这里的重点是，相关的数据信息已经存在很久，是对过去积存的信息内容进行挖掘采集。

（2）对发生的数据进行实时同步采集：比较典型的例子就是“交通实时路况”的信息分享，我们在驾车或乘车时，经常可以看到标识有交通路况的实时地图，其中的相关信息，就是通过各种交管设备从当前交通道路的实际车流状况获取信息，然后通过高速互联网进行信息传递，以此达成信息实时共享的目的。

相比较而言，后者的技术要求更高，作用也更大，是当前数据采集处理领域关注的重点，也是基于各种“无人”操作的人工智能发展的基础。

2. 数据存储技术

数据存储技术主要是指数据存储的容量和存储速度。在计算机发明前，我们进行数据存储的主要介质是书籍。早期的时候，信息是刻录在骨甲和竹简上的，但相关信息载体上记录的信息量和今天相比差距巨大。后来纸张的发明使数据存储技术提上了一个台阶。延续了几千年后，计算机的发明从质的层面彻底解决了大信息存储问题，虽然刚开始的磁带机、软盘等仍旧不能满足巨大的信息开销，但是随后的技术发展填补了空白。一张数据光盘就可以保存博物馆里所有藏书的文本信息内容。同时，存储成本急剧下降，当前一个普通的容量为 4 TB 的机械硬盘价格只有 500 元人民币左右。

在数据容量不断增长的同时，数据存储速度也不断提升。当前基于 NVME 协议的 SSD 固态硬盘，数据读取速度可以达到 6 600 MB/s，写入速度可以达到 5 000 MB/s。

图 1-4 所示为固态硬盘，图 1-5 所示为大容量机械硬盘。

图 1-4 固态硬盘

图 1-5 大容量机械硬盘

3. 数据传输技术

传统方式下，一般都是通过交换某个具体的物理数据存储介质来进行数据传输。在当今社会的早期，数据传输技术虽然随着存储设备的变更有了飞速发展，但在互联网兴起之前，仍旧需要交换存储介质进行数据传输。

自从互联网技术飞速发展以来，数据存储技术发生了巨大变革，数据传输已经不再局限于具体物理介质的传递。可以直接通过无线网络进行传输。而传输速度，也从先前的每秒几十比特（bit），一直发展到现在千兆网，可以达到 1 000 Mbit/s，图 1-6 和图 1-7 分别为千兆有线 PCI-E 网卡和千兆无线网卡。

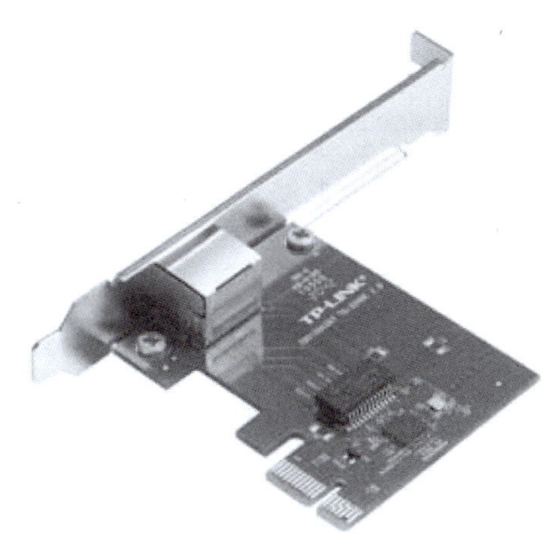

图 1-6 千兆有线 PCI-E 网卡

图 1-7 千兆无线网卡

4. 数据处理和数据挖掘技术

数据处理和数据挖掘技术是数据分析、数据运营的关键所在。以前绝大部分数据信息都是以人为基准的数据处理，人是整个数据处理的核心。但随着计算机技术的飞速发展，计算机辅助人类进行信息处理的作用越来越大。当今的无人驾驶技术是计算机进行飞速数据处理的一个例子：在无人驾驶汽车上，会安装上百个感应器，每秒都会通过车载计算机的强大计算功能，对传感器收集到的信息进行快速处理（见图 1-8）。正是因为有了计算机这样强大的计算功能为支撑，才保证了当前一系列“无人”技术的上线，有效提升了人类社会的生产生活效率。

图 1-8 无人驾驶汽车及车载传感器装置

二、数据结构

（一）数据结构认知

我们获取到的数据，并不是杂乱无章地随意堆放在一起，而是按照一定规则和顺序组合到一起的。数据结构就是指数据的组织形式。这种组织形式会因为数据主体、数据源、数据处理方式、存储方式、组成要素之间的关系而形成数据之间的关系。数据结构不仅用于组织数据，还极大地影响数据分析工作的执行速度。因为数据结构不同，数据分析工作的执行速度会有很大差别。数据结构主要包括三类：数据的逻辑结构、存储结构、运算结构。

下面通过具体的例子来说明什么是数据结构。图 1-9 所示为一家企业人事部门收集员工基本信息时所设计的员工信息简历表。

<table>
<tr><th colspan="6">个 人 简 历</th></tr>
<tr><td rowspan="7">个人基本信息</td><td>姓　名</td><td></td><td>性　别</td><td></td><td rowspan="3"></td></tr>
<tr><td>民　族</td><td></td><td>出生年月</td><td></td></tr>
<tr><td>籍　贯</td><td></td><td>政治面貌</td><td></td></tr>
<tr><td>健康状况</td><td></td><td>英语水平</td><td colspan="2"></td></tr>
<tr><td>学　历</td><td></td><td>专　业</td><td colspan="2"></td></tr>
<tr><td>联系地址</td><td colspan="2"></td><td>邮　编</td><td></td></tr>
<tr><td>联系电话</td><td colspan="4"></td></tr>
<tr><td>所获证书</td><td colspan="5"></td></tr>
<tr><td>工作经历</td><td colspan="5"></td></tr>
</table>

图 1-9　个人简历

相关技术概念说明：

（1）数据主体：主要指被记录数据的事物，包括动态的事和静态的物。本例中的数据主体就是员工个人。其他的例子：营销活动效果评估的数据主体是“营销活动”这个行为，属于“事”的范畴。

（2）数据表：用来记录一系列数据的集合。本例中多名员工或全部公司员工的个人简历信息集中在一起，构成了员工信息统计数据表。

（3）一条数据：上述“数据表”中的一条数据，也就是本例中的一张员工个人简历信息记录。

（4）字段：每条数据中对数据主体的属性描述，本例中的“姓名”“性别”都是字段。

在实际工作中，虽然可以通过此表格进行员工信息收集，但是也会遇到以下问题：

（1）所获证书和工作经历都是多条信息内容，虽然在填表的时候空余出较大空间，但随着时间的积累，必然会造成空间不足。另一方面，对于一些刚毕业的新人，几乎没有什么工作经历和证书，此时相关的空余空间又过大，不好处理。

（2）除去一些基本信息，比如姓名、性别、出生年月等变动性很小之外，其他的几项，比如“健康状况”“英语水平”“工作经历”等，会随着时间的变更不断发生调整。此时如何能够在保证信息时效性的同时，又保证能够进行历史信息回溯，也是一个不好处理的问题。

由此可见，上述表格存在很多问题，表格存在的设计问题就是数据结构的问题，优化数据结构能够提高数据管理的效率，如果数据结构不合理，就会对后期的数据处理、数据清洗带来不必要的麻烦。

（二）静态与动态数据

为了应对这种情况，设计更好的数据结构，首先要做的就是进行数据分类，按照静态数据和动态数据划分。

- 静态数据：基本不会发生改变或者是可变概率很低，即使发生改变也可以通过覆盖方式解决。比如：姓名、性别、出生日期、身份证号码等。
- 动态数据：变动性很强，改变的概率和频率很大，发生变化后，不能通过简单覆盖方式解决，只能进行信息叠加。比如：工作经历、所获证书、健康状况等。

原则上，一个好的数据结构，要么全是静态数据，要么全是动态数据，然后数据表之间通过关联关系形成一个完整的相互关联的数据库。所以我们可以将上述内容重新拆分，按照静态数据和动态数据划分。

在图 1-10 中，将数据重新划分为 3 个数据表，员工基本信息表中并没有保存所有信息，而是将动态内容（比如学历）单独划分出来，在外部创建一个独立表进行信息保存。具体查询时，可以通过员工基本信息表中的员工编号 ID，找到在员工学历表中对应的员工信息，同理，工作经历可以从工作经历表中查到，然后将信息组合到一起，输出给用户使用。

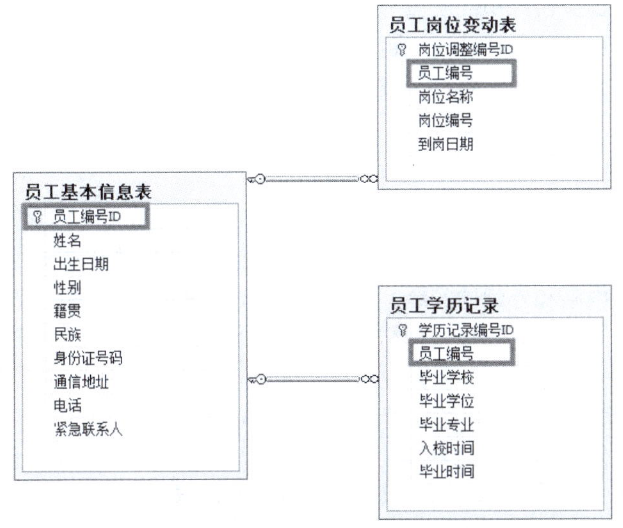

图 1-10 数据信息重新划分

（三）数据表的维度

单维数据表是结构化数据表的一种最简单的形式。要求相同属性的字段统一并且固定，所有的字段都在描述相同的数据主体。图 1-11 中的表格不是单维数据表，因为其每个字段都在描述不同的数据主体。在转换为数据透视表后，将无法进行正常数据汇总计算。因此在进行计算的时候，需要转换为图 1-12 所示的单维数据表。

考试成绩			
姓名	数学	语文	外语
张三	80	76	89
李四	77	81	78
王五	85	85	88
赵六	90	91	92

图 1-11　多维数据表

考试成绩		
姓名	科目	分数
张三	数学	80
张三	语文	79
张三	外语	89
李四	数学	77
李四	语文	81
李四	外语	78
王五	数学	85
王五	语文	85
王五	外语	88
赵六	数学	90
赵六	语文	91
赵六	外语	92

图 1-12　单维数据表

将数据表转换为单维数据表的技巧在于如何审视数据主体，主体越明确，数据越精准。单维数据表的组织形式便于数据分析，数据表之间进行关联能够为将来的数据清洗节省大量时间，也可以优化数据存储空间，避免数据同步时发生不一致的情况。单维数据表的一个基本原则是动静分离，将静态数据和动态数据分别存储到不同的数据表中，相互间通过唯一编码进行关联。

三、如何做好商务数据分析

在现实环境下发生的问题相对都比较复杂，因此，如何通过一套行之有效的流程进行问题优化解决就变得尤为重要。通过对数据分析整体流程的描述，使大家掌握数据分析的一般性流程，以后再遇到类似的情形，就会有的放矢，形成有效的解决方案。

一般进行商务数据分析经历的阶段与寻医问诊类似。我国中医在处理病患的时候采用望、闻、问、切的方式，也就是对患者观气色、听声息、询问症状、把摸脉象。这一阶段就是数据分析中的明确问题和分析原因，掌握了发病缘由后，医生会给我们开具处方和调养意见，也就是最后的提出建议。

（一）明确问题

通过观察现象把问题定义清楚是数据分析的基础，只有把问题明确了，后续的一系列操作才会有针对性，如果刚开始的问题界定出了问题，就会导致后续操作南辕北辙，白白浪费时间。

由于语言表达的内涵和外延的问题，往往会将这起始的基本问题隐藏起来，让执行人忽略问题提出者的真实意图，由此导致处理结果的失败。比如，当领导指示调查当下公司人员流动性增大、离职人数增多的原因时，就存在这样的问题。这里的“大”“多”是有相对性的，假如公司近期有 3 人离职，如果公司的规模是 100 人，可能并不算多，但如果是 20 人的小公司，可能就会多。而且即使是 100 人的公司，如果公司领导对人员离职人数的忍耐度很低，仅容忍不超过 2 人，也可能是多。所以我们可以看到，受主观因素影响很大的不确定因素一定要将其确定下来。为此可以采用 5W2H 方式进行界定。

（1）WHAT——是什么？目的是什么？做什么工作？

（2）WHY——为什么要做？可不可以不做？有没有替代方案？

（3）WHO——谁？由谁来做？

（4）WHEN——何时？什么时间做？什么时机最适宜？

（5）WHERE——何处？在哪里做？

（6）HOW——怎么做？如何提高效率？如何实施？方法是什么？

（7）HOW MUCH——多少？做到什么程度？数量如何？质量水平如何？费用产出如何？

通过以上方式，我们就能得知当前公司人员流动的精准状况，为后续工作的开展做好基础准备。

另一方面，在利用上述5W2H明确界定问题的同时，需要借助自己扎实的业务知识，确保自己对业务各项指标的充分理解。同时，所接触的问题数据等内容一定要保证其来源的真实性和准确性，这样才能对问题做出精准界定。

（二）分析原因

一个复杂问题的产生原因一定也是多层面的，如果把所有原因都分析一遍，既不可能也没有必要，但一般会遵循以下方式：

（1）通过多维度拆解分析法、假设检验分析法、相关分析法等分析方法，尽可能找出与问题解决有关的多种可能性原因。

（2）对找出的多个原因进行权重值的加权排序。

（3）按照顺序对各个原因进行主要、次要等不同层次和阶段划分，分批按照重要性强弱进行先后顺序分析。

对问题原因的分析是商务数据分析的核心内容，涉及很多分析方法，同时也需要结合相关领域的业务知识和操作经验，对问题原因的分析失误，与看病误诊类似，不仅仅是将当前的问题归因错误，而且同时也错失了及时解决问题的时机，因此需要给予必要的重视。

（三）可行建议

在对问题原因进行数据统计并得到统计结果后，进行逻辑推理，以保证由统计结果推断出正确结论。但数据分析仅有正确结论是不够的。以往的数据分析报告往往停留在得出正确分析结论上，对于进一步的提出可行建议关注不多。而数据分析的终极目标是对业务改进产生价值。基于此，可以把数据分析报告分成如下三个层次：

（1）合格：能够将事实和数据整理规范，并能够清晰地反映事实状况。

（2）良好：在清晰的逻辑事实的基础上，能够提出有独到见解的分析，使阅读者获得新的认知，产生新的思考。

（3）优秀：能够在回顾总结的基础上提出切实有效的执行方案，具有一定的前瞻性，能够将具体实施计划落实到相关的业务和产品上，并确保方案的可行性和可评估性。

三个层次的重心从“罗列事实”到“深入分析”再到“提出方案”，是对数据分析者思考能力的一次深度检验，只有抓住问题本质，同时又能结合业务实际发展规律，才能够提出具有建设性的、有预见性的建议。

综合以上内容我们可以看出：“明确问题”决定了方案思路的好坏；“分析原因”决定了统计分析得出的结论是否可信；“可行建议”决定了分析任务的“业务落地”。只有做好这三个关键步骤，才能确保数据分析项目得到保障，并最终促进业务发展。

任务 Excel数据基础分析：商品销售终端国内各地区分布情况

视频资源

1-1 Excel基本操作

任务目标

◎掌握 Excel 超级表。

◎掌握 Excel 信息过滤技术。

◎掌握 Excel 可视化图表的插入。

任务实施

1. 分析目标

通过数据分析，掌握商品卖家在各省份的分布情况，结合企业营销计划，确定资源再分配。

2. 分析原理

（1）依据确定的时间段对信息数据进行过滤。

（2）对过滤后的数据信息按照卖家数量进行排序。

（3）找出卖家占比靠前的省份。

3. 实施准备

通过适当方式获取卖家终端数量汇总流水记录。

4. 实施过程

（1）打开要进行分析的数据资源文件，如图 1-13 所示，对其进行仔细观察，明确分析指标和数据内容。

通过观察发现，数据文件中主要有相关数据发生的时间、省份和相关的卖家数，相关的数据时间跨度为从 2017 年 8 月到 2020 年 3 月。

（2）将相关数据表转换为超级表。按下组合键【Ctrl+T】，弹出图 1-14 所示的对话框，将当前数据表转换为超级表。

在弹出的对话框中单击“确定”按钮后，相关表格发生变化，如图 1-15 所示，相关的标题部分颜色改变，并且出现下拉箭头。

月份	省份	卖家数	有交易卖家数
2017-08	广东省	26,530	8,605
2017-08	河南省	26,221	3,451
2017-08	浙江省	21,162	6,320
2017-08	山西省	9,530	743
2017-08	江苏省	8,306	2,273
2017-08	河北省	7,914	1,136
2017-08	北京	7,839	1,783
2017-08	上海	6,488	1,816
2017-08	山东省	6,114	1,635
2017-08	福建省	4,275	855
2017-08	江西省	2,827	462
2017-08	湖北省	2,614	638
2017-08	安徽省	2,426	558
2017-08	湖南省	2,297	487
2017-08	辽宁省	1,592	446
2017-08	陕西省	1,449	228
2017-08	四川省	1,418	304

图 1-13　数据表格部分内容截图

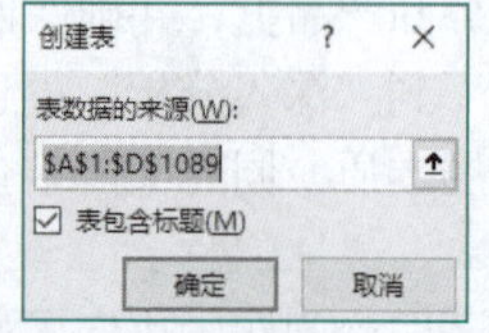

图 1-14　“创建表”对话框

月份	省份	卖家数	有交易卖家数
2017-08	广东省	26,530	8,605
2017-08	河南省	26,221	3,451
2017-08	浙江省	21,162	6,320
2017-08	山西省	9,530	743
2017-08	江苏省	8,306	2,273
2017-08	河北省	7,914	1,136

图 1-15　超级表部分内容截图

（3）按照选定时间段进行信息筛选。选定的时间为 2020 年 1 月，单击“月份”标题右侧的下拉箭头，在弹出下拉列表中的搜索框中输入“2020”，系统会自动过滤出 2020 年相关月份，相关弹出菜单如图 1-16 所示，选中 1 月复选框，即将 2020 年 1 月的数据选定，单击“确定”按钮后，对数据进行筛选，结果如图 1-17 所示。

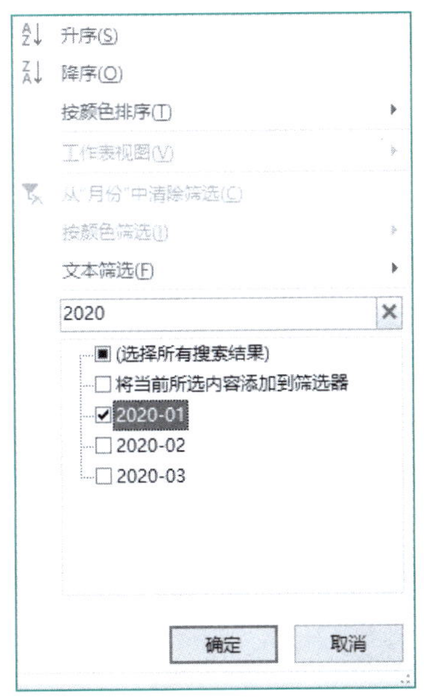

图 1-16　按照日期进行数据筛选

月份	省份	卖家数	有交易卖家数
2020-01	河南省	38,379	1,390
2020-01	广东省	28,240	8,033
2020-01	浙江省	19,789	3,965
2020-01	北京	7,072	921
2020-01	山东省	6,805	1,139
2020-01	江苏省	6,797	1,425
2020-01	湖北省	6,070	494

图 1-17　筛选后部分数据内容

（4）对数据信息进行排序，因为需要获取的是各地区卖家数量，因此需要依据“卖家数”对信息进行排序。单击“数据”选项卡“排序和筛选”组中的“排序”按钮，如图 1-18 所示。

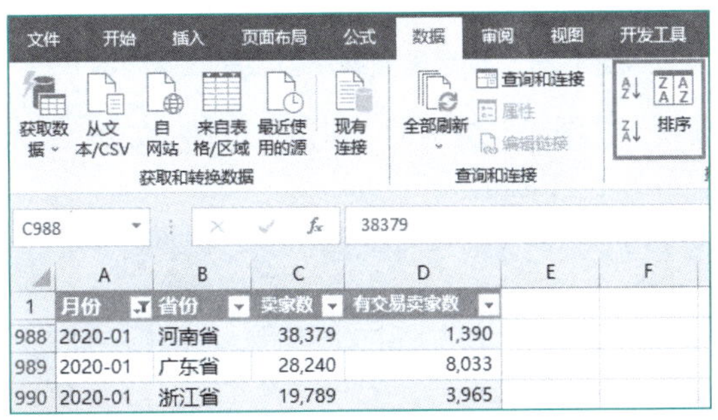

图 1-18　进行数据排序

在弹出对话框的主要关键字中选择“卖家数”，如图 1-19 所示。

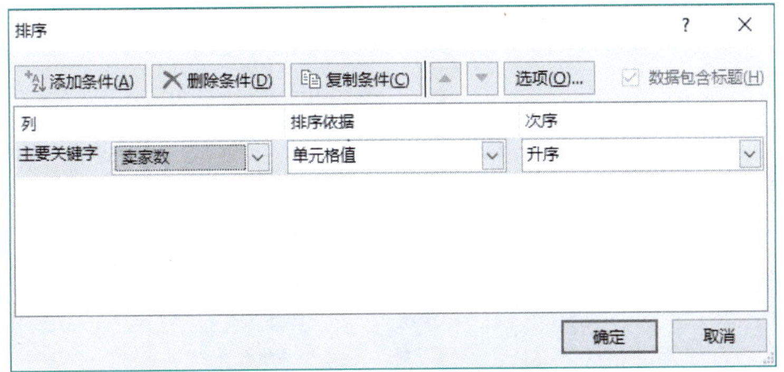

图 1-19　“排序”对话框

如果想要让数量多的信息排在首位，就在“次序”上选择“降序”，否则就保留默认的“升序”。“降序”的排序结果如图 1-20 所示。

月份	省份	卖家数	有交易卖家数
2020-01	河南省	38,379	1,390
2020-01	广东省	28,240	8,033
2020-01	浙江省	19,789	3,965
2020-01	北京	7,072	921
2020-01	山东省	6,805	1,139
2020-01	江苏省	6,797	1,425
2020-01	湖北省	6,070	494
2020-01	福建省	5,582	774

图 1-20　排序后的数据部分内容

5. 数据可视化

（1）通过拖动方式选中需要参与操作的指标列：省份、卖家数，如图 1-21 所示。

省份	卖家数
河南省	38,379
广东省	28,240
浙江省	19,789
北京	7,072
山东省	6,805
江苏省	6,797
湖北省	6,070
福建省	5,582
河北省	5,527
湖南省	5,084
上海	4,551

图 1-21　选定需要制作图表的数据内容

（2）单击“插入”选项卡“图表”组中的“饼图”图标，如图 1-22 所示，显示出相关饼图，但图像太小，需要调整，如图 1-23 所示。

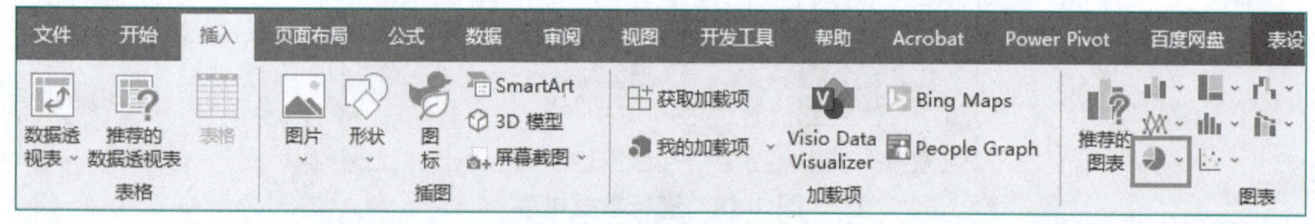

图 1-22　单击“饼图”图标

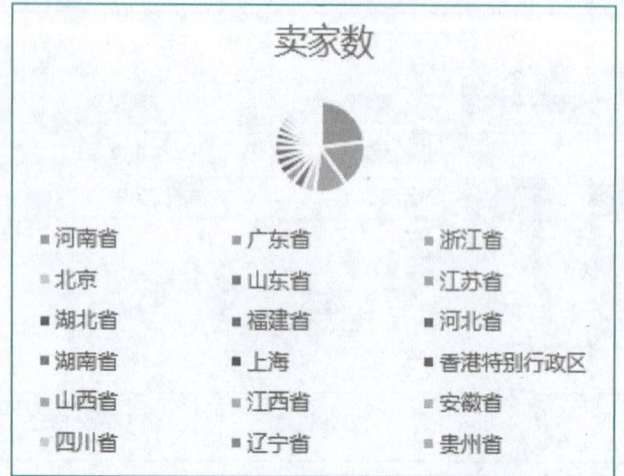

图 1-23　系统初次形成的饼图图形

（3）在饼图右侧单击笔刷图标，出现样式选择菜单，从中选择合适的显示图表，如图 1-24 所示。调整后，显示图 1-25 所示的结果。

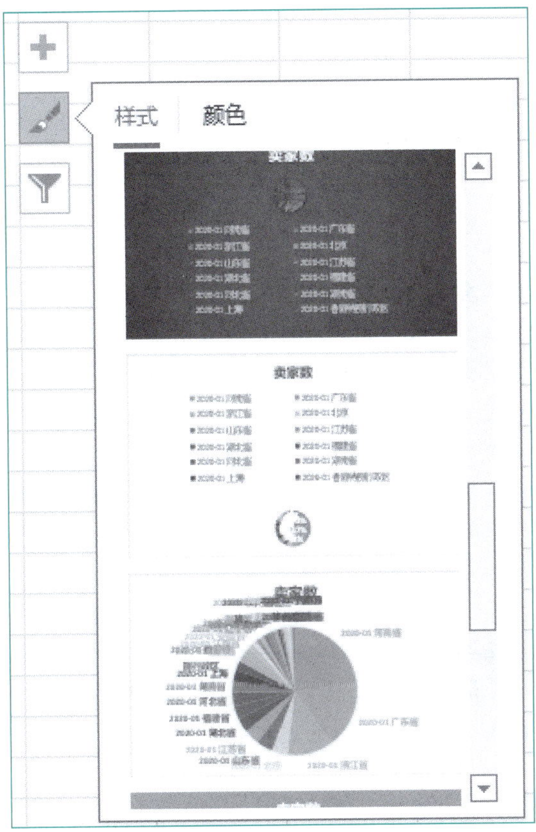

图 1-24　样式选择界面

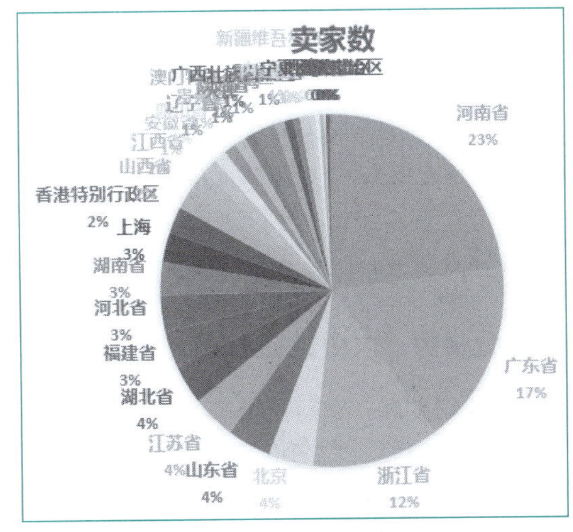

图 1-25　最终饼图显示结果

6．分析结果

从相关饼状图中可以看到，2020 年 1 月时，相关商品在国内各地区卖家中，河南、广东、浙江三省所占份额最大。商家可以据此并结合其他指标分析原因，合理分配自己的销售资源。

同步训练

依据以上内容，请制作2020年2月与3月的卖家数量分布图。

能力检测

一、单选题

1. 以下选项中，不属于数据技术的是（　　）。
   A. 数据采集技术　　B. 数据传输技术
   C. 数据制造技术　　D. 数据处理技术
2. 以下描述正确的是（　　）。
   A. 静态数据根本不会发生变化
   B. 动态数据变动性强，改变概率和频率很大
   C. 静态数据在发生变化后不能通过覆盖方式解决
   D. 动态数据发生变化后，可以通过覆盖方式解决
3. 做好相关商务数据分析一般可采用如下步骤：（　　）。
   A. 明确问题、可行建议、分析原因　　B. 明确问题、分析原因、可行建议
   C. 分析原因、明确问题、可行建议　　D. 分析原因、可行建议、明确问题
4. 将普通数据表转换为超级表的快捷键是（　　）。
   A. Ctrl + A　　B. Ctrl + C　　C. Ctrl + T　　D. Ctrl + V
5. 对数据结构的认识正确的是（　　）。
   A. 数据结构对于数据分析工作的执行速度没有影响
   B. 数据结构主要包括三类：数据的逻辑结构、存储结构、运算结构
   C. 数据相互之间没有关系，结构化特征不明显
   D. 无须对数据结构进行分类，直接分析就可以了

二、判断题

1. 数据采集一般分为对已经存在的信息内容进行采集和对正在发生的数据进行同步采集。（　　）
2. 数据结构不同，数据分析工作的执行速度会有很大差别。（　　）
3. 为了保证数据的正常计算，需要确保数据表示多维数据表。（　　）
4. 在编写数据分析报告时，只要把发生事实说清楚就可以了，不需要再做其他工作。（　　）
5. 在Excel中进行数据排序默认是按照升序排列。（　　）

行业观察：大数据智能分析的“六个特征”

2014年中国就开始布局大数据发展，之后出台了一系列促进大数据发展的措施，国内业界和民众对大数据也从“膜拜”“新鲜”“玄乎”等认知中觉醒。大数据的价值点在于其在垂直领域和场景的应用，通过应用，将不同的多源大数据打通，在融汇和发展过程中，体现其成长和价值。因此，我们应赋予大数据智能分析以下“六性”，从而为其注入内涵和生命力：

一是差异性。与单一来源数据智能分析相比，大数据实现了集多端口、多行业、多来源的综合性数据融合，在数据来源、数据结构、产生时间、使用场所、代码协议等方面具有较大的差异性。

二是共享性。大数据技术能够打破信息孤岛困境，打通信息流通动脉，盘活数据潜在价值，推动各行业、部门之间形成统一高效、互联互通的数据和资源共享布局。

三是准确性。以大数据为核心的多源数据融合，进一步提高数据内容的系统性，确保数据来源的完整性和可靠性。

四是技术性。大数据实现了多源数据多端口接入，同时，垂直领域的应用需求嵌入不同多源数据融合处理技术，是个“技术活”。

五是权威性。依托权威、合法、多源的一手数据资源，基于多源数据智能分析结果的展示内容，发布数据具备权威性，具有一定的指导意义。

六是前瞻性。大数据智能分析能够有效地补充传统单一来源数据分析手段的缺陷，通过数据清洗和处理技术，加之合理的建模，充分挖掘和掌握运行规律，具备较强的前瞻性。

可以说，大数据智能融合发展的“六性”，相互补充，互为存在：差异性和共享性是大数据智能分析的“秉性”；准确性和技术性是大数据智能分析的“手段和方法”；权威性和前瞻性赋予了大数据智能分析更多的“未来”属性。

（资料来源：澎湃湃客）

直通职场：数据类岗位简介

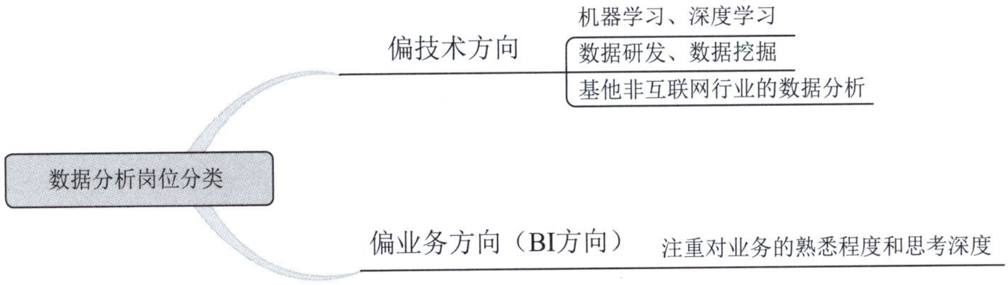

数据分析岗位分类
偏技术方向
机器学习、深度学习
数据研发、数据挖掘
基他非互联网行业的数据分析
偏业务方向（BI方向）
注重对业务的熟悉程度和思考深度

1. 偏技术方向

图 1-26 所示的岗位描述清晰表明有机器学习和深度学习相关经验的优先，所以这类数据分析岗位实际上是向算法方向靠拢，对编程、计算机基础、算法基础的要求也会更高，难度相对较大。

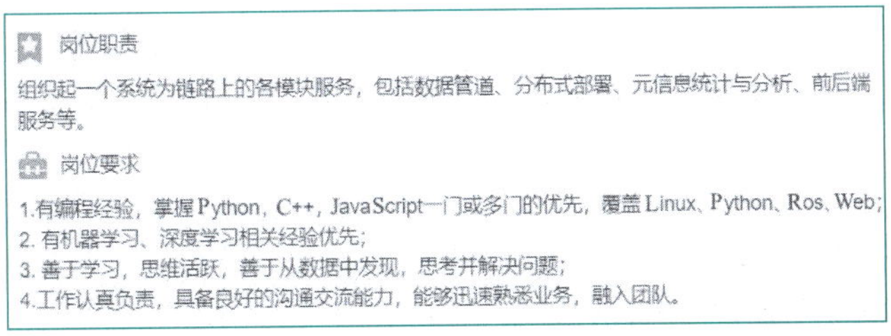

岗位职责

组织起一个系统为链路上的各模块服务，包括数据管道、分布式部署、元信息统计与分析、前后端服务等。

岗位要求

1.有编程经验，掌握 Python，C++，JavaScript一门或多门的优先，覆盖 Linux、Python、Ros、Web;
2. 有机器学习、深度学习相关经验优先;
3. 善于学习，思维活跃，善于从数据中发现，思考并解决问题;
4.工作认真负责，具备良好的沟通交流能力，能够迅速熟悉业务，融入团队。

图 1-26 某招聘网站对偏技术性人才招聘要求

2. 偏业务方向

如图 1-27 所示，偏业务方向的数据分析岗需要通过数据展现出一些内容，来观察现有结果并且辅助后续决策，所以技能点主要在 SQL 数据库、可视化、统计学，以及对业务的敏感度上。

3. 各种岗位的工作内容及要求

各种岗位的工作内容及要求如图 1-28 所示。

1. 参与企业BI项目的落地实施与客户维护，辅助方案咨询、需求分析、项目管理、IT咨询等工作；
2. 了解业务场景，聚焦商业问题，构建指标体系，提炼分析逻辑，助力数据赋能业务，数据驱动决策；
3. 运用数据融合、处理、建模、分析、可视化、用户交互、数据应用、智能决策等全链条数据分析知识与技能，协助解决方案的成功实施。

岗位要求

重要：做事仔细，踏实耐心，懂得举一反三，会自主思考！！！

1. 优先考虑本科为一本院校的同学。希望能够稳定实习，毕业前能保证每周四到五天实习，有强烈转正意愿；
2. 对SQL有了解；
3. 有数据可视化经验，使用过Python、R、Excel，或使用过一款市场主流的商业智能（BusinessIntelligence）产品，如Tableau、PowerBI等；
4. 具有良好的人际沟通、数据分析、项目管理能力；逻辑思维能力强；

图 1-27　某招聘网站对偏业务性人才招聘要求

岗位分类	工作内容	对应聘者的要求
数据挖掘 / 数据科学	要从数据中提取出隐藏信息，进行复杂建模，获取潜在性结果，为业务现象提供合理解释并且能给出前瞻性建议，从而获取商业价值	能够独立处理数据，具有优秀的算法建模能力，并且对业务要有很高的熟悉程度，具备良好沟通与汇报能力，整体要求较高
数据开发 / 数据仓库	主要负责海量数据的接入、存储和处理，为所有相关业务提供高效且稳定可靠的数据支撑	相对就没有太过繁杂的技术，应聘者要能够掌握 Hadoop、Hive 等大数据开源框架，并且需要优秀的编程能力
数据产品 / 数据运营	相比于前面两种所需的技术性要少很多，更多偏向于业务需求，需运用可落地的分析方法解决业务问题	基本不要求应聘者的编程能力，会使用 SQL 即可，Hadoop、Hive 等技术是加分项，而且须具有较强的业务敏感度和沟通能力等
数据分析岗位	是技术性和业务性岗位的过渡，其工作内容也根据不同行业不同公司的要求而各有侧重点	对应聘者的要求根据具体业务而各有不同

图 1-28　各种岗位的工作内容及要求

素质园地：华罗庚教授与中国的第一台计算机

华罗庚教授是我国计算技术的奠基人和最主要的开拓者之一。早在 1947—1948 年，华罗庚在美国普林斯顿高级研究院任访问研究员时，就和冯·诺依曼（J.von Neumann）、哥尔德斯坦（H.H.Goldstion）等人交往甚密。华罗庚在数学上的造诣和成就深受冯·诺依曼等人的赞赏。当时，冯·诺依曼正在设计世界上第一台存储程序的通用电子数字计算机。冯·诺依曼让华罗庚参观实验室，并常和他讨论有关学术问题。这时，华罗庚的心里已经开始勾画中国电子计算机事业的蓝图。

华罗庚教授 1950 年回国，1952 年在全国大学院系调整时，他从清华大学电机系挑选了闵乃大、夏培肃和王传英三位科研人员在他任所长的中国科学院数学所内建立了中国第一个电子计算机科研小组。1956 年筹建中科院计算技术研究所时，华罗庚教授担任筹备委员会主任。

1957 年，中科院计算技术研究所开始研制通用数字电子计算机，1958 年 8 月 1 日该机可以运行短程序，标志着我国第一台电子数字计算机诞生。该机器在 738 厂开始少量生产，命名为 103 型计算机（即 DJS-1 型）。1958 年 5 月，我国开始了第一台大型通用电子数字计算机（104 机）的研制。在研制 104 机的同时，夏培肃院士领导的科研小组首次自行设计并于 1960 年 4 月研制成功一台小型通用电子数字计算机——107 机。1964 年，我国第一台自行设计的大型通用数字电子管计算机 119 机研制成功。

（资料来源：根据相关资料整理）

任务评价

班级：______________________小组：______________________

姓名：__________学号：__________________综合评分：__________

序号	任务内容	实施结果自评	小组互评
1	明确数据文件内容和分析指标		
2	数据表转换为超级表		
3	按照时间段进行信息筛选		
4	数据信息排序		
5	可视化信息图制作		

学习小结：

教师评语：

评量标准

项　　目	1～4分	5～7分	8～10分
任务完成度	仅能部分完成任务内容，或任务内容完成有缺陷	可以基本完成任务规定内容，没有个人见解和活用效果	全面完成任务，并且有个人见解，能够举一反三
语言表达	语言不连贯，无法对完成内容进行清晰说明。仅可对部分内容进行说明	能够对完成任务进行全部内容说明，语言表达基本连贯清晰	能够对完成内容进行非常流利的表述，并能够联系其他关联知识进行说明
学习态度	仅能保证基本到场参与，与同学和老师沟通交流少，缺乏学习积极性	能够保证课堂上与同学和老师互动，可以完成老师课堂布置的相关任务	积极参与课堂活动，并能够主动帮助同学解决学习问题，帮助老师进行教学活动

总结反思

1. 请结合身边事例说明什么是数据。

2. 请简要说明数据技术都有哪些。

3. 数据结构是什么？

4. 什么是数据表的维度？如何区分单维表与多维表？

5. 结合身边事例说明如何做好商务数据分析。

模块二

商务数据分析流程

模块导读

本模块是商务数据分析操作的整体流程性描述，相关内容贯穿整个商务数据分析操作始终，对商务数据分析需要遵循的原则和具体操作步骤进行了明确说明。掌握本模块内容对于后续数据分析技术与具体商务应用结合操作具有指导性作用。

学习目标

【知识传递】

◎掌握数据分析准备的工作内容。

◎掌握数据采集方法。

◎掌握常用数据处理的方法。

◎了解常用数据图表的作用。

◎掌握数据分析报告的撰写。

【能力培养】

熟练使用 Excel 的数据透视表。

【价值引领】

培养自身敢于吃苦、坚韧不拔、遇到困难能够保持积极心态应对的坚韧性格。

思维导图

- 商务数据分析流程
  - 做好数据分析准备
    - 确定数据分析目标
    - 制定数据分析方案
    - 制订数据分析工作计划
  - 开展数据采集
    - 明确数据采集目标
    - 明确数据采集原则
    - 掌握数据采集步骤
    - 了解数据采集渠道和工具
  - 进行数据处理
    - 数据清洗
    - 数据转换
    - 数据计算
  - 插入柱状图
    - 了解数据图表的作用
    - 掌握数据图表的制作
  - 数据分析报告撰写
    - 认识数据分析报告
    - 区分数据分析报告类型
    - 明确数据分析报告撰写原则
    - 掌握数据分析报告结构

引入案例　2020年中国直播电商行业分析

直播电商，作为近年来兴起的商品销售方式，从法律上属于商业广告活动。从2016年起，国内连续出现上百家网络直播平台，相关平台用户数量和销售规模也快速增长。特别是和一些社交类平台的结合，使得电商购物这样一种购物方式进入到一个多维立体发展的状态。经过4年多的运营，越来越多的平台和广大厂商企业参与其中，整体上下游产业链基本形成，整个行业进入了高速发展时期。

阿里巴巴、京东、唯品会发展相对平稳，其中阿里巴巴的发展规模和态势稳中获得强劲发展。而拼多多在三年内异军突起，发展速率快于其他几家电商平台。图2-1所示为2015—2019年国内主要电商平台年化活跃买家规模。

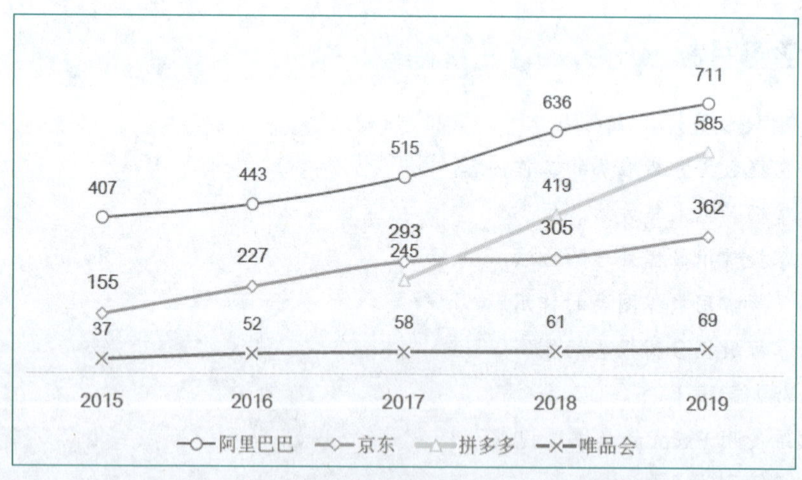

图2-1　2015—2019年国内主要电商平台年化活跃买家规模（单位：百万）

电商平台购物者对食品饮料、女装、个人护理等快速消费品的关注和购买程度较高。因为此类商品的特点是毛利率高、客单价低、复购率高。这成为主播直播带货的主流。相对应的家用电器、户外装备、男装等复购率低的产品，在购买者人群中所占比较低。相关比较结果如图2-2所示。

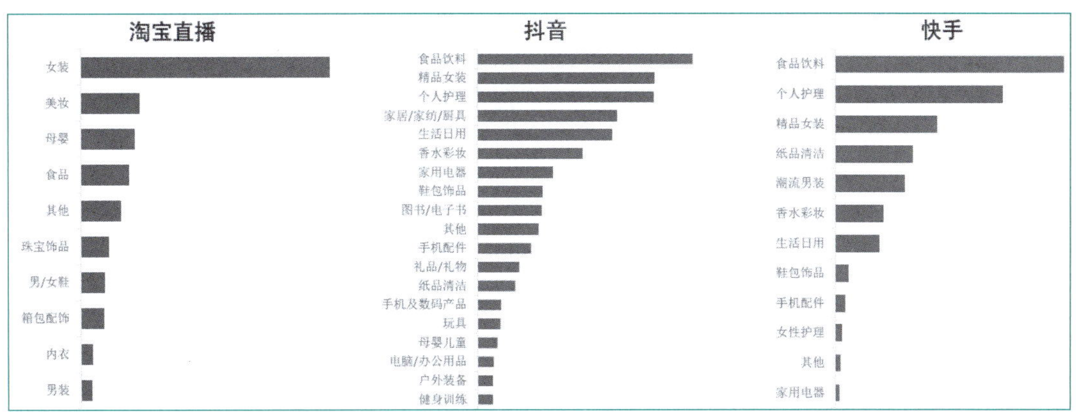

图 2-2　各直播电商平台消费者关注产品品类

在传统直播电商中，淘宝、天猫、京东所占比占前三名，其中特别是淘宝直播，无论是在使用用户还是在忠实用户上的占比，都占有绝对优势。在社交直播电商中处于前两位的是抖音与快手，二者所占比重处于绝对优势地位。直播电商购物平台占有率如图 2-3 所示。

直播平台		使用用户	忠实用户
传统直播电商	淘宝直播	68.5%	46.3%
	天猫直播	32.4%	5.0%
	京东直播	23.8%	3.5%
	拼多多直播	20.9%	3.4%
	蘑菇街直播	0.5%	1.9%
	小红书直播	19.5%	1.7%
	唯品会直播	12.0%	1.3%
社交直播电商	抖音直播	57.8%	21.2%
	快手直播	41.0%	15.3%
	虎牙直播	9.8%	0.2%
	斗鱼直播	12.1%	0.1%
	花椒直播	4.1%	0.0%

图 2-3　直播电商购物平台占有率（单位：%）

直播电商平台的购物用户群体主要分布在一、二线城市，共占有 74%，其中二线城市用户群体所占比达到 46%。阿里直播的用户群体区域分布比较分散，二、三线城市相对分布比较多，同时在其他一些小镇村县等地相对分布也较广。相关发展态势如图 2-4 和图 2-5 所示。

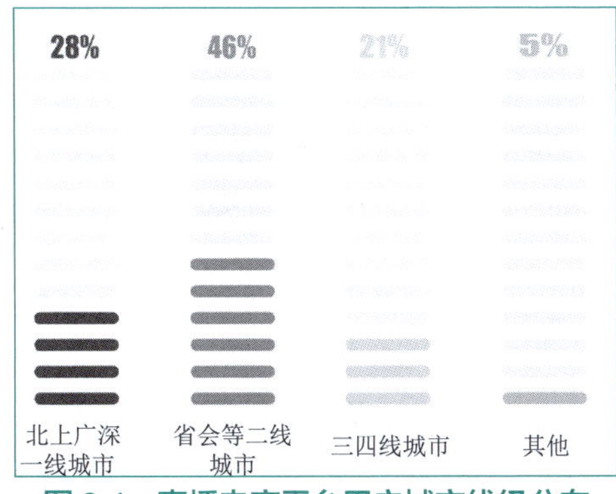

图 2-4　直播电商平台用户城市线级分布

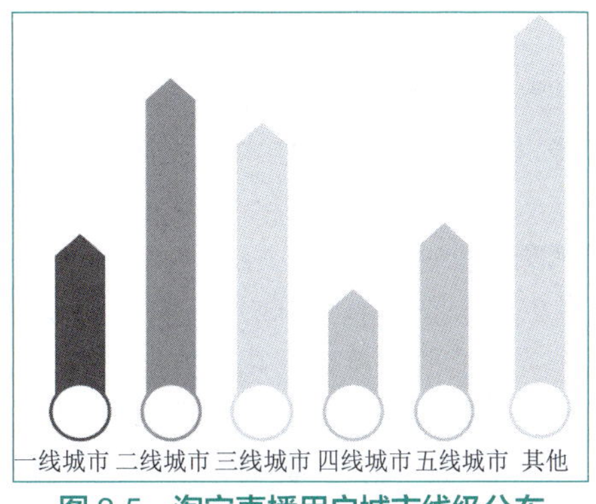

图 2-5　淘宝直播用户城市线级分布

（资料来源：前瞻产业研究院）

问题引导：

1. 商务数据分析在整个直播平台行业分析中起到了什么作用？

2. 如何才能做好商务数据分析？

知识准备

一、数据分析准备

（一）确定数据分析目标

目标的制定一般需要由组织单位管理层发起，以单位总体发展策略和路线为指导，结合各部门的需求进行制定。总体分为以下步骤：

1. 需求收集与分析

可以考虑设定专门的需求分析工作小组，由小组成员设计需求信息收集内容和收集方式，并进行后续的需求分析。

（1）需求收集。需求信息内容收集一般包括以下几个方面：

- 需求发起者：由哪个部门发出的需求信息。
- 需求内容：主要包括需求的具体要求、内容说明等。
- 需求应用场景：相关需求内容主要在什么场合、什么样的操作形式下使用。
- 需求类型：可以从业务职能和时间紧迫性两个方面进行设定。业务职能主要包括单位正常运作时的业务内容，主要包括营销管理、行政管理、仓储管理、物流管理等内容。时间紧迫性可以包括紧急、普通等级别设置。
- 需求提交时间：需求提交人何时提交。
- 需求提交人及联系方式：主要为了便于工作人员了解相关需求详情和发现问题后进行进一步了解详情使用。

注意：因为后续需要对需求进行分类、排序、取舍等操作，为了相关工作开展的便利性，最好将以上需求收集工作由相关信息工作人员或 IT 部分设计成 Web 应用程序或其他信息技术解决方式。否则，过多的人为参与，会导致相关信息收集的低效率和由误操作引发的不必要的失误风险。

（2）需求分析。在收集完整的需求信息的基础上，需要对需求信息进行进一步的整理和分析，关键需要注意以下几个方面：

- 矛盾需求处理：各个不同部门，基于自身发展考虑，往往会以本部门为中心进行问题思考和需求描述。此时，往往会导致部门间出现矛盾的需求，相互之间出现掣肘状况。面对此种情况，要在坚持单位组织核心发展路线和战略发展目标的前提下，从单位战略高度审视相关部门需求，积极与相关部门沟通，并适当引导其向共同方向发展。

- 掌握需求真实意图：由于各个部门职能不同，相关需求提交人素质水平不同，存有一定概率在需求描述上和自己真实意图不一致。如果需求分析工作组发现部分需求有异常情况，需要充分和相关部门联系人取得联系，充分揣摩体会部门需求的真实含义，将相关需求明晰化。
- 需求合并组合：有时可能存在多个看起来不相关的需求分别独立存在，但是其实质内容是相同的。在充分澄清需求提交者真实意图后，可以适当对符合条件的需求内容进行合并，精简需求内容信息。
- 需求加权处理：通过以上步骤进行初步需求信息整理后，需要根据单位组织的战略性发展规划，对各个需求进行加权处理。各个权重值，可以依据发展规划纲要的各个要点进行设置。加权处理的目的主要是为了进行需求的重要性排序，当发生风险因素或单位资源不足时，能够抓住主要矛盾、主要问题，进行重点处理。

2. 目标的制订

（1）确定核心目标

核心目标是进行数据分析工作的关键。如果没有核心目标，将无法判定相关数据分析工作的效果。核心目标要在需求分析的结果上进行认真提炼，不能存在多头并进的散布状态，必须重点突出。如果的确存在多个权重值相近的目标任务，一方面考虑是否可以向上继续进行归因，获得一个更高层次上的目标描述，或者另一方面，将相关目标降级，或者另开设一个项目专题开展相关工作。总之，核心目标要尽可能的专一、明确。

（2）核心目标分解

为了保证目标任务的顺利完成，需要对核心目标依据一定标准进行分解。分解时，需要秉承“完全穷尽，相互独立”的原则。否则会导致要么事情没人做，要么多头管理，造成管理资源浪费。

核心目标的分解，也是后续制定分析方案和分析计划的基础。既要关注每个分解分支的各自内容，同时也要注意分支之间相互影响、相互协作的关联关系。既要注意小点的细节实现，又要从整体做好宏观调控，保证整个数据分析工作的顺利开展。

（二）制定数据分析方案

数据分析方案是数据分析工作开展所需要依托的一系列准则。在方案制订时，需要尽可能做好相关的公司内外环境、资源可利用情况等内容的调查。在此基础上，结合本单位的实际情况进行设置。一般的数据分析方案包含以下内容：

1. 数据分析工作的背景介绍

数据分析工作的背景介绍让相关工作人员了解到本次工作任务的重点、性质、历史沿革发展等信息。将问题有机融合到相关场景环境中，以保证相关工作人员工作时能够实事求是，根据实际情况解决问题，而不是照本宣科，不能有机结合实际处理问题。

2. 数据分析指标

数据分析指标规定了某个任务需要从哪几个角度或层面入手进行数据分析。比如：消费者分析，就需要收集和处理客户的购买地域、购买数量、支付方式、客户访问频率等数据信息。此项指标的制定，需要各部门结合自身工作情况和业务特点归纳后事先提交，经公司管理层决定后实施。

3．数据来源和采集方式

根据本公司实际情况，确定好通过哪些渠道来获取数据信息，并且制定好相配套的采集方式和工具。如果不满足条件的，考虑是否可以通过增加项目投入、进行购买或合作等方式获取，但事先都需要对其做好充分的应对准备。

（三）制订数据分析工作计划

数据分析工作计划主要是在制定好的数据分析方案的基础上结合时间、人力、资金等资源进行的规划。在计划制定时，需要充分考虑到风险因素，将风控内容添加进去。要针对可预期和不可预期的风险因素做好充分预案。

数据分析工作计划的制作是一方面，但更关键的是如何保证计划执行进度不受到外部因素影响而发生异常变动。对此可以引入经验丰富的项目经理，并借助一些项目进度管理工具进行，比如微软的 Microsoft Project（见图 2-6）或其他的进度管理软件。

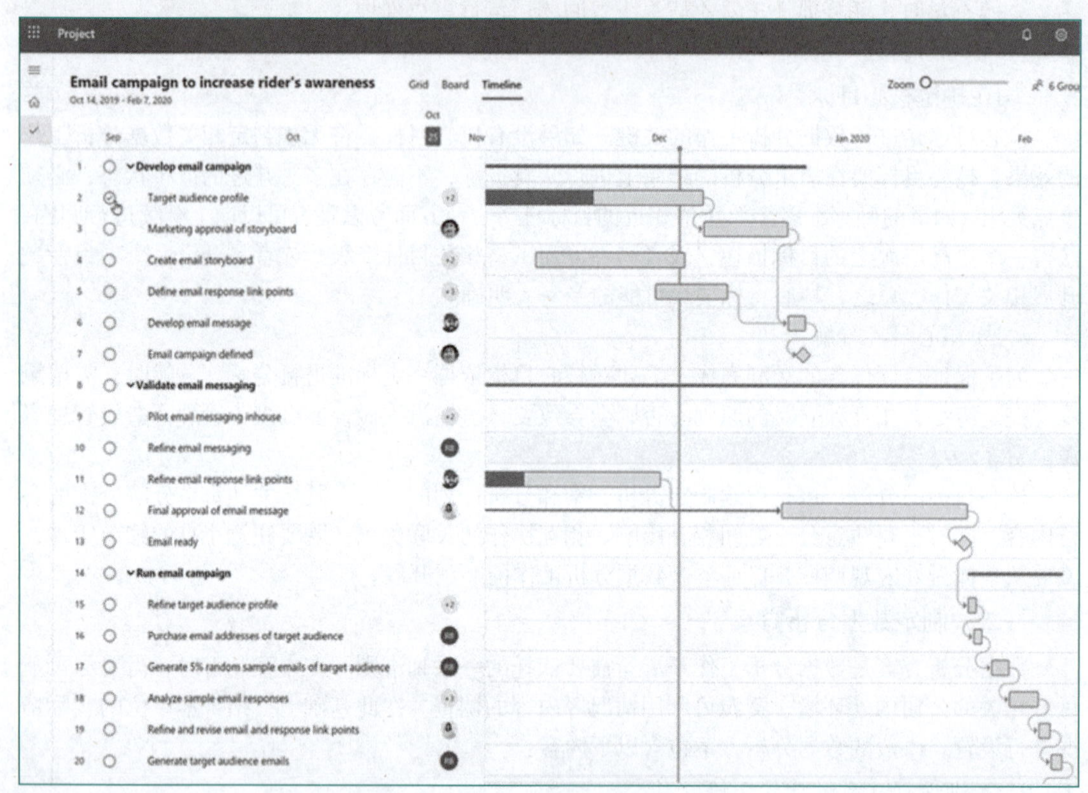

图 2-6 Microsoft Project 应用界面

扩展知识：PMP 认证

PMP 指的是项目管理专业人士资格认证。它是由美国项目管理协会（Project Management Institute，PMI）发起的，严格评估项目管理人员是否具有高品质的知识技能的资格认证考试。其目的是为了给项目管理人员提供统一的行业标准。目前，美国项目管理协会建立的认证考试有 PMP（项目管理师）和 CAPM（项目管理助理师），已在全世界 190 多个国家和地区设立了认证考试机构。相关证书图样如图 2-7 所示。

图 2-7 PMP 认证证书样本

二、数据采集

（一）数据采集的概念

从多种不同角度，数据采集有不同定义。例如：从电子物理学角度，数据采集是指从传感器和其他待测设备等模拟和数字被测单元中自动采集非电量或者电量信号，送到上位机中进行分析、处理；从信息科学角度，数据采集，又称数据获取，是利用一种装置，从系统外部采集数据并输入到系统内部的一个接口。本书中的数据采集偏向于后者。如果结合商务活动特点进行定义，可以归纳为：通过特定的计算机软件程序，从自身软件平台或通过第三方信息系统，获取相关商品进销存信息、资金状态信息、用户行为信息等数据内容的过程，为后续商务数据分析做数据准备。通过数据采集，经过一定的数据分析方法处理，就可以在海量的数据中发现隐藏的业务关联关系，从而有效指导公司企业的未来发展规划。

（二）数据采集的原则

在数据采集过程中，只有秉承一定的原则，才能保证采集工作的顺利开展，才能保证采集到的数据的高可用性，一般来讲需要遵守以下原则：

1. 时效性

时效性是指数据在一定时间期限内的有效性。如果数据“时过境迁”，往往会导致对事态判断的失误。另一方面，如果进行数据对比分析时，使用了不合要求时间段的数据，往往会导致输出结果的大相径庭。所以，对获取数据在时间上和有效性上的掌控非常重要。

2. 准确性

不准确的数据自然无法使用。但问题的关键在于有些时候会被一些受到污染的脏数据误导。所以在数据采集过程中，要做好采集日志，将采集来源、方式、时间等信息都尽可能地记录下来，以备后续检验所需。

3. 完整性

不完整的数据犹如“断章取义”，往往不能合理、有效地获取事务的真实状况。因此在数据采集的时候，开始前就要关注采集的数据是否仅仅是某个指标数据的一部分，要从整体上对数据采集做好事先的统筹规划。

4. 合法性

随着数据重要性的提升，先前可以通过爬虫等手段获取的知识，如今都已经很难获取。国家各个行业机构也对此开始重视并出台了多项信息保护保障法律法规。我们进行数据采集时，要留意这些法律法规，在合理的范围内，使用合法的手段获取合法的数据信息。

扩展知识：App 过度收集个人信息

在数字化转型浪潮下，近年来，手机 App 过度搜集、过度索取权限等问题广受诟病，对个人信息安全形成威胁，引发担忧，社会各界对个人信息保护呼声日益增多。

针对个人信息使用的种种问题，监管部门多路整治和规范。2021 年 3 月，国家网信办等四部门联合印发《常见类型移动互联网应用程序必要个人信息范围规定》，明确了 39 种常见类型 App 的必要个人信息范围，同时明确运营者不得因用户不同意收集非必要个人信息而拒绝其使用 App 基本功能服务。该新规自 2021 年 5 月 1 日起已施行。

（三）数据采集步骤

1. 根据事先制定好的数据采集方案进行人员分工

数据采集方案会对本次数据分析项目的核心目标进行分解，分解后的各个分支小目标和任务会在相关的方案中进行设置说明。各部门依据已经创建好的方案内容，结合本部门的实际情况进行任务落实即可。

2. 根据方案约定进行数据采集

方案中会对不同部门、不同领域的数据采集进行详细规定，并且将目标数据指标进行明确说明。各负责人员根据要求正常执行工作任务即可。但问题的关键是，在实际操作过程中，当出现和先期预想的情况不一致的问题时，如何能够及时进行方案内容调整。这需要公司内部在此方面配备有合适的数据信息专家技术人员，并建立一套完善的沟通管理机制。

3. 进行数据的初步检查

无须详细的信息检查，仅在大体上对数据完整性、准确性、规范性进行总体检查即可。因为在数据处理部分会对相关数据进行专门的处理。此部分的检查，重点在业务内容上，也就是计算机进行数据检查短板的地方。要通过各种方式保证所采集的信息在时间和内容契合度上与原定计划目标相符。

（四）数据采集的渠道

1. 人工采集

人工采集主要指布置任务让公司员工根据要求进行信息收集，然后将数据信息填写到报表中并上报上级管理部门，最后进行信息汇总的方式。

当前仍然有很多传统公司采用此种方式，相比较程序采集，其优点是，由于有人的参与，因此适用性强，任何场景都可以使用，但是缺点也是很明显的。因为有人的参与，因此受到人为主观影响较大，误操作、误写入的情况时有发生，而且在数据采集的时效性上往往有延迟，并且后期仍旧需要进行二次或更多次的人为参与操作汇总，这为公司的及时响应市场发展埋下隐患。

2. 程序采集

程序采集是当前大数据时代比较推荐的方式，因为由程序自动进行处理（需要确保程序自身经过严格测试通过），不仅可以节省大量的人力成本，而且因为减少了大量的中间环节，将数据误操作的概率极大的降低，时效性上也得到极大的提升。程序采集主要包括以下几种方式：

1）公司内部信息采集

公司内部信息采集的核心是公司创建了一套相对完整的信息管理体系，可以通过此套信息管理体系根据需要随时从系统中获取相关数据。数据主要从系统数据库和日志体系采集。因为技术专业性要求较强，因此需要配备适当的 IT 专业部门或专业技术人员参与。如果公司规模较小，需要有第三方技术公司参与协助。

2）公司外部信息采集

（1）网络爬虫。当前使用较多的方式是通过“爬虫功能”到互联网上去爬取信息。因为采取此种方式可以不必建设公司自身的数字信息系统，这样就大量节省时间和资金，尤其受到广大中小公司欢迎。早期，由于多数公司对自身数据保护重视不够，通过爬虫往往可以爬取大量有效、高价值的信息。但随着技术和商业环境的发展，越来越多的公司对自身数据的防护意识逐渐增强，并且由于大量爬虫对目标网站进行信息爬取，无形中也会增加目标网站服务器的工作负担，对公司正常提供网络服务造成负面影响。因此各大电商平台或各领域知名平台，已经建立起智能反爬虫机制，现在仅仅依靠普通的爬虫技术已经无法有效获取各种商业信息。如果不使用成本更高的爬虫技术，几乎无法执行有效的爬虫功能。

（2）第三方数据监测机构或行业公开数据。此种方式可以通过人工方式进行手动采集，也可以通过程序适当进行爬取，但爬取的数量和质量均受到限制。同时，大多数的第三方数据监测平台往往是商业机构，这意味着必须支付高额的会员费用才可以查看到相关有价值信息，因此如何筹划更加优质的信息采集方案和渠道就成为各公司管理层需要仔细考量的内容。

3）第三方平台介绍

（1）国家统计局：国家统计局是国务院直属机构，主管全国统计和国民经济核算工作，拟定统计工作法规，进行统计改革和统计现代化建设规划以及国家统计调查计划。网站内有大量关乎国计民生的权威数据，有一定参考价值。网站首页如图 2-8 所示。

图 2-8 国家统计局网站首页

（2）国研网：国研网以国务院发展研究中心丰富的信息资源和强大的专家阵容为依托，与海内外众多著名的经济研究机构和经济资讯提供商紧密合作，以“专业性、权威性、前瞻性、指导性和包容性”为原则，全面汇集、整合国内外经济金融领域的经济信息和研究成果，本着“建设精品数据库”的理念，以先进的网络技术和独到的专业视角，全力打造中国最为权威的经济决策支持平台，为中国各级政府部门和企业提供关于中国经济政策和经济发展的深入分析和权威预测，为海内外投资者提供中国宏观经济和行业经济领域的政策导向及投资环境信息，使投资者及时了解并准确把握中国整体经济环境及其发展趋势，从而指导投资决策和投资行为。

网站首页如图 2-9 所示。

图 2-9 国研网首页

（3）生意参谋：基于阿里巴巴全域数据资产层，以及陆续整合量子恒道、数据魔方等的基础上增值创新，生意参谋已经逐步升级为商家端统一数据产品平台。通过生意参谋，商家可以看到口径标准统一、计算全面准确的店铺数据和行业数据，从而成为商务决策的参谋。网站操作界面如图 2-10 所示。

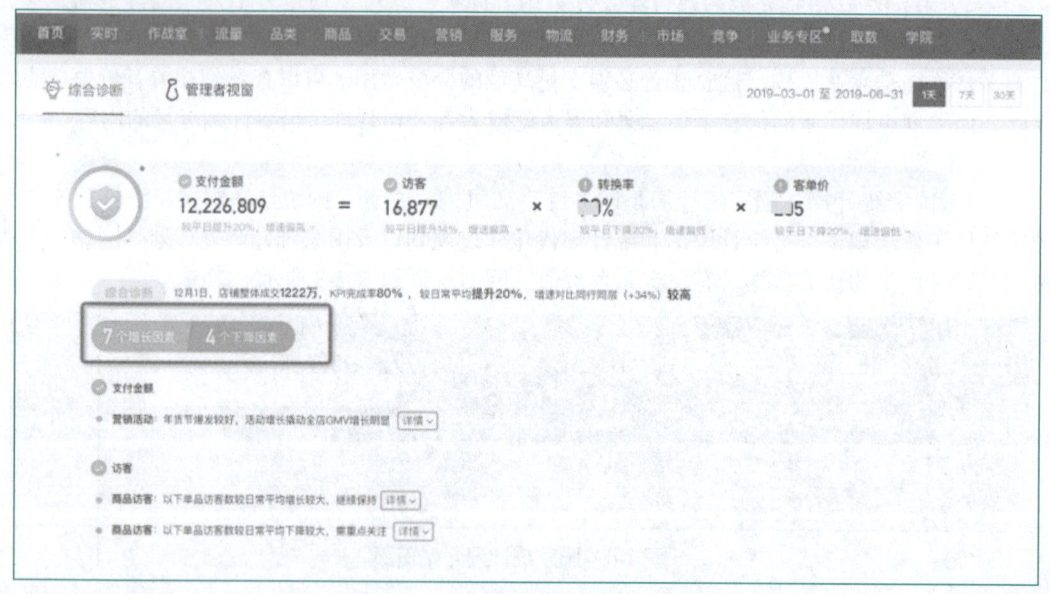

图 2-10 生意参谋软件应用界面

（4）店侦探：店侦探是由梅州天恒科技有限公司开发的一款专门为淘宝及天猫卖家提供方便有效的数据查询、数据分析的卖家工具。通过对各个店铺、宝贝运用数据分析技术进行深度挖掘，掌控竞争对手店铺的销售数据、引流手段、广告投放、活动推广、买家购买行为，帮助卖家深度了解行业数据，从而给卖家的营销策略提供可靠持续的数据支持。软件应用界面如图 2-11 所示。

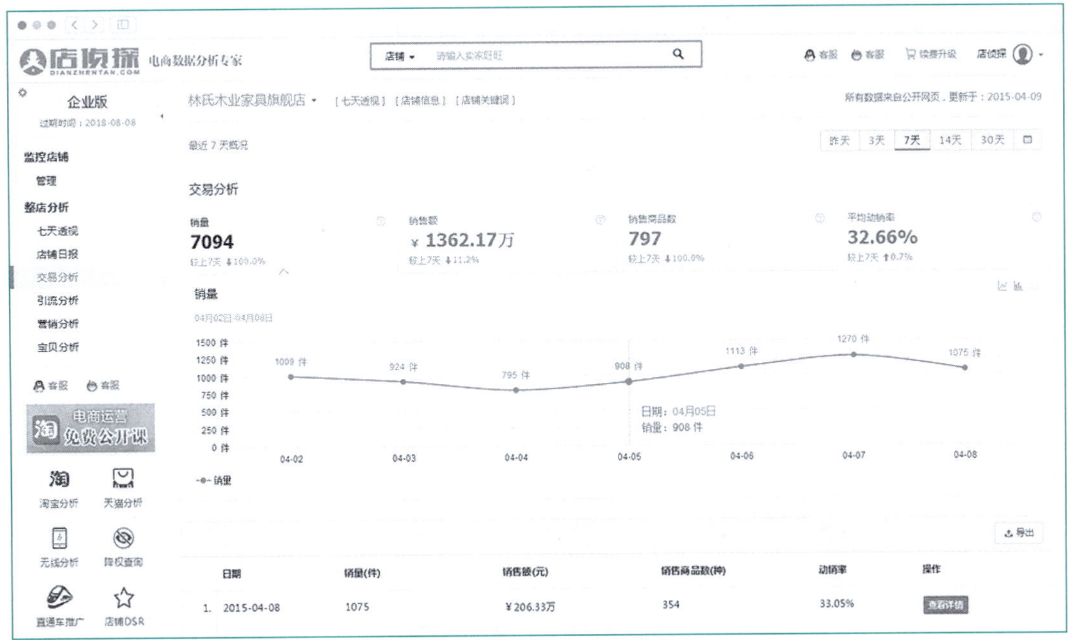

图 2-11 店侦探软件应用界面

（5）淘数据：淘数据是一个专门为淘宝卖家提供数据查询、数据分析的平台，拥有全面的数据分析体系，为电商卖家提供个性化数据定制服务，以及直通车选词、店铺诊断、宝贝排名等工具，是卖家运营决策重要的数据参谋。软件应用界面如图 2-12 所示。

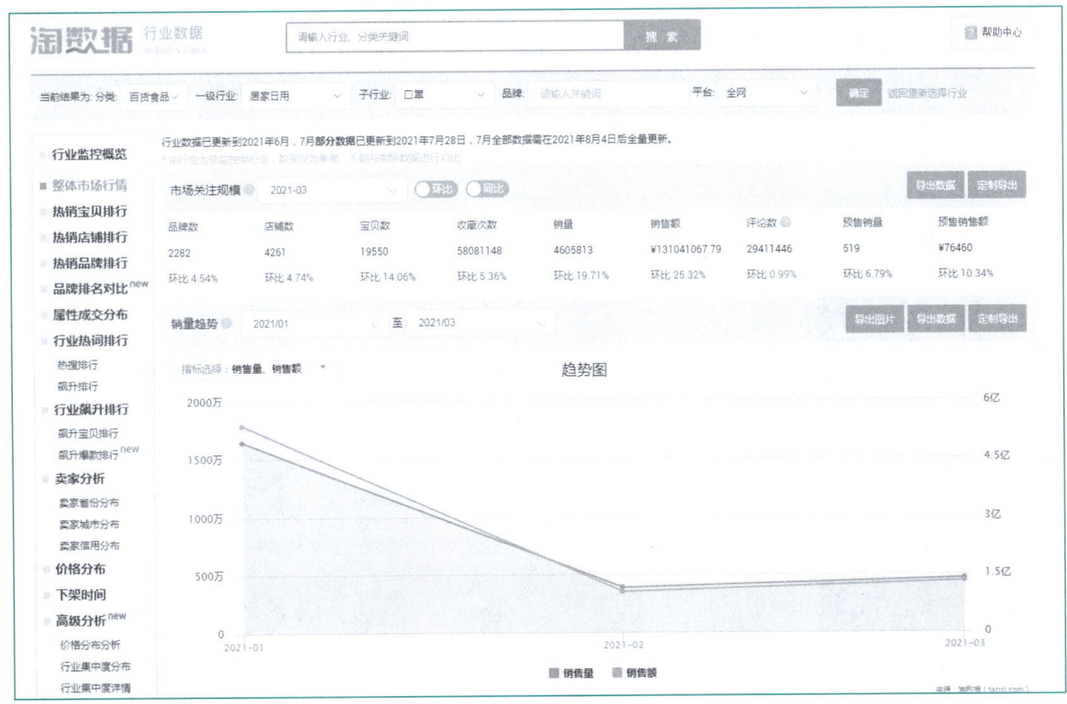

图 2-12 淘数据软件应用界面

（6）京东商智：京东商智是京东向第三方商家提供数据服务的产品。从 PC、App、微信、手 Q、M 五大渠道[①]，展示实时与历史两个视角下，店铺与行业两个范畴内的流量、销量、客户、商品等全维度的电商数据，并提供购物车营销、精准客户营销等工具，基于数据，帮助商家提升店铺销售。京东商智为商家提供专业、精准的店铺运营分析数据，帮助商家提升店铺运营效率、降低运营成本，是商户“精准营销、数据掘金”的强大工具。软件应用界面如图 2-13 所示。

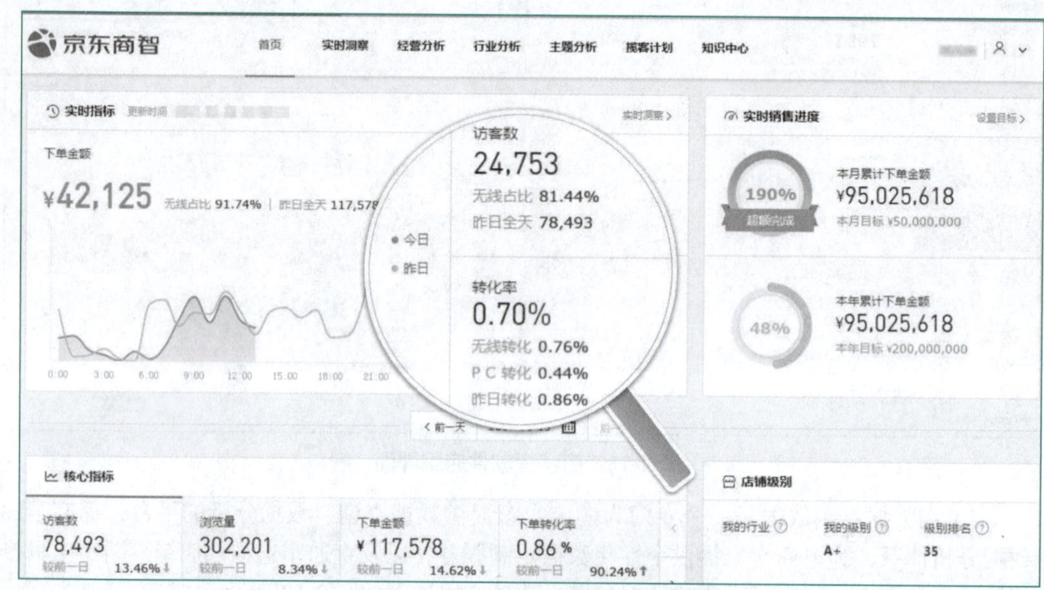

图 2-13　京东商智软件应用界面

（7）八爪鱼采集器：八爪鱼采集器是一款全网通用的互联网数据采集器，模拟人浏览网页的行为，通过简单的页面点选，生成自动化的采集流程，从而将网页数据转化为结构化数据，存储于 Excel 或数据库等多种形式，并提供基于云计算的大数据云采集解决方案，实现数据采集，是数据一键采集平台。软件应用界面如图 2-14 所示。

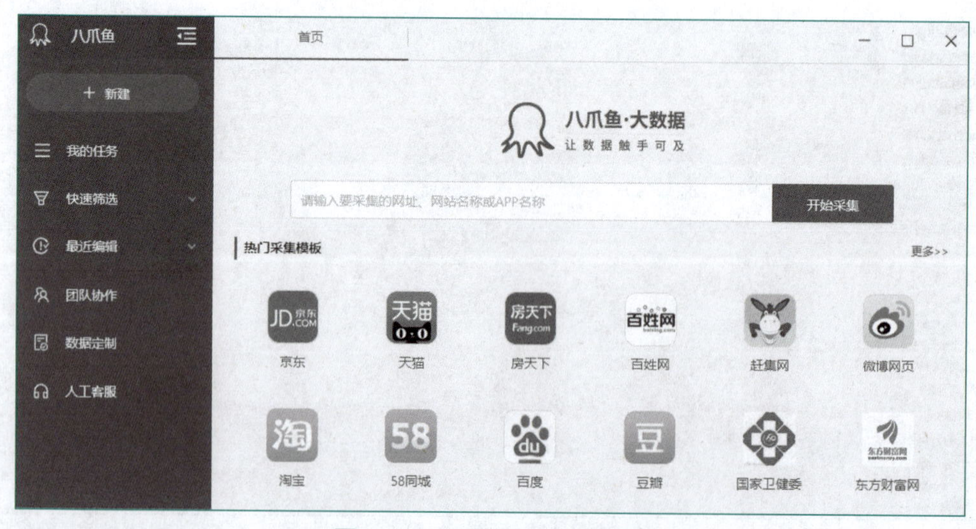

图 2-14　八爪鱼软件应用界面

① 手 Q，指手机腾讯 QQ；M 渠道，指用户不通过京东 App，在网页搜索直接进入京东商城。

（8）火车采集器：火车采集器是目前使用人数最多的互联网数据抓取、处理、分析、挖掘软件之一。软件凭借其灵活的配置与强大的性能领先国内其他数据采集类产品，并赢得众多用户的一致认可。软件应用界面如图 2-15 所示。

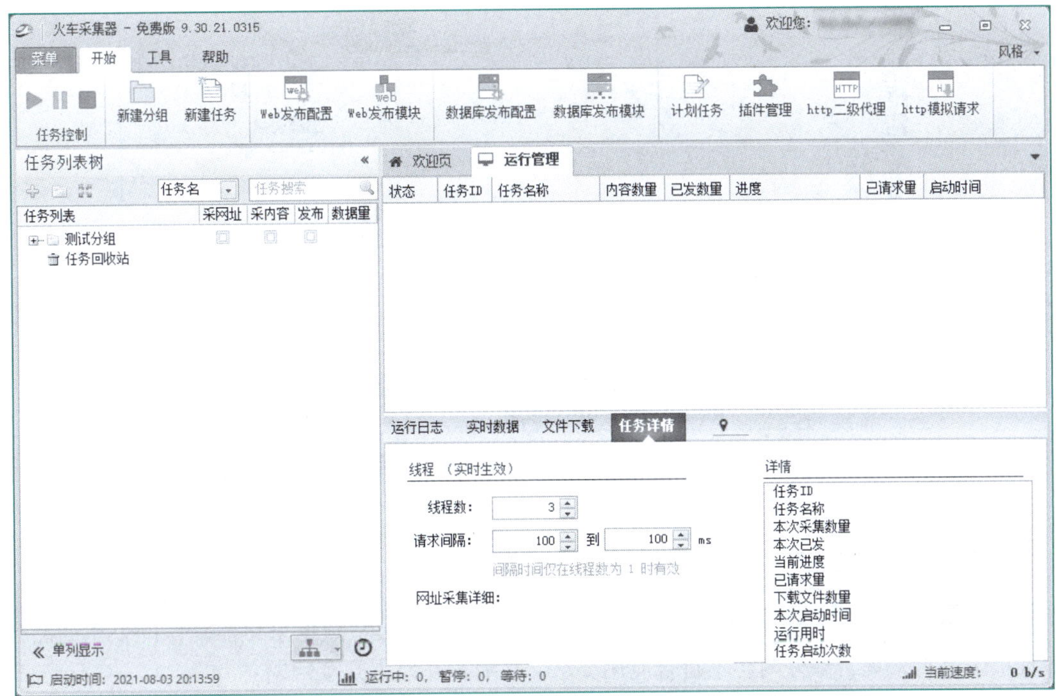

图 2-15　火车采集器软件应用界面

三、数据处理

在进行数据采集时，如果是通过公司自身的信息系统采集整理相关数据信息，由于软件系统在创建使用时，自身对数据就已经设置了校验整理功能，相关的数据清洗、转换、计算等任务全部可以在软件设计阶段由相关的软件专业技术人员处理。因此，在进行数据操作处理时可以省略此步骤。但如果相关的数据来自于爬虫、人工采集等方式，由于不能确保数据来源的可靠性，必须对相关数据进行清洗。同时，由于获取的数据格式和内容往往与自身需要有差距，这就需要对采集来的数据进行进一步的转化和计算。

在进行转化和计算时，有多种工具可供选择，当前使用比较广泛的是 Power Query。Power Query 本身并不是一个单独的软件，它是依附于 Excel 平台的免费插件，可以在 Excel 2010（及更高版本）使用。在 Excel 2016 及 PowerBI Desktop 中已经内置。它可以从几乎任何数据源获取数据并通过内置的运算做数据转换，最终加载进入 Excel 或数据模型。

Power Query 的学习难度并不高，学习周期较短，因此非常适合初级数据操作人员进行使用。图 2-16 展示了 Power Query 的整个学习过程。

（一）数据清洗

数据清洗主要针对数据中存在的多余空格、无效打印字符（会导致无法进行正常数据计算）进行处理。在使用 Power Query 的条件下，具体操作方式如下：

视频资源

2-1　数据清洗

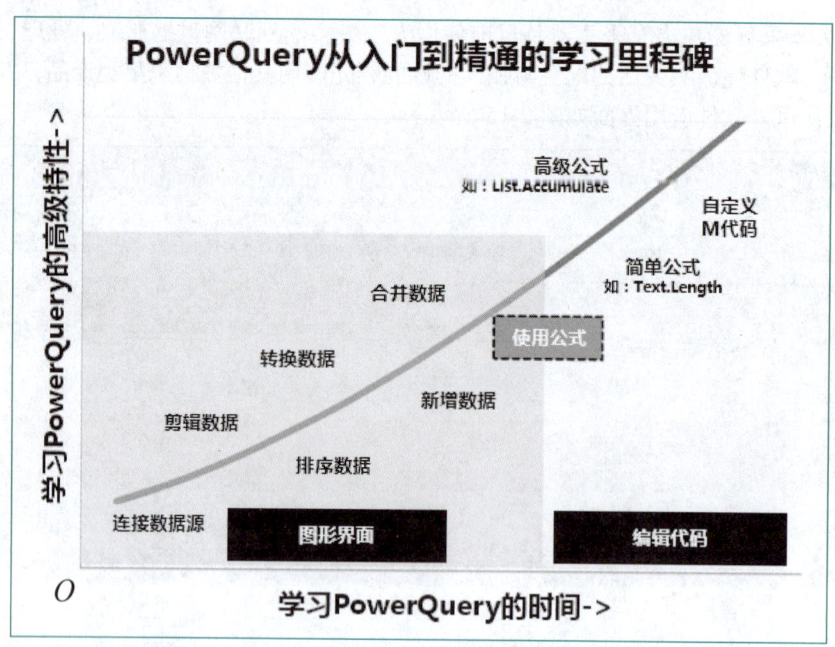

图 2-16　Power Query 学习过程

1. 打开需处理的文件进行观察

通过对图 2-17 采集后的数据报表进行观察发现，由于是从数据采集器默认的京东商品列表模板上进行采集，部分内容不符合应用要求，主要存在以下几个问题：

（1）sku 字段存在有空缺内容，需要删除。

（2）部分字段内容缺失，或没有计算意义需要删除，比如各种网站链接以及选购指数。

	A	B	C	D	E	F	G	H	I	J	K	L	M	N	O	P	Q	R	S
1	商品名称	价格	店铺名称	店铺链接	商品详情	总评价数	选购指数	店铺类型	当前页面	采集时间	图片地址	sku	店铺id	评论详情	页码	一级类目	二级类目	三级类目	四级类目
2	联想笔记	6499.00	联想京东	https://n	https://i	20万+		自营	https://1	2022-02-2	https://i	100021771660	1000000157	https://i	1	电脑、办	电脑整机	笔记本	
3	京品电脑	6299.00	ThinkPad	https://n	https://i	5万+		自营	https://1	2022-02-2	https://i	100027378160	1000000158	https://i	1	电脑、办	电脑整机	笔记本	
4	联想笔记	4699.00	联想京东	https://n	https://i	20万+		自营	https://1	2022-02-2	https://i	100011483893	1000000157	https://i	1	电脑、办	电脑整机	笔记本	
5	联想笔记	4599.00	联想京东	https://n	https://i	20万+		自营	https://1	2022-02-2	https://i	100021802484	1000000157	https://i	1	电脑、办	电脑整机	笔记本	
6	联想笔记	6299.00	联想京东	https://n	https://i	20万+		自营	https://1	2022-02-2	https://i	100011175665	1000000157	https://i	1	电脑、办	电脑整机	笔记本	
7	华为笔记	4799.00	华为京东	https://n	https://i	10万+		自营	https://1	2022-02-2	https://i	100016960357	1000004259	https://i	1	电脑、办	电脑整机	笔记本	
8	联想Think	5499.00	ThinkPad	https://n	https://c	2万+		自营	https://1	2022-02-2	https://i		995398	https://c	1	电脑、办	电脑整机	笔记本	
9	华为笔记	3999.00	华为京东	https://n	https://i	10万+		自营	https://1	2022-02-2	https://i	100032149194	1000004259	https://i	1	电脑、办	电脑整机	笔记本	
10	京品电脑	4699.00	ThinkPad	https://n	https://i	2万+		自营	https://1	2022-02-2	https://i	100014855527	1000000158	https://i	1	电脑、办	电脑整机	笔记本	
11	联想笔记	4299.90	联想京东	https://n	https://i	20万+		自营	https://1	2022-02-2	https://i	100018584132	1000000157	https://i	1	电脑、办	电脑整机	笔记本	
12	联想笔记	4899.90	联想京东	https://n	https://i	20万+		自营	https://1	2022-02-2	https://i	100019867006	1000000157	https://i	1	电脑、办	电脑整机	笔记本	
13	联想笔记	4599.00	联想京东	https://n	https://i	20万+		自营	https://1	2022-02-2	https://i	100026957536	1000000157	https://i	1	电脑、办	电脑整机	笔记本	
14	联想Think	6989.00	ThinkPad	https://n	https://c	200+		自营	https://1	2022-02-2	https://i		995398	https://c	1	电脑、办	电脑整机	笔记本	
15	京品电脑	4099.00	戴尔京东	https://n	https://i	10万+		自营	https://1	2022-02-2	https://i	100016777690	1000000140	https://i	1	电脑、办	电脑整机	笔记本	
16	联想笔记	4999.90	联想京东	https://n	https://i	20万+		自营	https://1	2022-02-2	https://i	100020877742	1000000157	https://i	1	电脑、办	电脑整机	笔记本	
17	联想笔记	4799.90	联想京东	https://n	https://i	20万+		自营	https://1	2022-02-2	https://i	100026957568	1000000157	https://i	1	电脑、办	电脑整机	笔记本	
18	华为笔记	4799.00	华为京东	https://n	https://i	10万+		自营	https://1	2022-02-2	https://i	100030585506	1000004259	https://i	1	电脑、办	电脑整机	笔记本	
19	惠普(HP)	5299.00	惠普京东	https://n	https://i	20万+		自营	https://1	2022-02-2	https://i	100016756050	1000000155	https://i	1	电脑、办	电脑整机	笔记本	

图 2-17　通过数据采集器获取的商品列表

2. 使用 Power Query 对数据进行清洗

在此处需要注意一个数据处理思想：不在原始数据上进行数据整理，而是采用独立分离方式在额外的文件中进行处理。

采取这种处理方式的原因在于如果一旦在原始数据上调整后，将无法在日后进行数据信息回溯，对后续数据处理工作会带来不必要的麻烦。

（1）在合适位置新建一个新的 Excel 空白文件，打开后选择“数据”选项卡中的“获取数据”→“自文件”→“从工作簿”命令，如图 2-18 所示。在打开的对话框中选定需要操作的文件，单击“确定”按钮完成。

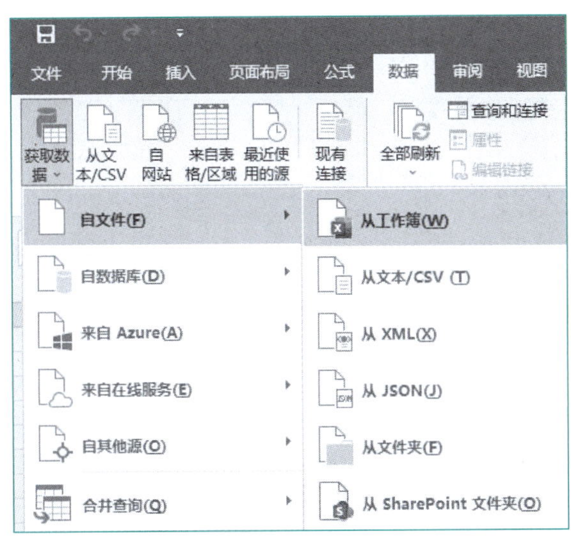

图 2-18　从 Excel 工作簿获取数据

（2）在弹出的对话框中，选定需要操作的工作簿，在右侧预览框中可以看到相关数据信息。单击“转换数据”按钮，准备开始进行数据处理，如图 2-19 所示。

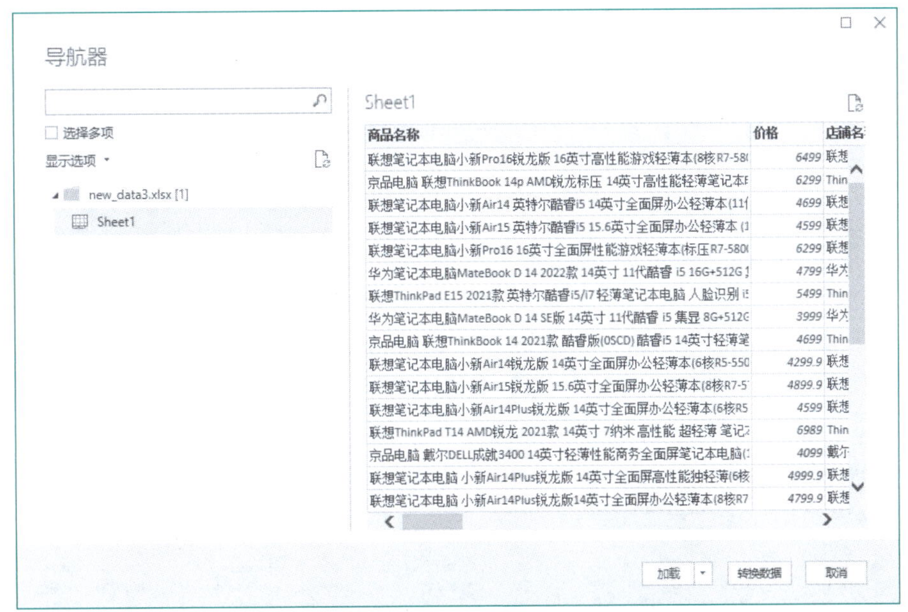

图 2-19　导入文件准备开始进行数据处理

（3）在打开的 Power Query 处理界面中，首先将不需要的网址链接和空白列删除。具体方法是右击相关的列标题，在快捷菜单中选择“删除”命令，整理后的数据如图 2-20 所示。

（4）继续查看，发现 sku 列存在空白信息，需要删除，单击 sku 右侧的下拉按钮，在下拉列表框内，取消选择 null，如图 2-21 所示，整理后如图 2-22 所示。

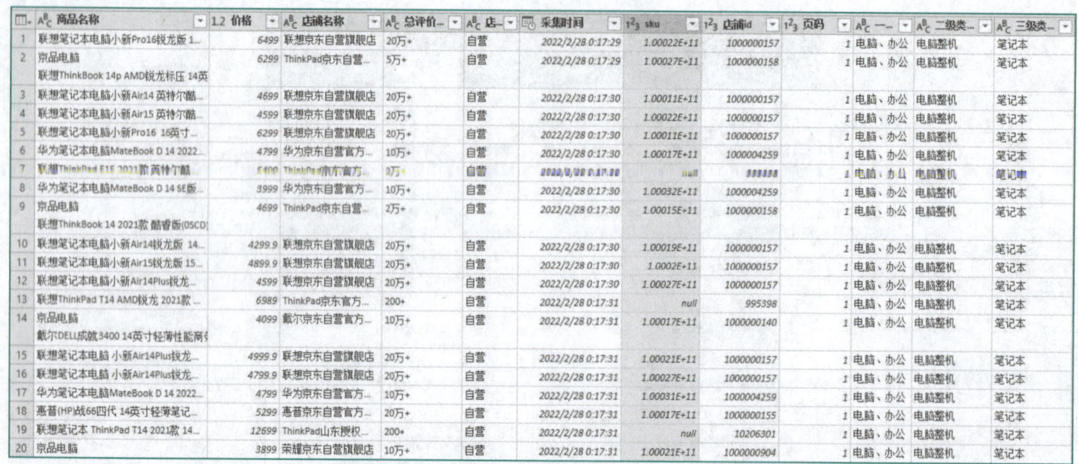

	商品名称	价格	店铺名称	总评价...	店...	采集时间	sku	店铺id	页码	一...	二级类...	三级类...
1	联想笔记本电脑小新Pro16锐龙版 1...	6499	联想京东自营旗舰店	20万+	自营	2022/2/28 0:17:29	1.00022E+11	1000000157	1	电脑、办公	电脑整机	笔记本
2	京品电脑 联想ThinkBook 14p AMD锐龙标压 14英	6299	ThinkPad京东自营...	5万+	自营	2022/2/28 0:17:29	1.00027E+11	1000000158	1	电脑、办公	电脑整机	笔记本
3	联想笔记本电脑小新Air14 英特尔酷...	4699	联想京东自营旗舰店	20万+	自营	2022/2/28 0:17:30	1.00011E+11	1000000157	1	电脑、办公	电脑整机	笔记本
4	联想笔记本电脑小新Air15 英特尔酷...	4599	联想京东自营旗舰店	20万+	自营	2022/2/28 0:17:30	1.00022E+11	1000000157	1	电脑、办公	电脑整机	笔记本
5	联想笔记本电脑小新Pro16 16英寸...	6299	联想京东自营旗舰店	20万+	自营	2022/2/28 0:17:30	1.00011E+11	1000000157	1	电脑、办公	电脑整机	笔记本
6	华为笔记本电脑MateBook D 14 2022...	4799	华为京东自营官方...	10万+	自营	2022/2/28 0:17:30	1.00017E+11	1000004259	1	电脑、办公	电脑整机	笔记本
7	联想ThinkPad E15 2021款 英特尔酷...	[illegible]	ThinkPad京东官方...	[illegible]	自营	[illegible]	null	[illegible]	1	电脑、办公	电脑整机	笔记本
8	华为笔记本电脑MateBook D 14 SE版...	3999	华为京东自营官方...	10万+	自营	2022/2/28 0:17:30	1.00032E+11	1000004259	1	电脑、办公	电脑整机	笔记本
9	京品电脑 联想ThinkBook 14 2021款 酷睿版(0SCD)	4699	ThinkPad京东自营...	2万+	自营	2022/2/28 0:17:30	1.00015E+11	1000000158	1	电脑、办公	电脑整机	笔记本
10	联想笔记本电脑小新Air14锐龙版 14...	4299.9	联想京东自营旗舰店	20万+	自营	2022/2/28 0:17:30	1.00019E+11	1000000157	1	电脑、办公	电脑整机	笔记本
11	联想笔记本电脑小新Air15锐龙版 15...	4899.9	联想京东自营旗舰店	20万+	自营	2022/2/28 0:17:30	1.0002E+11	1000000157	1	电脑、办公	电脑整机	笔记本
12	联想笔记本电脑小新Air14Plus锐龙...	4599	联想京东自营旗舰店	20万+	自营	2022/2/28 0:17:30	1.00027E+11	1000000157	1	电脑、办公	电脑整机	笔记本
13	联想ThinkPad T14 AMD锐龙 2021款 ...	6989	ThinkPad京东官方...	200+	自营	2022/2/28 0:17:31	null	995398	1	电脑、办公	电脑整机	笔记本
14	京品电脑 戴尔DELL成就3400 14英寸轻薄性能商务	4099	戴尔京东自营官方...	10万+	自营	2022/2/28 0:17:31	1.00017E+11	1000000140	1	电脑、办公	电脑整机	笔记本
15	联想笔记本电脑 小新Air14Plus锐龙...	4999.9	联想京东自营旗舰店	20万+	自营	2022/2/28 0:17:31	1.00021E+11	1000000157	1	电脑、办公	电脑整机	笔记本
16	联想笔记本电脑 小新Air14Plus锐龙...	4799.9	联想京东自营旗舰店	20万+	自营	2022/2/28 0:17:31	1.00027E+11	1000000157	1	电脑、办公	电脑整机	笔记本
17	华为笔记本电脑MateBook D 14 2022...	4799	华为京东自营官方...	10万+	自营	2022/2/28 0:17:31	1.00031E+11	1000004259	1	电脑、办公	电脑整机	笔记本
18	惠普(HP)战66四代 14英寸轻薄笔记...	5299	惠普京东自营官方...	20万+	自营	2022/2/28 0:17:31	1.00017E+11	1000000155	1	电脑、办公	电脑整机	笔记本
19	联想笔记本 ThinkPad T14 2021款 14...	12699	ThinkPad山东授权...	200+	自营	2022/2/28 0:17:31	null	10206301	1	电脑、办公	电脑整机	笔记本
20	京品电脑	3899	荣耀京东自营旗舰店	10万+	自营	2022/2/28 0:17:31	1.00021E+11	1000000904	1	电脑、办公	电脑整机	笔记本

图 2-20　整理后的数据

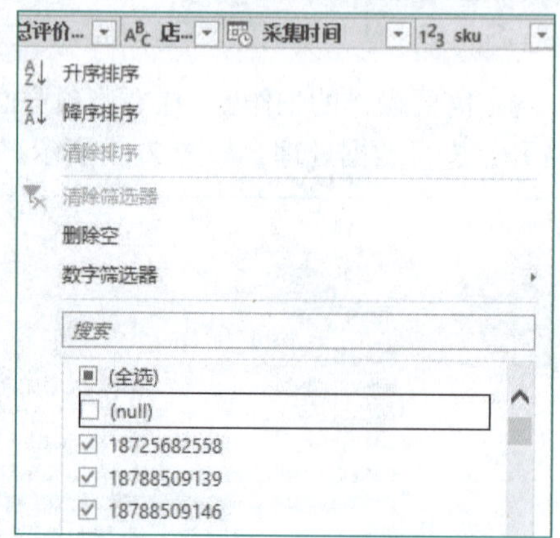

图 2-21　取消 null 值的选取

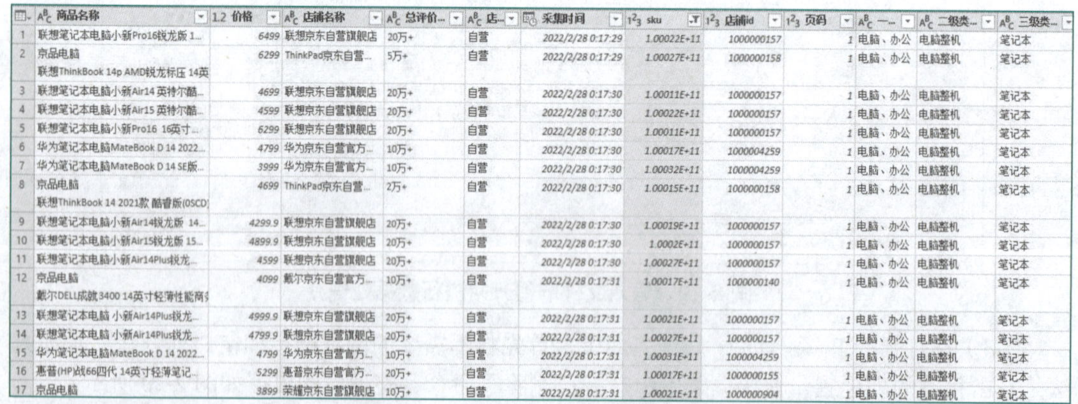

	商品名称	价格	店铺名称	总评价...	店...	采集时间	sku	店铺id	页码	一...	二级类...	三级类...
1	联想笔记本电脑小新Pro16锐龙版 1...	6499	联想京东自营旗舰店	20万+	自营	2022/2/28 0:17:29	1.00022E+11	1000000157	1	电脑、办公	电脑整机	笔记本
2	京品电脑 联想ThinkBook 14p AMD锐龙标压 14英	6299	ThinkPad京东自营...	5万+	自营	2022/2/28 0:17:29	1.00027E+11	1000000158	1	电脑、办公	电脑整机	笔记本
3	联想笔记本电脑小新Air14 英特尔酷...	4699	联想京东自营旗舰店	20万+	自营	2022/2/28 0:17:30	1.00011E+11	1000000157	1	电脑、办公	电脑整机	笔记本
4	联想笔记本电脑小新Air15 英特尔酷...	4599	联想京东自营旗舰店	20万+	自营	2022/2/28 0:17:30	1.00022E+11	1000000157	1	电脑、办公	电脑整机	笔记本
5	联想笔记本电脑小新Pro16 16英寸...	6299	联想京东自营旗舰店	20万+	自营	2022/2/28 0:17:30	1.00011E+11	1000000157	1	电脑、办公	电脑整机	笔记本
6	华为笔记本电脑MateBook D 14 2022...	4799	华为京东自营官方...	10万+	自营	2022/2/28 0:17:30	1.00017E+11	1000004259	1	电脑、办公	电脑整机	笔记本
7	华为笔记本电脑MateBook D 14 SE版...	3999	华为京东自营官方...	10万+	自营	2022/2/28 0:17:30	1.00032E+11	1000004259	1	电脑、办公	电脑整机	笔记本
8	京品电脑 联想ThinkBook 14 2021款 酷睿版(0SCD)	4699	ThinkPad京东自营...	2万+	自营	2022/2/28 0:17:30	1.00015E+11	1000000158	1	电脑、办公	电脑整机	笔记本
9	联想笔记本电脑小新Air14锐龙版 14...	4299.9	联想京东自营旗舰店	20万+	自营	2022/2/28 0:17:30	1.00019E+11	1000000157	1	电脑、办公	电脑整机	笔记本
10	联想笔记本电脑小新Air15锐龙版 15...	4899.9	联想京东自营旗舰店	20万+	自营	2022/2/28 0:17:30	1.0002E+11	1000000157	1	电脑、办公	电脑整机	笔记本
11	联想笔记本电脑小新Air14Plus锐龙...	4599	联想京东自营旗舰店	20万+	自营	2022/2/28 0:17:30	1.00027E+11	1000000157	1	电脑、办公	电脑整机	笔记本
12	京品电脑 戴尔DELL成就3400 14英寸轻薄性能商务	4099	戴尔京东自营官方...	10万+	自营	2022/2/28 0:17:31	1.00017E+11	1000000140	1	电脑、办公	电脑整机	笔记本
13	联想笔记本电脑 小新Air14Plus锐龙...	4999.9	联想京东自营旗舰店	20万+	自营	2022/2/28 0:17:31	1.00021E+11	1000000157	1	电脑、办公	电脑整机	笔记本
14	联想笔记本电脑 小新Air14Plus锐龙...	4799.9	联想京东自营旗舰店	20万+	自营	2022/2/28 0:17:31	1.00027E+11	1000000157	1	电脑、办公	电脑整机	笔记本
15	华为笔记本电脑MateBook D 14 2022...	4799	华为京东自营官方...	10万+	自营	2022/2/28 0:17:31	1.00031E+11	1000004259	1	电脑、办公	电脑整机	笔记本
16	惠普(HP)战66四代 14英寸轻薄笔记...	5299	惠普京东自营官方...	20万+	自营	2022/2/28 0:17:31	1.00017E+11	1000000155	1	电脑、办公	电脑整机	笔记本
17	京品电脑	3899	荣耀京东自营旗舰店	10万+	自营	2022/2/28 0:17:31	1.00021E+11	1000000904	1	电脑、办公	电脑整机	笔记本

图 2-22　去除空白信息后的数据表格

（二）数据转换

进行数据分析处理时，有时相关的数据信息格式并不是当前任务所需的格式，此时，需要将相关数据格式进行转换才能继续进行数据操作，具体做法如下：

通过观察发现，刚才经过数据清洗后的数据内容，在 sku 列上，错误地将原本应该是文本信息的内容当作数字处理，因此出现了科学计数法，因此需要将 sku 的数据类型转换为文本类型。同理，店铺 id 也不应该作为数字来处理，也需要转换为文本类型处理。

视频资源 2-2 数据转换

在列标题的左侧，可以看到 sku 和店铺 id 显示为“123”，表示当前列的数据格式是按照“数字”类型来处理的，因此单击这个数据类型名称，在弹出的对话框中将其设置为“文本”，经转换后，在列标题左侧的数据类型上出现“ABC”，表示已经成功转换为文本类型，相关结果如图 2-23 所示。

	商品名称	价格	店铺名称	总评价...	店...	采集时间	sku	店铺id	页码	一...	二级类...	三级类...
1	联想笔记本电脑小新Pro16锐龙版 1...	6499	联想京东自营旗舰店	20万+	自营	2022/2/28 0:17:29	100021771660	1000000157	1	电脑、办公	电脑整机	笔记本
2	京品电脑 联想ThinkBook 14p AMD锐龙标压 14英	6299	ThinkPad京东自营...	5万+	自营	2022/2/28 0:17:29	100027378160	1000000158	1	电脑、办公	电脑整机	笔记本
3	联想笔记本电脑小新Air14 英特尔酷...	4699	联想京东自营旗舰店	20万+	自营	2022/2/28 0:17:30	100011483893	1000000157	1	电脑、办公	电脑整机	笔记本
4	联想笔记本电脑小新Air15 英特尔酷...	4599	联想京东自营旗舰店	20万+	自营	2022/2/28 0:17:30	100021802484	1000000157	1	电脑、办公	电脑整机	笔记本
5	联想笔记本电脑小新Pro16 16英寸...	6299	联想京东自营旗舰店	20万+	自营	2022/2/28 0:17:30	100011175665	1000000157	1	电脑、办公	电脑整机	笔记本
6	华为笔记本电脑MateBook D 14 2022...	4799	华为京东自营官方...	10万+	自营	2022/2/28 0:17:30	100016960357	1000004259	1	电脑、办公	电脑整机	笔记本
7	华为笔记本电脑MateBook D 14 SE版...	3999	华为京东自营官方...	10万+	自营	2022/2/28 0:17:30	100032149194	1000004259	1	电脑、办公	电脑整机	笔记本
8	京品电脑 联想ThinkBook 14 2021款 酷睿版(0SCD)	4699	ThinkPad京东自营...	2万+	自营	2022/2/28 0:17:30	100014855527	1000000158	1	电脑、办公	电脑整机	笔记本
9	联想笔记本电脑小新Air14锐龙版 14...	4299.9	联想京东自营旗舰店	20万+	自营	2022/2/28 0:17:30	100018584132	1000000157	1	电脑、办公	电脑整机	笔记本
10	联想笔记本电脑小新Air15锐龙版 15...	4899.9	联想京东自营旗舰店	20万+	自营	2022/2/28 0:17:30	100019867006	1000000157	1	电脑、办公	电脑整机	笔记本
11	联想笔记本电脑小新Air14Plus锐龙...	4599	联想京东自营旗舰店	20万+	自营	2022/2/28 0:17:30	100026957536	1000000157	1	电脑、办公	电脑整机	笔记本
12	京品电脑 戴尔DELL成就3400 14英寸轻薄性能商务	4099	戴尔京东自营官方...	10万+	自营	2022/2/28 0:17:31	100016777690	1000000140	1	电脑、办公	电脑整机	笔记本
13	联想笔记本电脑 小新Air14Plus锐龙...	4999.9	联想京东自营旗舰店	20万+	自营	2022/2/28 0:17:31	100020877742	1000000157	1	电脑、办公	电脑整机	笔记本
14	联想笔记本电脑 小新Air14Plus锐龙...	4799.9	联想京东自营旗舰店	20万+	自营	2022/2/28 0:17:31	100026957568	1000000157	1	电脑、办公	电脑整机	笔记本
15	华为笔记本电脑MateBook D 14 2022...	4799	华为京东自营官方...	10万+	自营	2022/2/28 0:17:31	100030585506	1000004259	1	电脑、办公	电脑整机	笔记本
16	惠普(HP)战66四代 14英寸轻薄笔记...	5299	惠普京东自营官方...	20万+	自营	2022/2/28 0:17:31	100016756050	1000000155	1	电脑、办公	电脑整机	笔记本
17	京品电脑 荣耀笔记本 MagicBook X 15 2021 15.6英	3899	荣耀京东自营旗舰店	10万+	自营	2022/2/28 0:17:31	100021400874	1000000904	1	电脑、办公	电脑整机	笔记本

图 2-23　经过数据类型转换后的数据列表

（三）数据提取

视频资源 2-3 数据提取

有时仅需要数据中某部分信息内容，因此要对数据文件进行数据提取操作。例如在本样例文件中，如果存在需求，需要对时间内容进行“分钟”单位的提取，可以采取以下操作方法：

（1）将时间信息字段复制一列出来，在字段列标题上右击，选择“重复列”命令，然后可拖动新复制出来的列到合适位置，如图 2-24 所示。

		价格	店铺名称	总评价...	店...	采集时间	采集时间-...	sku	店铺id	页码	一...	二级类...	三级类...
1	小新Pro16锐龙版 1...	6499	联想京东自营旗舰店	20万+	自营	2022/2/28 0:17:29	2022/2/28 0:17:29	100021771660	1000000157	1	电脑、办公	电脑整机	笔记本
2	 4p AMD锐龙标压 14英	6299	ThinkPad京东自营...	5万+	自营	2022/2/28 0:17:29	2022/2/28 0:17:29	100027378160	1000000158	1	电脑、办公	电脑整机	笔记本
3	小新Air14 英特尔酷...	4699	联想京东自营旗舰店	20万+	自营	2022/2/28 0:17:30	2022/2/28 0:17:30	100011483893	1000000157	1	电脑、办公	电脑整机	笔记本
4	小新Air15 英特尔酷...	4599	联想京东自营旗舰店	20万+	自营	2022/2/28 0:17:30	2022/2/28 0:17:30	100021802484	1000000157	1	电脑、办公	电脑整机	笔记本
5	小新Pro16 16英寸...	6299	联想京东自营旗舰店	20万+	自营	2022/2/28 0:17:30	2022/2/28 0:17:30	100011175665	1000000157	1	电脑、办公	电脑整机	笔记本
6	MateBook D 14 2022...	4799	华为京东自营官方...	10万+	自营	2022/2/28 0:17:30	2022/2/28 0:17:30	100016960357	1000004259	1	电脑、办公	电脑整机	笔记本
7	MateBook D 14 SE版...	3999	华为京东自营官方...	10万+	自营	2022/2/28 0:17:30	2022/2/28 0:17:30	100032149194	1000004259	1	电脑、办公	电脑整机	笔记本
8	 4 2021款 酷睿版(0SCD)	4699	ThinkPad京东自营...	2万+	自营	2022/2/28 0:17:30	2022/2/28 0:17:30	100014855527	1000000158	1	电脑、办公	电脑整机	笔记本

图 2-24　复制“采集时间”数据列

（2）右击“采集时间”字段，选择“转换”→“分”命令，即可将相关“分钟”从日期数据中提取出来，如图 2-25 所示。最终结果如图 2-26 所示。

（四）数据计算

视频资源 2-4 数据计算

观察数据计算是在原始采集数据的基础上，进行进一步的调整合并，或者是统计汇总。数据文件，本次需要计算获得不同评价数的店铺个数。汇总后进行列表显示。具体操作如下：

图 2-25　进行分钟信息提取

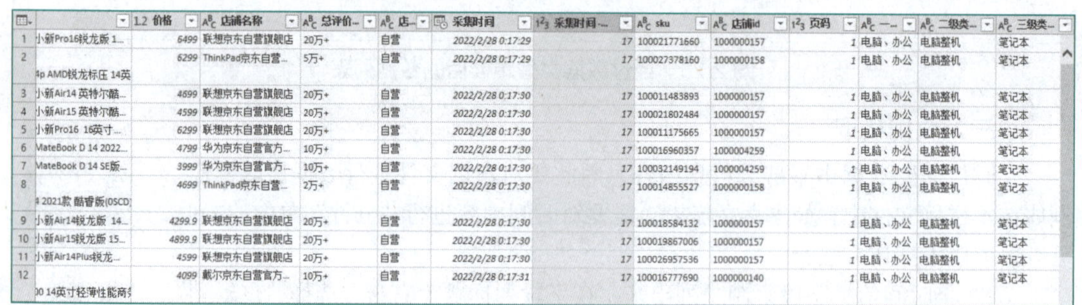

		价格	店铺名称	总评价...	店...	采集时间	采集时间 -...	sku	店铺id	页码	一...	二级类...	三级类...
1	小新Pro16锐龙版 1...	6499	联想京东自营旗舰店	20万+	自营	2022/2/28 0:17:29	17	100021771660	1000000157	1	电脑、办公	电脑整机	笔记本
2	4p AMD锐龙标压 14英	6299	ThinkPad京东自营...	5万+	自营	2022/2/28 0:17:29	17	100027378160	1000000158	1	电脑、办公	电脑整机	笔记本
3	小新Air14 英特尔酷...	4699	联想京东自营旗舰店	20万+	自营	2022/2/28 0:17:30	17	100011483893	1000000157	1	电脑、办公	电脑整机	笔记本
4	小新Air15 英特尔酷...	4599	联想京东自营旗舰店	20万+	自营	2022/2/28 0:17:30	17	100021802484	1000000157	1	电脑、办公	电脑整机	笔记本
5	小新Pro16 16英寸...	6299	联想京东自营旗舰店	20万+	自营	2022/2/28 0:17:30	17	100011175665	1000000157	1	电脑、办公	电脑整机	笔记本
6	MateBook D 14 2022...	4799	华为京东自营官方...	10万+	自营	2022/2/28 0:17:30	17	100016960357	1000004259	1	电脑、办公	电脑整机	笔记本
7	MateBook D 14 SE版...	3999	华为京东自营官方...	10万+	自营	2022/2/28 0:17:30	17	100032149194	1000004259	1	电脑、办公	电脑整机	笔记本
8	4 2021款 酷睿版(0SCD)	4699	ThinkPad京东自营...	2万+	自营	2022/2/28 0:17:30	17	100014855527	1000000158	1	电脑、办公	电脑整机	笔记本
9	小新Air14锐龙版 14...	4299.9	联想京东自营旗舰店	20万+	自营	2022/2/28 0:17:30	17	100018584132	1000000157	1	电脑、办公	电脑整机	笔记本
10	小新Air15锐龙版 15...	4899.9	联想京东自营旗舰店	20万+	自营	2022/2/28 0:17:30	17	100019867006	1000000157	1	电脑、办公	电脑整机	笔记本
11	小新Air14Plus锐龙...	4599	联想京东自营旗舰店	20万+	自营	2022/2/28 0:17:30	17	100026957536	1000000157	1	电脑、办公	电脑整机	笔记本
12	00 14英寸轻薄性能商务	4099	戴尔京东自营官方...	10万+	自营	2022/2/28 0:17:31	17	100016777690	1000000140	1	电脑、办公	电脑整机	笔记本

图 2-26　进行分钟数据信息提取后的数据表格

（1）单击“转换”选项卡中的“分组依据”按钮，如图 2-27 所示。

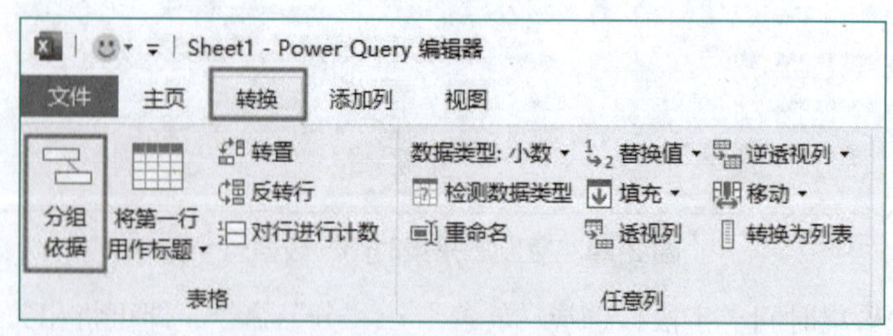

图 2-27　单击“分组依据”按钮

（2）将要依据“总评价数”进行分组计算，因此在第一个下拉列表框中选择“总评价数”数据列。因为在计数时需要去除重复内容，因此在“操作”栏中需要选择“非重复行计数”，其他保持默认即可，如图 2-28 所示。

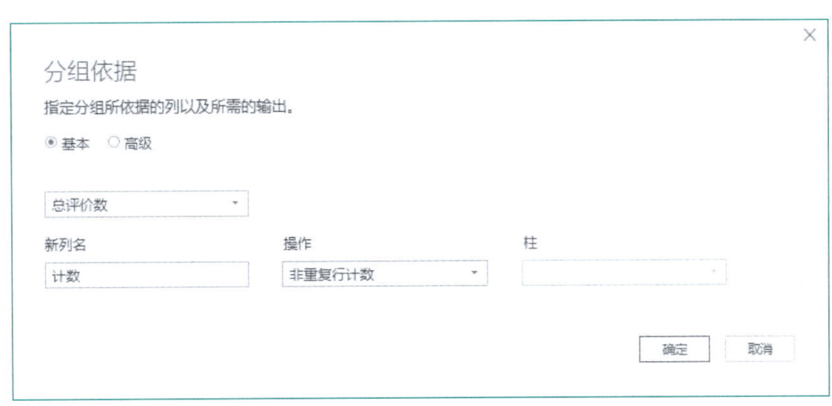

图 2-28　进行分组依据设置

（3）处理完成后，单击数据列标题右侧下拉箭头，选择“降序”排列，最终结果如图 2-29 所示。从图中可以看到，评论数在 2 万 + 的店铺数量最多，有 67 家，其次是 10 万 + 和 5 万 + 的店铺。

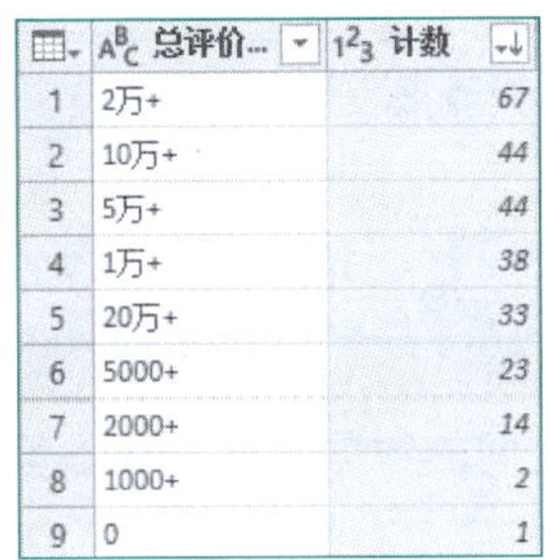

	总评价...	计数
1	2万+	67
2	10万+	44
3	5万+	44
4	1万+	38
5	20万+	33
6	5000+	23
7	2000+	14
8	1000+	2
9	0	1

图 2-29　进行分组汇总计算后的结果图

四、数据展现

（一）数据图表的作用

这里主要是指数据可视化。数据的可视化主要将大量的数据信息内容，通过分组整理用各种不同的表格和图形进行显示。其中占主体的是各种数据信息图。作为一个自然人，对于大量的数据信息，如果不进行刻意的设置，很难在短时间内获知重要信息。当通过合适的、具有对比性的颜色和形状等媒介物，可以很轻松地将数据凸显的问题表达出来。因此，对于在大数据时期，能够在短时间内将信息的本质内容有效地呈现出来，各种数据图表就变得尤为重要。

（二）数据图表的制作

1. 基础数据报表制作

此处的数据报表主要是为了进行最终结果查看而进行制作。基础数据报表虽然观看者相对方便，但是因为此时就是二维表，对于计算机进行数据分析来讲基本无法操作，因此在当前环境下使用频率相比各种数据图表要少一些。

进行数据报表制作，可以手工在 Excel 中制作，但也有相对专业的报表工具进行辅助，比如润乾报表工具，图 2-30 所示即为润乾报表工具制作的典型数据报表。在报表制作时，要尽可能发挥计算机在其中的作用，数据要尽量以无人化参与为主。在设计阶段做好后，尽量让计算机程序进行自动生成和录入。因为人为参与的机会越多，越容易导致中间过程发生输入失误，数据的完整和准确性会受到影响。

上表头

左表头

客户 \ 汇总纬度			[illegible]	[illegible]	按产品汇总						已付款	按合同签订时间汇总			
					化工				食品			2001	2002	2003	2004
					苯乙酮	苯甲酸	苯磺酸	对氯二	大豆	色拉油					
国内客户	无锡食品加工厂	金额	83584449	73949343	10715955	107[illegible]955	192[illegible]8719	8572764	17145528	17145528	0	0	21587046	44113407	17883996
		数量	311424	259520	82908	40044	60552	60168	40488	27264	0	0	103808	181664	25952
	天津长城化工厂	金额	87410310	76021023	11206450	11206450	20171610	8965160	17930320	17930320	0	3066882	39844350	44499078	0
		数量	311424	259520	82908	40044	60552	60168	40488	27264	0	103808	103808	103808	0
	江苏天龙食品集团	金额	15897336	12022218	2038120	2038120	3668616	1630496	3260992	3260992	0	7930182	7967154	0	0
		数量	311424	233568	82908	40044	60552	60168	40488	27264	0	103808	207616	0	0
	中国化工原料厂	金额	10379928	8247642	1330760	1330760	2395368	1064608	2129216	2129216	0	0	0	10379928	0
		数量	207616	155712	55272	26696	40368	40112	26992	18176	0	0	0	207616	0
[illegible]	Crystal	金额	158012[illegible]20	126307428	20257975	20257975	36464355	16206380	32412760	32412760	0	0	3328455	12896871	25715040
		数量	[illegible]15232	311424	110544	53392	80736	80224	53984	36352	0	0	103808	207616	103808
	Chemist	金额	40335984	31920642	5171280	5171280	9308304	4137024	8274048	8274048	0	0	7618884	22874670	9842430
		数量	415232	311424	110544	53392	80736	80224	53984	36352	0	0	103808	103808	207616
	[illegible]	金额	9213165	7610265	1181175	1181175	2126115	944940	1889880	1889880	0	0	0	5197764	4015401
		数量	207616	155712	55272	26696	40368	40112	26992	18176	0	0	0	103808	103808
	Ch[illegible] Mu[illegible]	金额	0	0	0	0	0	0	0	0	0	0	0	0	0
		[illegible]	0	0	0	0	0	0	0	0	0	0	0	0	0

图 2-30　润乾报表工具制作的典型数据报表

2. 基础数据图表制作

1）常见图表类型

（1）柱状图：有时也会以条形图显示（见图 2-31、图 2-32），主要特点是，同时显示在某一阶段时期，多个不同元素主体之间的数据对比。当元素主体名字过长时，使用条形图较好。

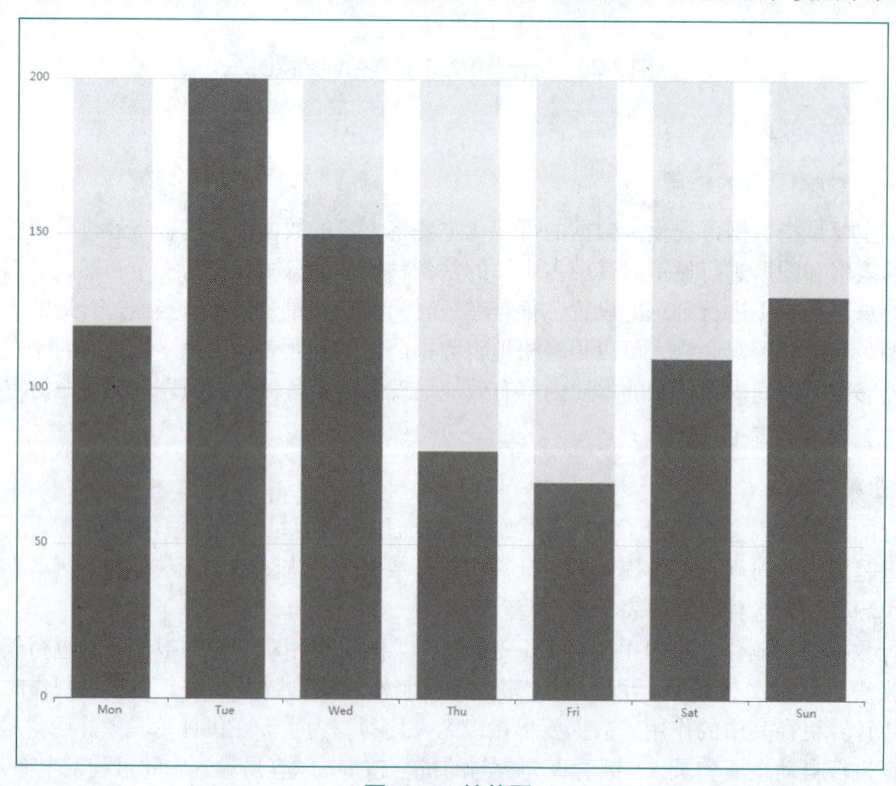

图 2-31　柱状图

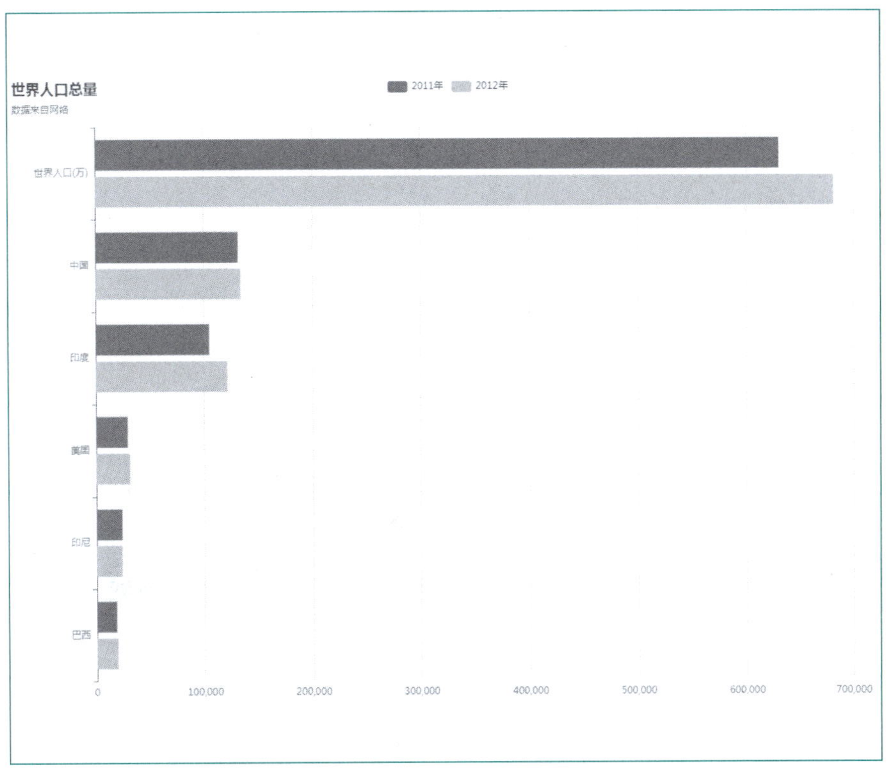

图 2-32　条形图

（2）折线图：相关显示数据信息和时间过程紧密相连，一般用来显示某种趋势、走向时使用（见图 2-33）。

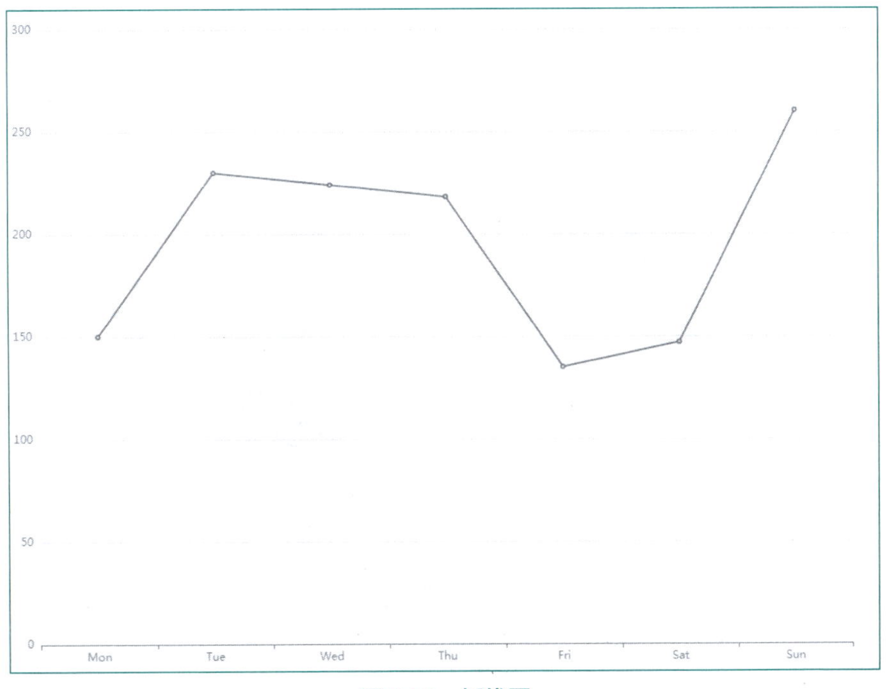

图 2-33　折线图

（3）饼图：主要体现各不同元素主体在某个统一父级上层整体中所占比重。一方面显示当前元素主体在整体的占比，另一方面也可以与其他元素主体进行比较。一般使用实心的圆饼图较多，也常用环形图（见图 2-34、图 2-35）。

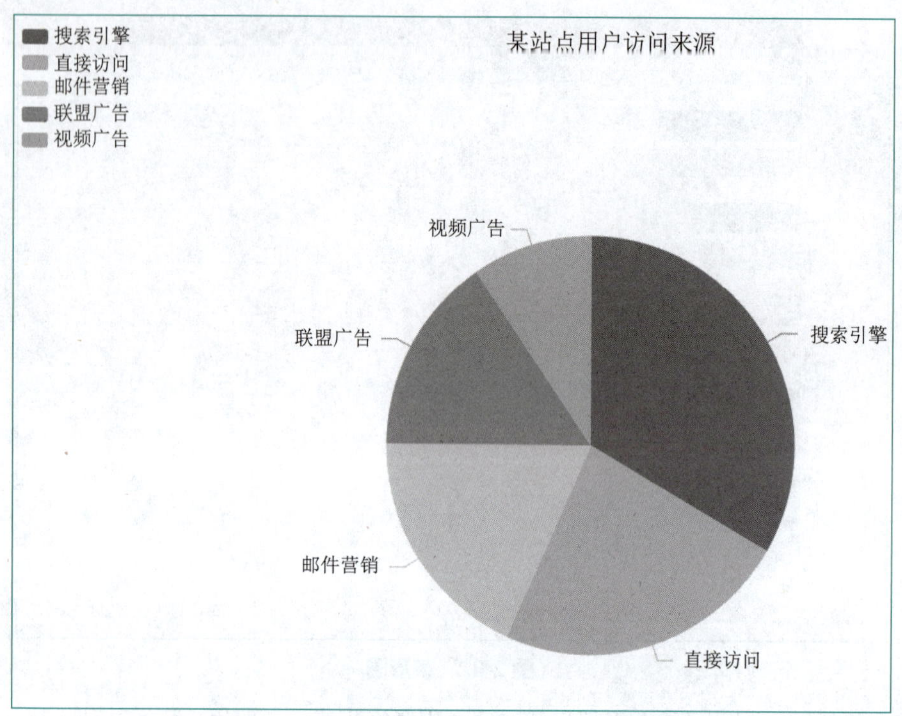

图 2-34　圆饼图

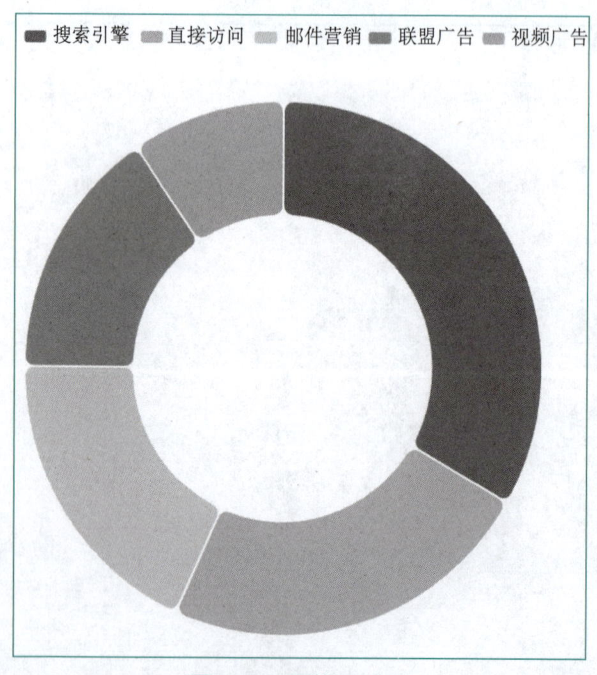

图 2-35　圆饼环形图

（4）散点图（见图 2-36）：散点图是指在回归分析中，数据点在直角坐标系平面上的分布图。散点图表示因变量随自变量而变化的大致趋势，据此可以选择合适的函数对数据点进行拟合。

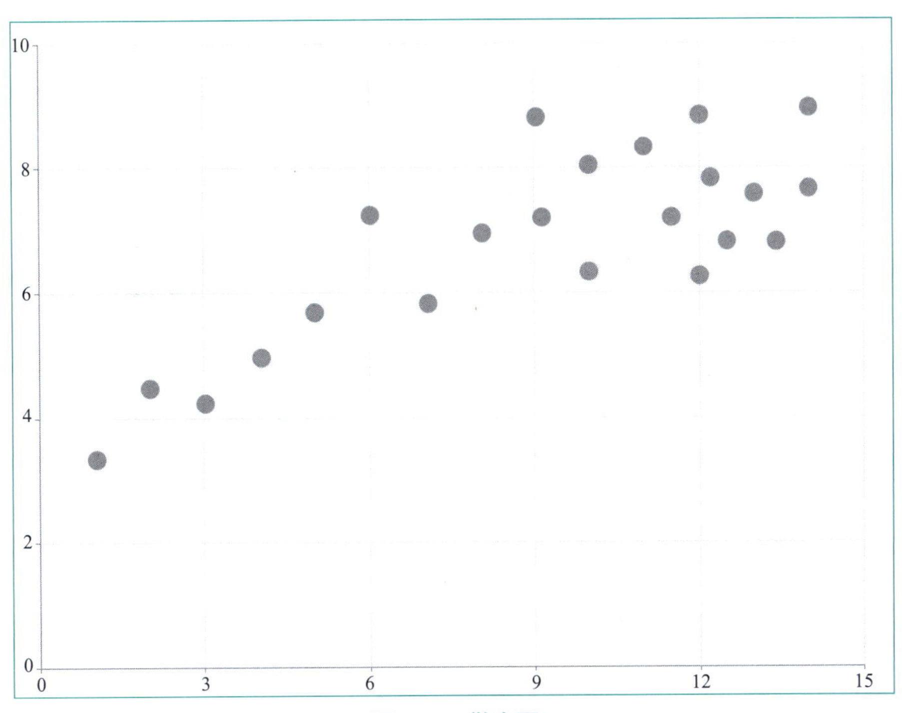

图 2-36 散点图

（5）雷达图（见图 2-37）：雷达图是以从同一点开始的轴上表示的三个或更多个定量变量的二维图表的形式显示多变量数据的图形方法。轴的相对位置和角度通常是无信息的。雷达图也称为网络图、蜘蛛图、星图、蜘蛛网图、不规则多边形、极坐标图或 Kiviat 图。它相当于平行坐标图，轴径向排列。

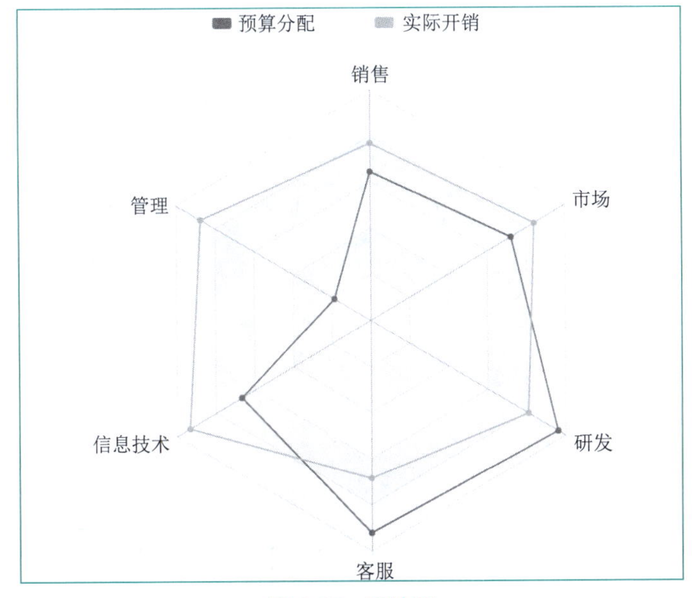

图 2-37 雷达图

（6）K 线图（见图 2-38）：股市及期货市场中经常使用，主要包含四个数据，它是以每个分析周期的开盘价、最高价、最低价和收盘价绘制而成。反映大势的状况和价格信息。如果把每日的 K 线图放在一张纸上，就能得到日 K 线图，同样也可画出周 K 线图、月 K 线图。

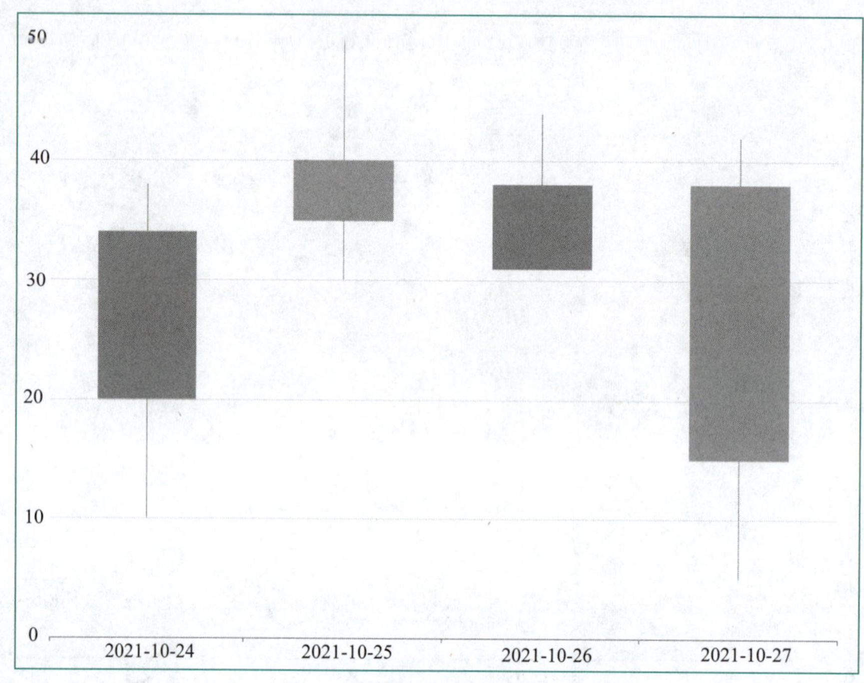

图 2-38　K 线图

（7）热力图（见图 2-39）：以特殊高亮的形式显示访客热衷的页面区域和访客所在的地理区域的图示。热力图可以显示不可点击区域发生的事情。

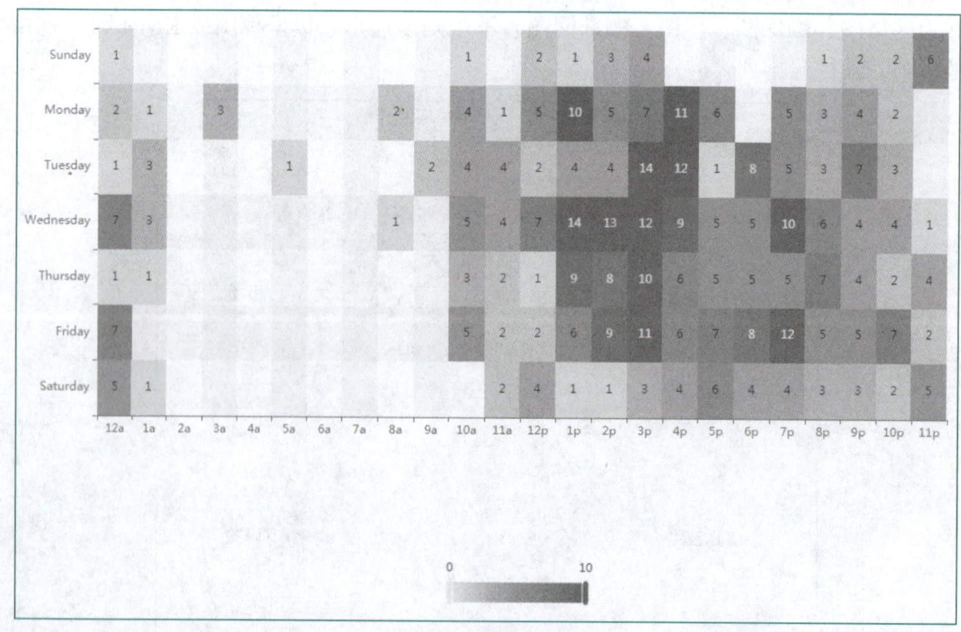

图 2-39　热力图

（8）漏斗图（见图 2-40）：反映研究在一定样本量或精确性下单个研究的干预效应估计值。漏斗图最常见的是横轴为各研究效应估计值，纵轴为研究样本量。

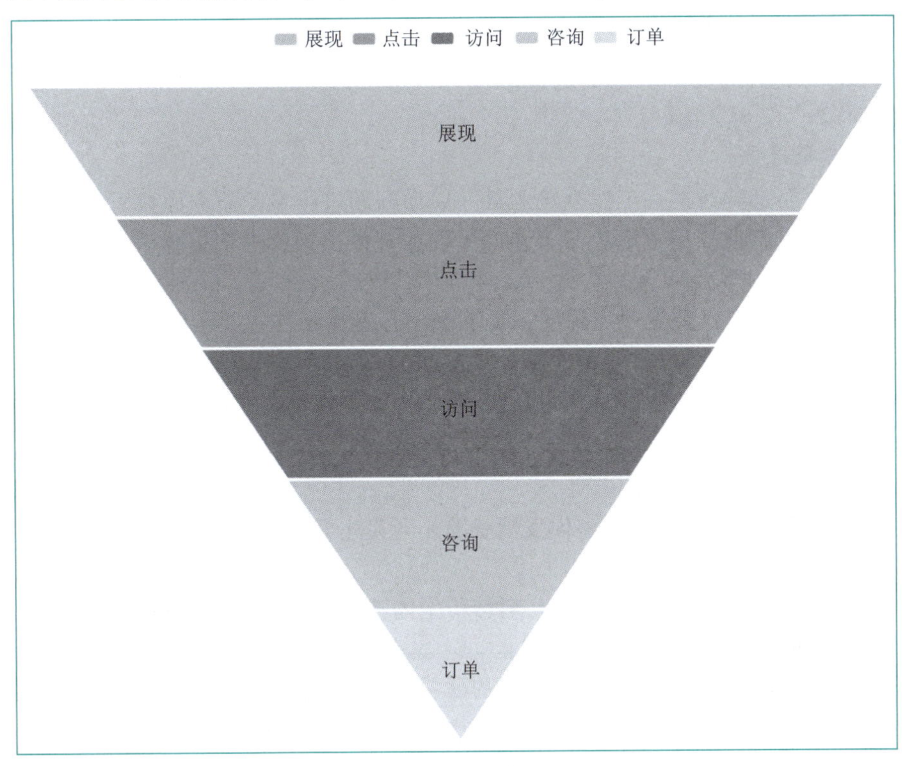

图 2-40 漏斗图

2）图表选择的原则和方法

（1）明确数据图表要表达的目的和数据之间的关系。图表的主要作用是为了明确表达数据体现出来的某种信息。因此明确使用图表的目的就非常重要，如果仅仅是为了美观而忽略真正要表达的内容，无疑是舍本逐末。在明确目的的前提下，还要知晓相关数据之间的关系，如果数据结构和关系不利于相关观点的表达，需要再次合理选择合适内容。

（2）要严格按照图表操作规范作图。因为图表经常省略相关的说明，再加上某些图表更容易吸引观看者的注意力，因此如果作图不规范，往往适得其反，容易给人造成不必要的误解，做出误判。例如：在柱状图或折线图绘制时，如果在起始位置处并不是以 0 为基数开始，显示出的图形效果会大相径庭。但是因为此时观看者会认为以 0 为基数开始，相关的注意力被柱状或折线吸引，从而忽略这个问题造成误判。

五、数据分析报告的撰写

（一）数据分析报告的概念

数据分析报告是根据数据分析原理和方法，运用数据来反映、研究和分析事物的现状、问题、原因、本质和规律，并得出结论，提出解决办法的一种分析应用文体。数据分析是报告撰写的基础，分析质量的优劣直接决定报告的质量。通过数据分析报告，可以帮助公司管理人员认识、了解相关事务，精准掌握关键、敏感信息，获取科学、严谨的可行性建议，为经营管理决策的制定降低风险。

数据分析报告是一种文理综合的文体。一方面需要遵循一般文体的写作规范和格式要求；另一方面需要关注数据的分析和展示，充分体现数据运用方面的特点。

（二）数据分析报告类型

根据数据分析报告的目的、对象、内容、时间等方面的不同，可以将数据分析报告划分为以下几种形式：

1. 专题分析报告

此类报告主要是针对某一工作领域的某一单项问题进行专门研究而撰写。其目的主要是为管理决策者制定某项政策或解决某个专门问题而提供决策参考依据。“专、一”是其主要特点。

- 专：强调分析内容要有一定深度，重点突出，着重抓住主要矛盾的主要方面进行深入分析。
- 一：不要求对事务的各个方面都进行分析，要依据问题特点有选择地进行分析目标的选定和分析方法的运用。

2. 综合分析报告

此类报告的特点是关注事务的整体发展状况。会关注事务的多个方面，注重各方面和组成部分之间的联系。主要有以下特点：

- 全面性：要站在一个全局的高度，对分析主体进行全面分析。必须能够综合反映对象各个方面的情况。
- 联系性：要关注拆分后各个部分之间的联系，这种联系不应该是静态的，而更多的应该通过数据分析，考察其相互之间在发展中的相互作用。

3. 日常数据分析报告

此类报告内容相对简单，但是使用频率高，经常会按照一定时间周期进行报告的生成和上报，因此也称为定期报告，主要有以下特点：

- 时效性：因为和上报周期有紧密联系，数据的新鲜程度就变得非常重要，报告中的数据来源要求是周期时间内的完整有效数据。另一方面，因为是定期上报，往往会作为某项工作计划执行效果的检查依据。因此需要和相关工作计划做适当的结合，辅助展示工作进度及成果。
- 规范性：作为一个定期上报的数据分析内容，为了便于日后工作中的数据内容对比，对报告格式的要求会相对固定。因此，报告格式的初始设计就比较重要。但另一方面，因为格式相对固定，除去关键人为分析部分，大部分内容可以交由系统程序自动生成，降低工作强度。

（三）数据分析报告撰写原则

1. 规范性

数据分析报告中所使用的技术术语、绘制的表格图表等，一定要规范，标准统一，前后一致，防止由于不规范导致的结论误导。

2. 层次性

数据分析报告中的内容，要依据数据分析目标进行合理的结构层次安排。重点突出、条理清晰，便于相关审阅者和管理人员迅速抓住重点，厘清脉络。

3. 适当创新

数据分析报告是一项要求严谨的文体形式。一方面要秉承与时俱进的发展观，时刻关注业内的最新研究方法和数据分析技术；另一方面，切忌盲目追求所谓最新技术，因为最新的技术往往会存在不稳定的隐藏问题，过度使用会对报告的精准导向产生不必要的风险。

（四）数据分析报告的结构

1. 标题

标题部分要紧扣数据分析目的，开门见山地将主要内容客观地展示出来。比如《2020 年部门业务对比分析》《大客户流失情况分析》等。少添加或不添加进行艺术修饰的词语。此外，不建议添加带有意见的主观评断性内容（看似客观），比如《提升广告费用投入是提升销售份额的关键因素》《2020 年公司业务运营情况良好》等，因为报告提供的是经过数据分析后得出的建设性报告。对于数据分析内容，不同人员进行分析时，有可能会得出不同结论。在开篇就进行结论判定，不利于针对客观事实的客观分析。

2. 目录

目录的作用，一方面可以索引导航，另一方面便于阅读者从整体上掌握分析报告内容。因此，相关目录设置要注意逻辑性和条理性，层次分明，便于理解。

3. 前言（摘要）

前言主要帮助阅读者快速掌握数据分析报告内容，是整体报告的一个高度浓缩。一般会从分析背景、分析目的、分析思路、分析结论做简单精要说明。根据数据分析报告的不同，此部分内容有时可以简化，形成摘要形式，比如“日常数据分析报告”。

4. 正文

正文是数据分析报告的核心，要依据之前制定的数据分析目的和分析方案，将分解的分析任务有条理、有层次地逐步展开。每一部分要有相关的客观数据作为基础，通过严谨的数据统计分析方法进行数据分析，并通过适当的数据图表进行合理展示，最终给出相应的分析结论。此处编写时切忌将分析报告写成证明自己观点的议论文。数据分析报告和议论文最大的区别就是开放性。议论文在刚开始时就有结论导向作用，也就是已经确立好了一条结论，让后续的事实为自己的论点作论据，进行论证。是先有结论后有数据。而数据分析报告是先有数据，后有结论。针对这些客观数据事实，可能会有多种结论。一定要注意二者在顺序上的不同。

5. 总结

总结包括结论与建议两个部分。结论是依据正文内分析内容得出的有关事实认定、原因分析等隐藏内容的分析总结。结论应简明扼要，不要过度展开，因为详细分析部分是在正文中进行说明的。对于在分析过程中凸显的各种问题，需要结合当前实际情况给出相应的建议内容。建议内容要具备可操作性，切忌抽象、空洞，最好附上具体操作步骤和方法。另外，建议内容应该是多种可选方案，至少应提供二套以上的预备方案，让决策者有选择空间。

6. 附录

附录是对正文的有益补充或更加详细的说明，一般是正文中不便展开说明或没有说明但具有佐证作用的相关内容，主要包括原始数据来源、相关细节补充说明、证明材料展示等内容。

任务 汇总计算商品在各个季度的销售情况

视频资源

2-5 数据透视表应用

任务目标

◎掌握 Excel 新添加计算列。
◎掌握 Excel 数据透视表。
◎掌握 Excel 切片器和日程表。

任务实施

1. 分析目标

通过对营销数据进行分析，掌握企业商品在不同时段的销售收益状况。

2. 分析思路

（1）对数据原始文件进行分析，补充缺少的总利润数据字段。
（2）将数据表转换为数据透视表，通过数据透视表进行各季度的销售收益情况核算。
（3）通过插入“切片器”和“日程表”，动态查看不同商品与时间段的营销数据。

3. 实施准备

从市场销售部门获取公司商品营销数据。

4. 实施过程

（1）打开营销数据文件，查看文件内各项指标和数据信息，如图 2-41 所示。

交易编号	类别	销售日期	销售数量	平均价格(美元)	平均成本(美元)	总收入(美元)	总成本(美元)
6	橙子	2020/1/2	297	2.05	0.99	608.85	294.03
884	洋葱	2020/11/16	1215	4.19	1.01	5090.85	1227.15
285	葡萄	2020/4/18	1212	2.54	1.85	3078.48	2242.2
380	葡萄	2020/5/18	1211	1.52	1.1	1840.72	1332.1
661	苹果	2020/8/31	1211	1.24	0.5	1501.64	605.5
657	土豆	2020/8/30	1210	1.24	0.4	1500.4	484
42	苹果	2020/1/20	1209	1.09	0.79	1317.81	955.11
188	土豆	2020/3/10	1208	4.34	2.46	5242.72	2971.68
256	西葫芦	2020/4/7	1208	2.54	1.02	3068.32	1232.16
501	西葫芦	2020/6/29	1208	4.34	1.05	5242.72	1268.4

图 2-41 数据文件内容

（2）数据信息内容包括了 2020 年整年的商品销售情况。同时发现数据指标中缺少“总利润”数据列，需要进行计算补充。

（3）在新的一列中写上列名，并选中其下一个单元格，将鼠标指针移动到上面的“编辑栏”中，然后输入“=G2–H2”，此公式表示，位于 G 列（总收入）的第二单元格中的内容，减去位于 H 列（总成本）的第二单元格中的内容，得到总利润。确认后，相关数据信息可自动填充其他单元格。最终结果如图 2-42 所示。

I2 =G2-H2

	A	B	C	D	E	F	G	H	I
1	交易编号	类别	销售日期	销售数量	平均价格(美元)	平均成本(美元)	总收入(美元)	总成本(美元)	总利润（美元）
2	6	橙子	2020/1/2	297	2.05	0.99	608.85	294.03	314.82
3	884	洋葱	2020/11/16	1215	4.19	1.01	5090.85	1227.15	3863.7
4	285	葡萄	2020/4/18	1212	2.54	1.85	3078.48	2242.2	836.28
5	380	葡萄	2020/5/18	1211	1.52	1.1	1840.72	1332.1	508.62
6	661	苹果	2020/8/31	1211	1.24	0.5	1501.64	605.5	896.14
7	657	土豆	2020/8/30	1210	1.24	0.4	1500.4	484	1016.4

图 2-42 进行数据计算后的结果

（4）依据当前数据表，制作生成数据透视表。在选中当前数据表的情况下，单击“插入”选项卡中的“数据透视表”按钮，如图 2-43 所示。

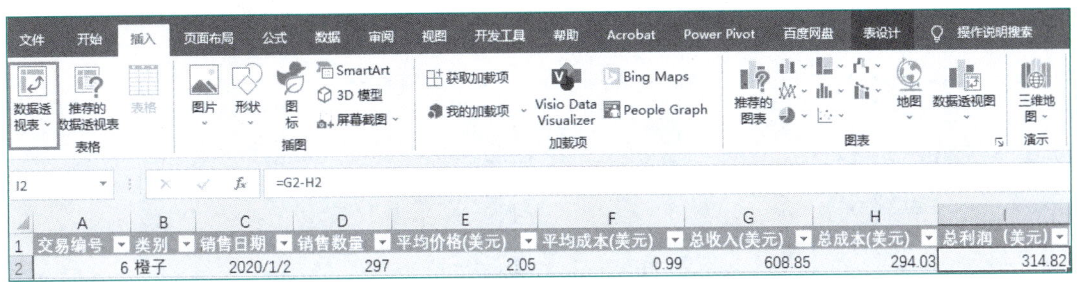

图 2-43 单击“数据透视表”按钮

如图 2-44 所示，在弹出的对话框上直接单击“确定”按钮，会将生成的数据透视表放置在新工作簿中。

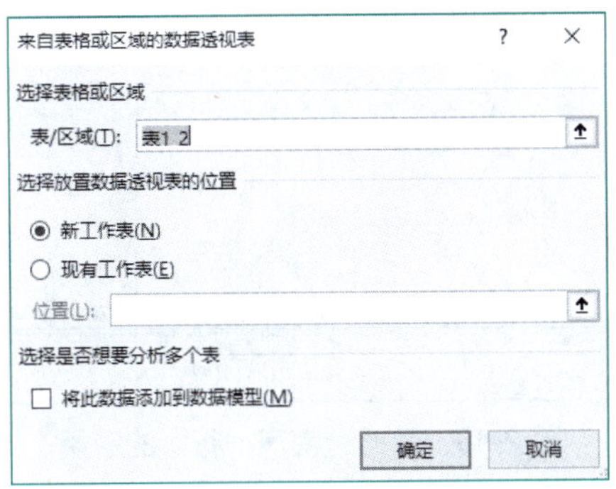

图 2-44 创建数据透视表弹出窗口

（5）生成的工作簿中，初始状态下是没有任何数据信息内容显示的，如图 2-45 所示，需要进一步操作，进行数据汇总才能看到相关汇总计算结果。

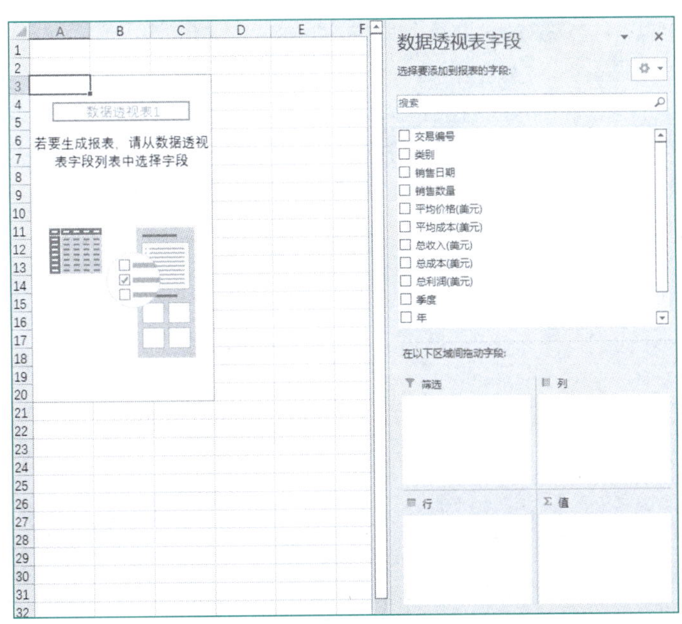

图 2-45 初次生成的数据透视表界面

（6）因为要查看一年内不同季度的营销状况，所以将“数据透视表字段”中的“季度”拖动到“行”的区域，此时会在主界面中显示自动换算好的季度信息，如图 2-46 所示。

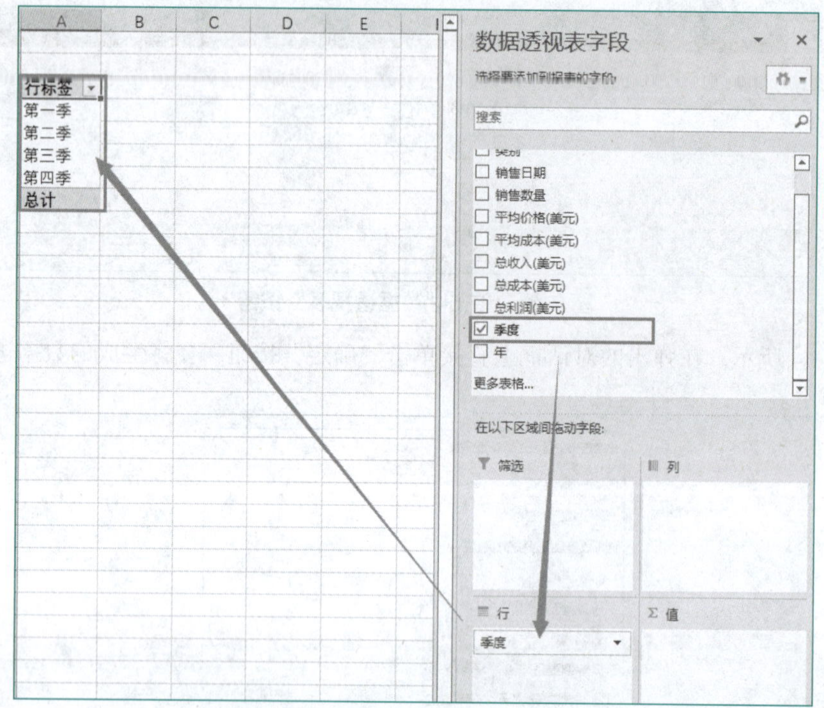

图 2-46　数据透视表“行”的应用

（7）可以将“总收入”“总成本”“总利润”分别拖动到“值”区域，用来查看各个不同季度的相关营销指数情况，如图 2-47 所示。

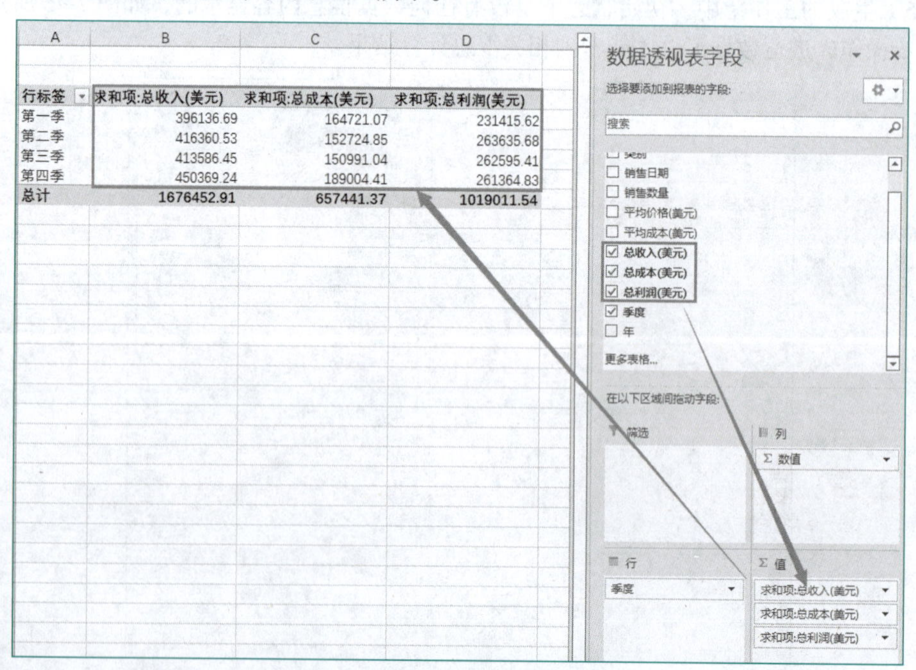

行标签	求和项:总收入(美元)	求和项:总成本(美元)	求和项:总利润(美元)
第一季	396136.69	164721.07	231415.62
第二季	416360.53	152724.85	263635.68
第三季	413586.45	150991.04	262595.41
第四季	450369.24	189004.41	261364.83
总计	1676452.91	657441.37	1019011.54

图 2-47　数据透视表“值”的应用

（8）为了查看方便，可以进行标题更改，如图 2-48 所示。

时间	营销总收入(美元)	营销总成本(美元)	营销总利润(美元)
第一季	396136.69	164721.07	231415.62
第二季	416360.53	152724.85	263635.68
第三季	413586.45	150991.04	262595.41
第四季	450369.24	189004.41	261364.83
总计	**1676452.91**	**657441.37**	**1019011.54**

图 2-48　更改数据透视表标题

（9）查看单品的营销情况。

以上内容显示了商家全部商品的总体营销状况，为了查看单品，可以使用“切片器”。在“数据透视表分析”选项卡中，单击“插入切片器”按钮，如图 2-49 所示。

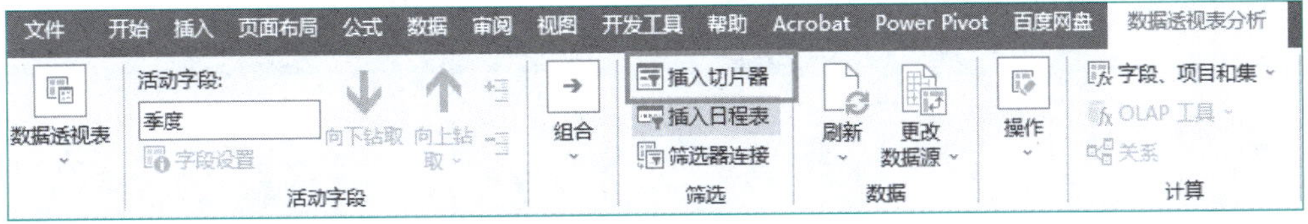

图 2-49　单击“插入切片器”按钮

在弹出对话框中选择“类别”，如图 2-50 所示。

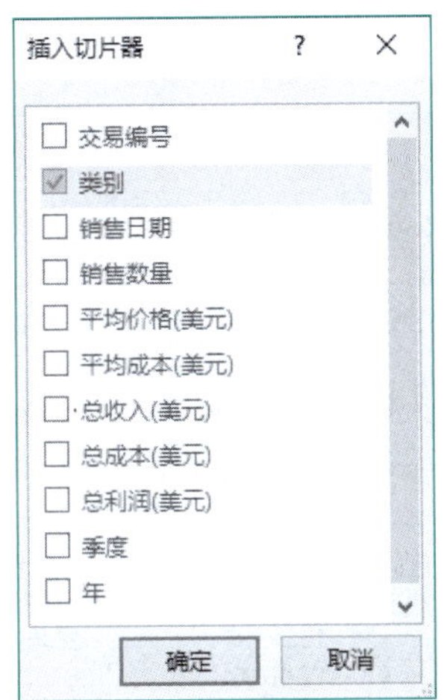

图 2-50　在弹出对话框中选择类别

在出现的选择框中，单击不同商品，可以查看不同商品的售卖情况，如图 2-51 所示。

时间	营销总收入(美元)	营销总成本(美元)	营销总利润(美元)
第一季	44811.75	18348.87	26462.88
第二季	66858.86	21100.68	45758.18
第三季	60881.61	20899.39	39982.22
第四季	62751.11	24897.55	37853.56
总计	**235303.33**	**85246.49**	**150056.84**

类别
橙子
胡萝卜
苹果
葡萄
石榴
土豆
西葫芦
洋葱

图 2-51　使用切片器查看不同的商品名称

如果按【Shift】键同时单击，可以查看多个不同商品的组合销售整体情况。

（10）按照不同时间段查看商品销售情况。单击“数据透视表分析”选项卡中的“插入日程表”按钮，如图 2-52 所示。

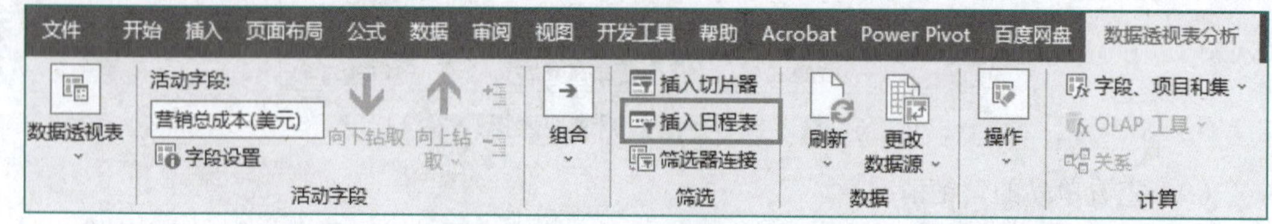

图 2-52　单击“插入日程表”按钮

系统会自动识别出“销售日期”格式的字段，如图 2-53 所示。

图 2-53　“插入日程表”对话框

单击“确定”按钮后，进行相关时间点的选择。图 2-54 展示了 2020 年 1、2、3 月份苹果的营销状况。用户可以依据自身的需求，灵活进行时间段和商品的自由组合，查看相关的营销汇总数据。

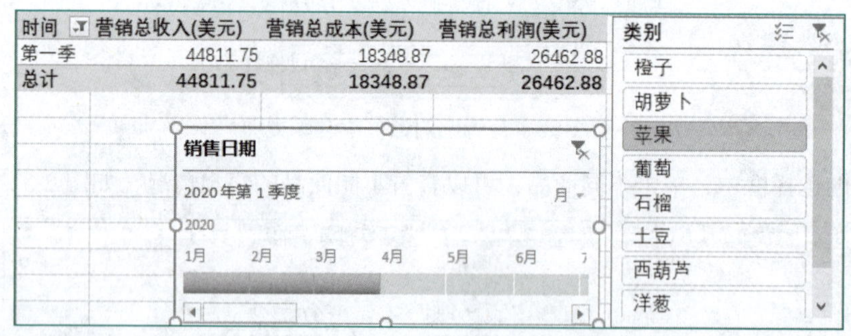

时间	营销总收入(美元)	营销总成本(美元)	营销总利润(美元)
第一季	44811.75	18348.87	26462.88
总计	44811.75	18348.87	26462.88

图 2-54　使用日程表对数据进行筛选

5. 数据可视化展现

可以依据先前介绍的可视化图表的插入方法，在数据透视表中进行相关数据信息的可视化图表制作。在此处插入柱形图，如图 2-55 所示。

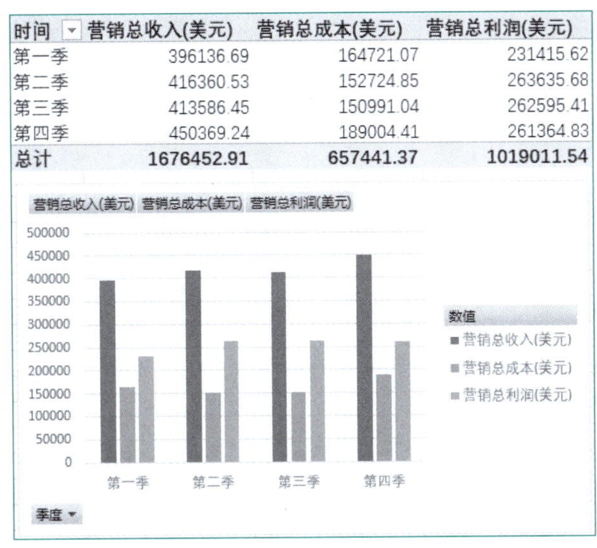

时间	营销总收入(美元)	营销总成本(美元)	营销总利润(美元)
第一季	396136.69	164721.07	231415.62
第二季	416360.53	152724.85	263635.68
第三季	413586.45	150991.04	262595.41
第四季	450369.24	189004.41	261364.83
总计	**1676452.91**	**657441.37**	**1019011.54**

图 2-55 插入柱形图

同时可以结合“切片器”和“日程表”，灵活显示相关的数据情况。此时，相关可视化图表无须进行任何调整，可以自动同步相关数据。图 2-56 展示了对于苹果商品，在 2020 年前 2 个季度内相关的总收入、总成本、总利润的柱状图对比情况。

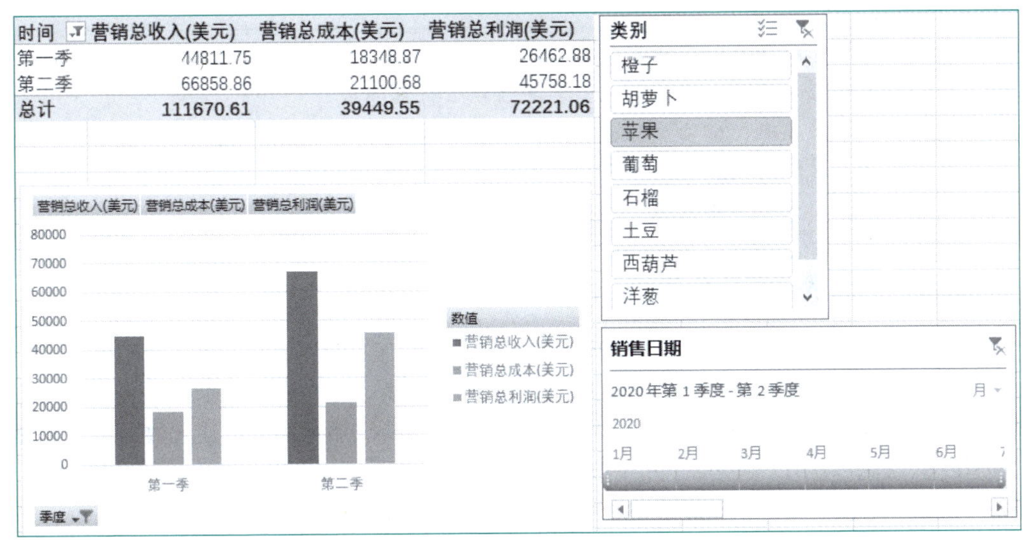

时间	营销总收入(美元)	营销总成本(美元)	营销总利润(美元)
第一季	44811.75	18348.87	26462.88
第二季	66858.86	21100.68	45758.18
总计	**111670.61**	**39449.55**	**72221.06**

图 2-56 同时应用切片器、日程表、柱形图

6. 分析结果

通过对比发现，商家全年前三个季度的营销收入状况基本没有太大变化，在第四季度，销售总收入有上涨，但由于第四季度的成本也有相应上涨，因此第四季度的总利润并没有出现明显上涨。

同步训练

依据以上内容，请使用切片器从相关销售产品中选取其中一种进行全年度的销售情况对比分析。

能力检测

一、单选题

1. 在制订数据分析计划前，需要进行需求收集，以下内容不包括在需求收集范围内的是（　　）。

A. 需求内容　　B. 需求提交时间

C. 需求应用场景　　D. 需求格式要求

2. 数据采集的原则不包括（　　）。

A. 时效性　　B. 准确性　　C. 综合性　　D. 完整性

3. 在 Power Query 中，去除信息两端多余空格，应该使用（　　）。

A. 修整　　B. 清除　　C. 删除　　D. 缩进

4. 如果想要查看某单独个体在整体中所占比重，应该使用（　　）。

A. 柱状图　　B. 饼状图　　C. 散点图　　D. 热力图

5. 以下说法正确的是（　　）。

A. 数据分析报告针对数据分析，因此不用在意格式要求

B. 最新的就是最好的，因此数据分析报告中应该使用最新技术

C. 数据分析报告结构中包括标题、目录、前言、正文、总结、附录

D. 数据分析报告只有一种，就是数据综合分析报告

二、判断题

1. 需求信息内容收集包括需求发起者。（　　）
2. 在进行数据分析目标制定时，只需要关注核心目标即可。（　　）
3. 在进行数据采集时，需要关注数据的时效性。（　　）
4. 数据采集一般分为人工采集和程序采集。（　　）
5. 八爪鱼数据采集是一个网站，提供了大部分所需的数据资源。（　　）

行业观察：大数据智能分析的"六个能力"

目前，市场上有不同类型的大数据智能分析公司，也有各种类型的大数据智能分析应用平台和管理平台，各有特色。以数据为元素的大数据智能分析，是大数据技术的核心要素，是垂直领域创新应用的典范和落脚点。提升大数据智能分析的应用服务能力，让大数据变得"高质量、易使用、有价值"，需要以下六个方面的能力：

1. 多源大数据的采集和处理能力

只有实现对大量不同结构的原始数据准确、实时的采集，并实现对不同结构数据的融合标准化处理，才能保证大数据智能分析的源头"正本清源"。

2. 数据挖掘和算法设计能力

数据挖掘和算法可进行集群、分割、孤立的分析，通过内部探讨和挖掘，通过各类工具，能够从文档、照片等非结构数据中提取智能数据信息，解决好数据量和速度的问题，成为大数据智能分析的内核助力。

3. 预测分析能力

数据挖掘和算法让数据分析能够更好地理解数据，通过建模对数据挖掘结果进行可预测性的判断尤为重要。可以说，预测分析能力是大数据智能分析的要义。

4. 数据质量管理能力

通过对不同平台、不同结构、不同类型数据的有效智能管理和实践，从而构建合理的、不同类型的数据库，是进行大数据智能分析的关键。

5. 可视化能力

数据可视化是大数据智能分析最基本的要求，通过可视化可以直观地展示数据，让数据动起来，让数据自己说话。

6. 智能分析技术产品化能力

数据产业发展至今，数据分析技术已不再是护城河。未来数据是竞争要点，应用场景是关键，当务之急是技术服务化、服务平台化、平台产品化，让智能分析技术尽快实现商业化落地。

未来，大数据将在数字化转型的社会中发挥更大的作用和价值，智能分析尤为关键和重要。清晰理解大数据智能融合发展的六个特性，掌握大数据智能分析的六个能力，通过大数据智能分析，把控行业发展的脉搏，掌握竞争主动权，才能更好的“谋定而后动”。

（资料来源：澎湃湃客）

直通职场：离面试成功到底要过几关？

调查显示，面试需要经过 5 轮以上的受访者并不在少数，占到了 14% 左右。63% 的受访者面试 2 轮以内。面试次数对比图如图 2-57 所示。

图 2-57 面试次数对比图

猎头赵女士表示，通常管理岗位面试时间较长，需要面见的面试官也较多；而基础岗位的面试轮次基本在 1 ~ 2 轮。面试的轮数越多，从另一个方面也可以证明岗位的重要性，公司方出于谨慎需要几轮面试才能最终决定。

从事 HR 工作的王女士这样透露：“面试的时候，经历了 5 轮面试后没有消息的，问题并不一定出在第 5 轮。很多时候可能是前面的面试官意见有分歧，但是还是需要考察完再慎重考虑，这个时候一般会让候选人走完整个招聘流程。所以在分析面试为什么没成功时，要通盘考虑，失败原因是综合的，终面没过并不代表问题出在终面上。”

我们要时时刻刻提醒自己，我们只是在找工作，不是“求”工作。面试是双向的，也是平等的。只有在面试前做足应对准备，对形势有充分地预估，在面试中才能游刃有余，掌控全局。

（资料来源：前程无忧）

素质园地：不卖惨，不诉苦，故事中的这些数字直抵人心！

2021 年末，一篇清华贫困生的自述感动了许多网友。文章里没有卖惨，也没有诉苦，而是真实地讲述了他的大学生活，让大家看到了苦难中的这股韧劲。

文章提到，他当年入学时奖学金和助学金共计 13 000 余元，扣除学杂费，一年可支配的资金只有 6 500 元。他制定了严格的开支计划，每个月只能花 400 元。他在食堂里想办法用最少的钱吃到最可口的饭菜。后来，他通过兼职有了收入也成功保研。在研究生期间，他决定不再要助学金，每个学期拿出 3 200 元，资助 4 名家乡希望小学的孩子。文末，他说希望未来有一天，能像其他清华校友一样“去真正做一些实事”。以下是部分文章内容节选：

我来自单亲家庭，家里是困难户。从我上大学起，家里就拿不出一分钱了，5 000 元的学费，750 元的住宿费，这些在 7 年前，我刚上大一的时候，都是天文数字。

我是当年的省前十名，所以入学的时候有 5 000 元的新生二等奖学金，同时我也有 5 000 元的助学金，最后，我一般每一年会从学院不同名义的奖学金中获得一种，大约是 3 000 元。这就是我一年的全部，扣掉 6 500 元的学杂费，我恰好还剩下一半的钱，也就是 6 500 元。我给自己的任务就是花一半的钱，留下一半的钱买电脑，买必须要用的电子设备。3 200 元分到 8 个月，一个月就是 400 元。我在大一入学的时候给自己算了这样一笔账，我知道，我每个月只能花 400 元。

还记得，刚军训的时候，中午解散以后，大家去食堂吃饭，排队人最多的地方是哪？是饮料窗口和西瓜窗口。我看到大家吃西瓜，我都是咽咽口水，默默地喝水瓶里的水，心静自然凉。每天 10 元的伙食费，你们是不是很诧异？

早饭：0.4 元的豆浆 +2 个 0.25 元的小包子 +1 个鸡蛋，或者 1 个 0.4 元的油条 +1 个鸡蛋。包子在老清芬有，现在已经没了。0.4 元的油条和豆浆，都在听涛。听涛是我本科最常去的食堂。

午饭：4 两的米饭 0.9 元，在听涛的话，我就要香锅旁边那些肉菜，可以打半份的！有一道甜甜的排骨土豆，只要 3.5 元。还带黏稠的汤，我把汤拌在饭里，稀里呼噜地吃掉，真的很香。

晚饭：4 两的米饭 0.9 元，紫荆 2 楼的素菜窗口你们知道吗，只要 0.5 ~ 1 元钱，有四样菜——白菜、豆腐、白萝卜丝、豆芽菜。我每次换一个菜，特意让师傅来点汤，就着米饭。你们问我为什么吃这么多米饭，因为不吃真的很饿。大家不用担心我的身体，大一、大二的时候，我经常跑步、练单杠，那时候我们的体育考试还要考引体向上。我练了一身的腱子肉，没想到只吃米饭蔬菜也能长肉的。很神奇吧？那时候的身体好像是我最棒的时候，现在有钱了，吃得好了，身体好像还不如那个时候。

在被这名清华学生感动的同时，我们不妨也好好审视一下其中所传递的价值观——自强、善良和感恩。当我们下一次面对挫折和磨难时，同样要积极面对，以百折不回的毅力克服困难，把磨练沉淀成一笔宝贵的人生财富，并尽己所能帮助他人、回报社会。

（资料来源：央视新闻客户端）

学习笔记

任务评价

班级：________________________小组：________________________

姓名：__________学号：__________________综合评分：____________

序号	任务内容	实施结果自评	小组互评
1	新增数据列		
2	插入数据透视表		
3	字段拖动到行和列		
4	插入切片器		
5	插入日程表		
6	插入柱状图		

学习小结：

教师评语：

评量标准

项　　目	1～4分	5～7分	8～10分
任务完成度	仅能部分完成任务内容，或任务内容完成有缺陷	可以基本完成任务规定内容，没有个人见解和活用效果	全面完成任务，并且有个人见解，能够举一反三
语言表达	语言不连贯，无法对完成内容进行清晰说明。仅可对部分内容进行性说明	能够对完成任务进行全部内容说明，语言表达基本连贯清晰	能够对完成内容进行非常流利的表述，并能够联系其他关联知识进行说明
学习态度	仅能保证基本到场参与，与同学和老师沟通交流少，缺乏学习积极性	能够保证课堂上与同学和老师互动，可以完成老师课堂布置相关任务	积极参与课堂活动，并能够主动帮助同学解决学习问题，帮助老师进行教学活动

总结反思

1. 商务数据分析流程是怎样的？

2. 如何写好一份商务数据分析报告？

模块三

商务数据分析指标与方法

模块导读

本模块是数据分析理论的最后一部分，主要介绍了商务数据分析过程中指标的重要性，同时讲解如何创建符合业务需求的指标体系，并着重介绍一些数据分析领域的常用数据分析方法，为今后的具体商务数据分析业务的开展做准备。

学习目标

【知识传递】

◎了解什么是业务指标。

◎掌握如何创建指标体系。

◎了解逻辑树、PEST、假设检验、相关、群组、AARRR 模型、漏斗分析方法。

◎掌握 RFM、对比、多维度拆解分析法。

【能力培养】

熟练掌握 Power Query 的数据过滤功能。

【价值引领】

感受数字化技术在提升农村经济上表现的巨大作用，坚定投身社会主义建设的决心。

思维导图

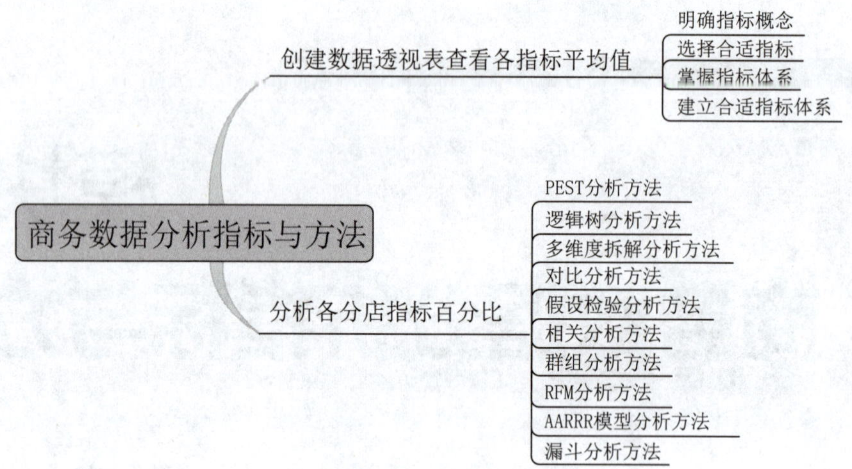

引入案例 变量错误揭示出隐藏的原因

多年来，为医疗行业提供软件产品某供应商已经发现，在其一项健康计划中，通过针对高风险患者人群进行现场和电话沟通，然后构建一整套完善治疗管理机制，可以显著降低这一群体的再入院率。

该公司使用专门的预测建模算法对其成员或患者进行识别，预测其 30 天内有可能两次入院的人员。公司创始人兼首席执行官表示："简而言之，健康计划走在患者再次入院之前，锁定合适的个人来减少其入院就诊次数。"

以前公司的传统方法主要是预测可以不必入院治疗的患者，以及极有可能到急诊室就诊的患者及其费用。

在一次意外操作过程中，公司的数据科学家在预测模型开发过程中，错误地将再入院患者作为因变量替换入院患者，意外地发现了可预测出哪些患者可能多次频繁入院。

经过仔细分析，发现该新模型与传统预测模型有很大的不同。虽然传统模型可预测入院患者、费用和急诊就诊，但新方法可确定高风险个人的临床和使用率的综合问题，可预测多次和频繁入院患者，并关注那些出现临床问题和社会经济问题的一部分人员。

传统模式可识别患者是患有多种慢性病的高风险个体，新模式则在此基础上还可识别高风险个体的其他问题，例如独居、与医生缺乏联系、没有信用卡、无健康认知力、无行为健康能力等。这是一个重要的发现，因为该发现表明，为了降低再入院率，医疗机构不仅要能够解决个人的临床问题，还要消除加剧这些临床问题的社会、经济障碍。

（资料来源：小象数据分析师事务所）

问题引导：

1. 请找出新模型与传统预测模型有什么不同。

2. 在数据分析基础上建立的患者管理系统对医院管理起到了怎样的积极作用?

一、业务指标

（一）指标的概念

现代管理学之父彼得·德鲁克曾经说过：“如果你不能衡量，那么你就不能有效增长。”

那么应该如何去进行衡量？这里就需要使用指标。指标主要是指按照某个统一的标准去衡量业务。在财经商贸领域主要针对用户数据、行为数据、产品数据等方面的指标去进行衡量。例如，在用户数据指标中，对于每日新增用户，使用指标“日新增用户数”，对于活跃用户，使用指标“活跃率”，对于留存用户，使用指标“留存率”。通过这些指标的收集和统计分析，可以获知企业的日常运营效率和经营状况。

（二）如何选择指标

涉及企业运营的指标很多，应该如何进行有效选择，需要考虑两点内容：

1. 通过业务操作，找到关键性指标

关键性指标就是衡量业务的核心指标。一旦核心指标确定了，相当于公司的核心发展方向的确定，可以带领其他附属指标的确立。但从另一方面来看，一旦核心指标确定失误，会导致公司的业务发展重心发生偏移，影响公司的整体业务发展。例如：在 Facebook 成立之前，世界最大的社交网站是 myspace，核心指标设定被设定为“注册用户数”。但在当时环境下，对社交类网站影响更大的应该是用户的活跃程度。Facebook 正是看中这点，将自己的发展核心指标设定为“月活跃用户数”，由此将公司的核心发展重点转移到与活跃用户相关指标的发展上。因为关注了重要问题的重要方面，所以 Facebook 一举超越 myspace。

2. 指标应该具有可比性

指标如果没有可比性，就无法进行有效衡量，因此，指标自身的可比性就变得非常重要。我们平常所说的“同比”“环比”“定比”等，都是指标可比性的一种具体体现。

只有通过比较，才能衡量出某个阶段公司在某个领域内的发展状况，并由此得出相关的结论，指导企业的下一步发展。

（三）指标体系

在具体工作中，为了说明一个业务问题，往往依靠一两个指标是不够的。需要有一系列相互关联的指标，从多个不同维度出发来评估业务，相辅相成，共同完成对某个专业领域问题的衡量评价，这就形成了指标体系。指标体系就是指从不同维度梳理业务，把多个指标系统地组织起来。这里多个指标之间是需要具有关联性的，没有关联的指标是无法构成指标体系的。

正确的指标体系构建后，能够帮助企业在最短时间内发现问题，进行分析后，可解决问题，最大化减少损失或快速抓住机会。指标体系作用一般包括：

- 监控运营状况。
- 发现业务运作问题。

- 评估业务运作效率，找出突破口。

（四）指标体系设计的原则

1. 引导性原则

需要充分借鉴国内外相关领域的评价方式方法和有益经验，但不能照搬已有评价体系，主要是结合相关领域发展的新特征、新模式、新内容来完善和优化指标体系。

2. 客观性原则

实事求是反映研究领域实际情况，整个指标体系主要是由客观性指标组成，尽可能减少人为因素对最终评价结果所产生的干扰。

3. 系统性原则

相关指标体系需要是一个完整的系统，需要从多维度反映研究领域的实际水平，避免单一维度的评价。

4. 易操作原则

在业务进行时会产生大量信息数据，需要抓住少数关键性指标体系，不宜面面俱到，要做到高效、简捷、易行、可操作性强。

5. 相互独立原则

所选取的指标要尽量相互独立，尽量避免指标交叉给评价结果带来偏差。

（五）如何建立指标体系

1. 通过对部门业务发展目标和战略进行规划，找到一级指标

一级指标一般是由公司领导层结合公司和周边环境情况制定出的终极发展目标的量化分解，是需要与公司的核心发展路线相一致的。

一级指标一般是评价公司或部门运营情况的最核心指标。例如，对于市场营销部来说，销售额的提升无疑就是其最核心的内容，也是一级指标的内容。相关的指标就可设定为某个时间段内的销售额度。

2. 结合业务实际运营状况，找到二级指标

有了一级指标后，可以根据企业的运营情况进行进一步拆解。拆解方式可以按照地区、用户、商品类别等多种不同维度进行。对于销售部分，就可以将相关的销售额度，按照不同地区划分为东北地区、华北地区等不同区域的销售额度。也可以按照不同类别的用户划分为普通用户、会员用户、钻石用户等。

3. 进行业务工作细化，找到三级或四级更多层级的指标

一级指标是业务工作的最终结果，也是工作目标，为了达到目标，就需要按照条件将任务层次分解，在分解的过程中，不断细化指标，可以依次将终极指标划分为二级、三级、四级，直到最终能够在基层终端工作中进行体现。相关层级划分的程度依据不同项目、不同企业的运营规律而有所不同。简单一些的项目任务，有可能划分为两个层级就可以了。比较复杂的项目有可能划分为更多层级。

4. 通过对整个指标体系的监控，不断更新指标体系

创建的监控体系一般就是数据展示大屏或监视窗口，有很多数字化大屏产品可供选择，比如阿里云的大屏 DataV 等。

二、商务数据分析方法

进行数据分析的方法有很多，而且随着时间和技术的发展还会出现不同的变种形式，但归根结底都是依据要进行分析的样本并结合一定的业务规律进行数据的重新整合。

进行商务数据分析时，从数据量的多少和处理方式上可以分为人工处理与非人工处理。人工处理方式主要是针对数据量不大、业务分析内容复杂性相对较低的情况。对于初始状态且经营规模不大的企业较为适合。当涉及的覆盖面较广、时间跨度较大时，就必须依据计算机进行数据分析。当前众多的电商后台数据分析平台，几乎全部都是使用计算机的半人工智能方式进行。

（一）PEST 分析方法

PEST 分析是指宏观环境的分析，P 是政治（Politics），E 是经济（Economy），S 是社会（Society），T 是技术（Technology）。在分析一个企业集团所处背景的时候，通常是通过这四个因素来分析。

进行 PEST 分析需要掌握大量的、充分的相关研究资料，并且对所分析的企业有着深刻的认识，否则，此种分析很难进行下去。经济方面，主要内容有经济发展水平、规模、增长率、政府收支、通货膨胀率等。政治方面，有政治制度、政府政策、国家的产业政策、相关法律及法规等。社会方面，有人口、价值观念、道德水平等。技术方面，有高新技术、工艺技术和基础研究的突破性进展等。

1. 政治环境

政治环境主要包括政治制度与体制、政局、政府的态度，以及政府制定的法律、法规等。考虑要点主要包括：

- 政治环境是否稳定？
- 国家政策是否会改变法律，从而增强对企业的监管并收取更多的赋税？
- 政府所持的市场道德标准是什么？
- 政府的经济政策是什么？
- 政府是否关注文化与宗教？
- 政府是否与其他组织签订过贸易协定？

2. 经济环境

构成经济环境的关键战略要素：GDP、利率水平、财政货币政策、通货膨胀、失业率水平、居民可支配收入水平、汇率、能源供给成本、市场机制、市场需求等。考虑要点主要包括：

- 利率。
- 通货膨胀率与人均就业率。
- 人均 GDP 的长远预期等。

3. 社会环境

影响最大的是人口环境和文化背景。人口环境主要包括人口规模、年龄结构、人口分布、种族结构以及收入分布等因素。考虑要点主要包括：

- 这个国家的人对于外国产品和服务的态度如何？
- 语言障碍是否会影响产品的市场推广？
- 这个国家的男人和女人的角色分别是什么？
- 这个国家的人长寿吗？老年阶层富裕吗？

- 这个国家的人对于环保问题是如何看待的？

4. 技术环境

技术环境不仅包括发明，而且还包括与企业市场有关的新技术、新工艺、新材料的出现、发展趋势及应用背景。考虑要点主要包括：

- 科技是否降低了产品和服务的成本，并提高了质量？
- 科技是否为消费者和企业提供了更多的创新产品与服务，例如网上银行、新一代手机等？
- 科技是如何改变分销渠道的，例如网络书店、网上拍卖等？
- 科技是否为企业提供了一种全新的与消费者进行沟通的渠道，例如 Banner 广告条、CRM 软件等？

图 3-1 展示了对于中国出口电商产品在进行 PEST 分析时，相关的 4 个不同部分内容是如何划分的。

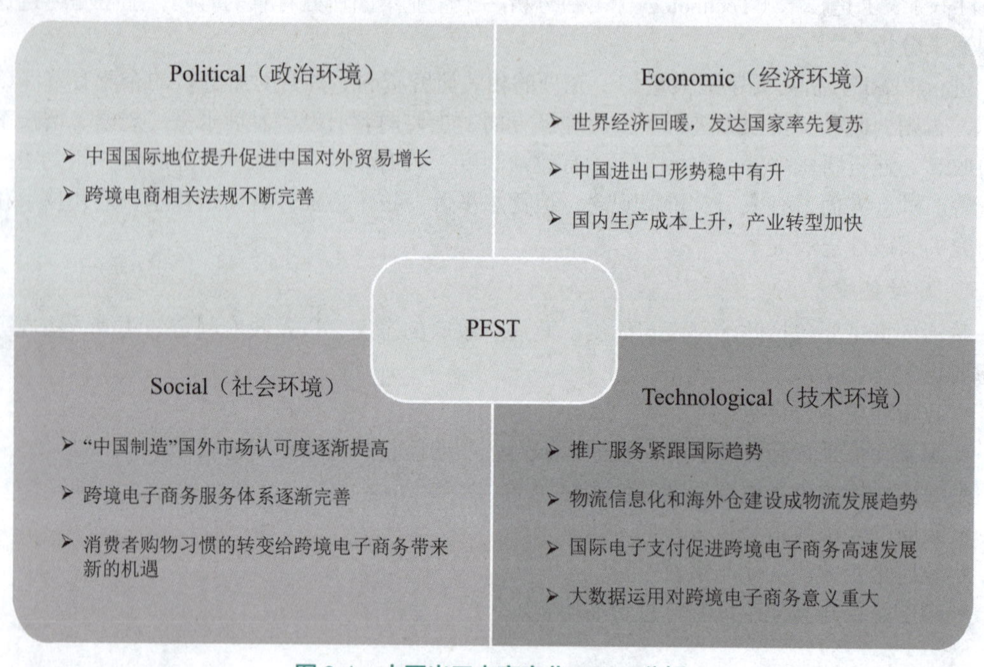

图 3-1　中国出口电商产业 PEST 分析

（二）逻辑树分析方法

把一个已知问题当成树干，然后开始考虑这个问题和哪些相关问题或者子任务有关。每想到一点，就给这个问题（也就是树干）加一个"树枝"，并标明这个"树枝"代表什么问题。一个大的"树枝"上还可以有小的"树枝"，依此类推，找出问题的所有相关联项目。逻辑树主要是帮助用户厘清思路，不进行重复和无关的思考。

逻辑树能保证解决问题过程的完整性，能将工作细分为一些利于操作的部分，确定各部分的优先顺序，明确地把责任落实到个人。

逻辑树是所界定的问题与议题之间的纽带，它能在解决问题的小组内建立一种共识。

图 3-2 以分析利润增长缓慢问题为例，对复杂问题进行拆分，以逻辑树的方式将可能会影响到主要问题的因素进行层层罗列展示。

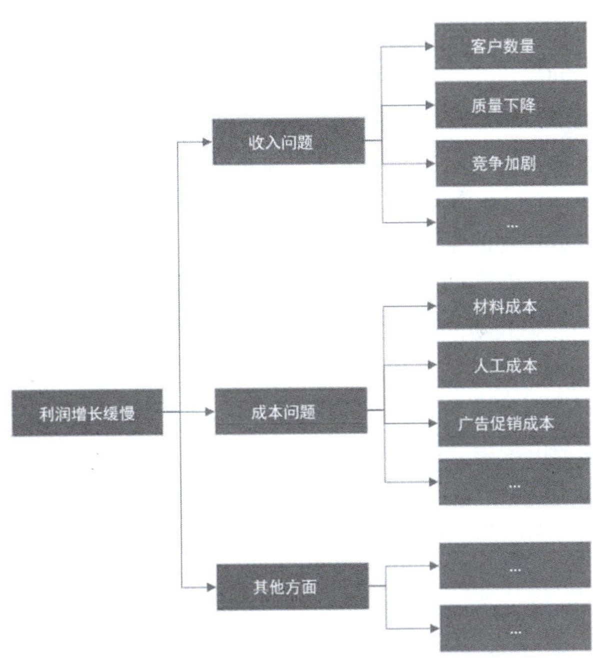

图 3-2　逻辑树分析法在利润分析中的应用

（三）多维度拆解分析方法

多维度拆解是数据分析中最重要的一种分析方法，通过不同的维度去观察同一组数据，从而洞察数据异动背后的原因。多维度拆解的适用场景：

1. 对单一指标的构成或比例进行拆解分析

这种场景往往适用于分栏目的播放量和新老用户比例等。

2. 对业务流程进行拆解分析

一般适用于从不同渠道浏览到添加购物车再到购买的这种全局的转化流程，像有些跨区域的产品，不同区域活动的效果自然不同，这时候我们就可以从不同省份的活动情况来分析。

3. 对需要还原行为发生的场景进行拆解分析

比较适用于一些直播类的产品，比如需要去观察打赏主播的等级、性别、来自哪个频道，进行多维度的拆解。

例如，对为什么低年龄用户的留存比较差进行分析，可以按照：

分析维度 1：从低年龄用户群体内部维度查看，不同的低年龄用户表现是否有差异？

分析维度 2：从新老用户维度查看，新老用户爱好兴趣点是否有差异？

分析维度 3：从提供的内容维度查看，推荐内容是否满足相应用户需求？

（四）对比分析方法

对比法，也叫对比分析法或者比较分析法，是通过实际数与基数的对比来提示实际数与基数之间的差异，借以了解经济活动的成绩和问题的一种分析方法。在科学探究活动中，常常用到对比分析法，这种分析法与等效替代法相似。对比分析法的维度可以分为同比、环比、定基比等不同的对比方法。

1. 同比

例如去年 9 月与今年 9 月的对比，同比一般被看作是基于相同数据维度的时间同期对比，也可以看作基于时间维度的影响因素对比，例如相同的营销活动在不同的渠道投放所带来的转化数据，也可以看作是同比。

2. 环比

例如 9 月份与 8 月份数据的对比，这是从时间维度的对比，也可以以周期性维度对比，例如第一阶段推广投放了 10 个渠道，第二阶段推广投放了 15 个渠道，那么第二阶段与第一阶段环比上涨，进而找出数据变化的原因。

3. 定基比

定基比是指针对一个基准数据的对比，例如在各推广渠道中，渠道 B 与渠道 A 相比，渠道 C 与渠道 A 相比，而两者的比值是渠道 B 与渠道 C 的定基比。

对比分析在于相同数据标准下，得出由其他影响因素所导致的数据差异。对比分析的目的在于进一步挖掘差异背后的原因，从而找到优化的方法。

图 3-3 和图 3-4 通过对四川居民消费价格的同比和环比涨幅情况的展示，揭示相关消费领域的价格变动情况，通过对比可以迅速掌握相关项目的变更情况。

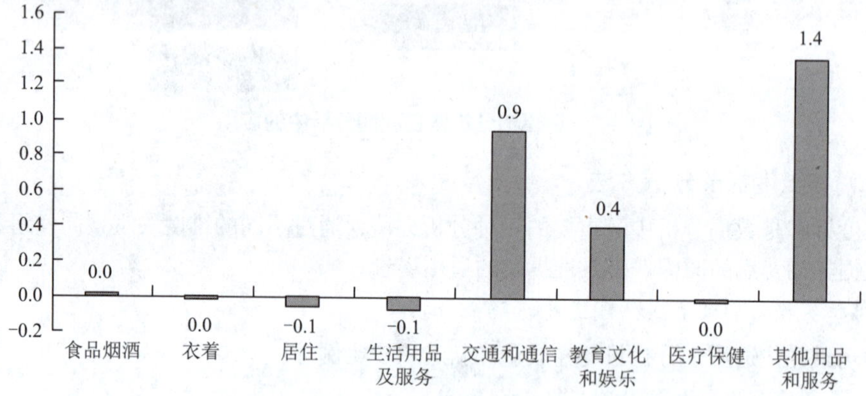

图 3-3　2022 年 1 月份四川居民消费价格八大类同比涨跌幅（%）

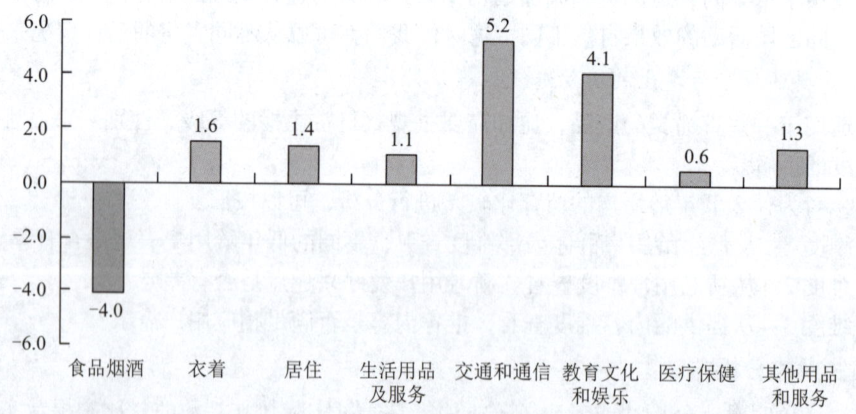

图 3-4　2022 年 1 月份四川居民八大类消费价格环比涨跌幅（%）

（五）假设检验分析方法

假设检验分析方法主要分为三步：

（1）提出假设：根据要解决的问题来提出假设。

（2）收集证据：收集证据来证明之前的假设。

（3）得出结论：不是主观猜想出来的，而是通过收集证据，依靠第（2）步才能得出结论。

上述这三步是不断重复的过程，在得出结论之后，分析还没有停止，要找到得到此结论可能的原因是什么，然后用数据去验证可能的原因，不断地重复假设检验这个过程，直到找出问题的根源。在使用假设检验分析方法的过程中，还要用到其他分析方法。在开始分析之前，为厘清思路，可以先画个图，将问题、假设、问题从上至下连起来，让分析思路更加清楚。

（六）相关分析方法

相关分析（Analysis of Correlation）是网站分析中经常使用的分析方法之一。通过对不同特征或数据间的关系进行分析，发现业务运营中的关键影响及驱动因素，并对业务的发展进行预测。

相关分析的方法很多。初级的方法可以快速发现数据之间的关系，如正相关、负相关或不相关。中级的方法可以对数据间关系的强弱进行度量，如完全相关、不完全相关等。高级的方法可以将数据间的关系转化为模型，并通过模型对未来的业务发展进行预测。

研究 A 与 B 有什么关系，研究 A 对 B 有什么影响，是相关关系和因果关系的区别。

有时候具有相关关系的两者，并不代表其具备因果关系，A 与 B 之间存在相关关系，并不代表 A 是 B 发生的原因。有可能是第三因素影响，也可能仅仅是巧合。

在图 3-5 中，通过 3D 模型对葡萄酒中酒精、游离酸、残余糖分相互作用的关系展示了三者对于葡萄酒品质作用的影响。

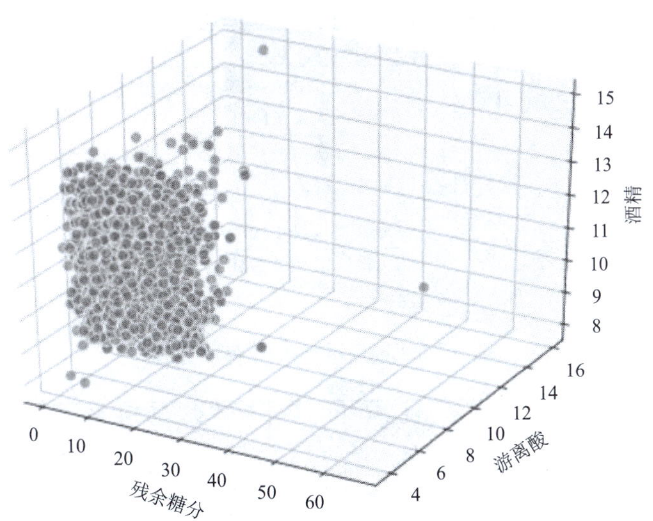

图 3-5 葡萄酒中酒精游离酸残余糖分对品质影响相互作用关系图

（七）群组分析方法

群组分析方法是按照某个特征将数据分为不同的数据组，然后对比各个数据组的数据。根据产品业务不同灵活定义数据分组和分析数据指标。

例如，产品会随着时间发布新的版本，产品改版的效果如何？版本更新后用户是增长了，还是流失了？像这类问题，就需要将用户按时间分组，然后比较不同组的用户留存率。所以，群组分析方法常用来分析用户留存率（或者流失率）随时间发生了哪些变化，然后找出用户留下或者离开的原因。

首先对新用户进行群组划分，如图 3-6 所示；然后通过算法公式对相关数据进行计算，如

图 3-7 所示；最后通过图 3-8 比对后，发现 4 ~ 6 月份的留存率较低，可能是促销活动或者是其他竞争活动作用影响。

分组	新增用户数										
	当月	1个月后	2个月后	3个月后	4个月后	5个月后	6个月后	7个月后	8个月后	9个月后	10个月后
1月份	150	140	130	125	118	105	102	97	95	95	95
2月份	180	172	160	150	140	130	121	118	118	118	
3月份	200	190	178	169	155	142	135	132	128		
4月份	270	188	175	170	153	144	137	131			
5月份	350	247	228	216	202	189	178				
6月份	450	307	288	269	258	244					
7月份	225	210	195	180	166						
8月份	235	218	207	197							
9月份	240	224	211								
10月份	250	233									

图 3-6　视频平台用户留存数据

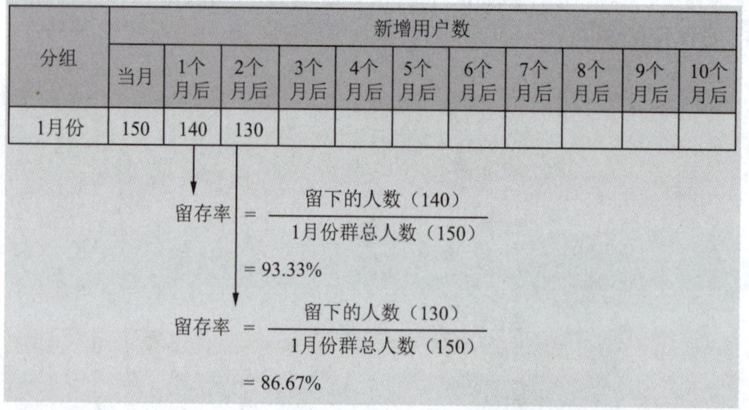

图 3-7　视频平台用户留存率计算

分组	1个月后	2个月后	3个月后	4个月后	5个月后	6个月后	7个月后	8个月后	9个月后	10个月后
1月份	93.33%	86.67%	83.33%	78.67%	70.00%	68.00%	64.67%	63.33%	63.33%	63.33%
2月份	95.56%	88.89%	83.33%	77.78%	72.22%	67.22%	65.56%	65.56%	65.56%	
3月份	95.00%	89.00%	64.50%	77.50%	71.00%	67.5%	66.00%	64.00%		
4月份	69.36%	64.81%	62.96%	56.67%	53.33%	50.74%	48.52%			
5月份	70.57%	65.14%	61.71%	57.71%	54.00%	50.86%				
6月份	66.22%	64.00%	59.78%	57.33%	54.22%					
7月份	93.33%	86.67%	80.00%	73.78%						
8月份	92.77%	88.09%	83.83%							
9月份	93.33%	87.92%								
10月份	93.20%									

图 3-8　视频平台客户留存率分组分析

（八）RFM 分析方法

RFM 是 Recency、Frequency、Monetary 是三个单词的缩写。

- 最近一次消费时间（Recency），取数的时候一般取最近一次消费记录到当前时间的间隔，比如 7 天、30 天、90 天未到店消费；直观上，一个用户太久不到店消费，肯定是有问题的，得做点什么事情，很多公司的用户唤醒机制都是基于这个制定的。
- 一定时间内消费频率（Frequency），取数时，一般是取一个时间段内用户的消费频率。比如一年内有多少个月消费、一个月内有多少天到店等。直观上，用户消费频率越高越忠诚，很多公司的用户激励机制都是基于这个制定的。
- 一定时间内累计消费金额（Monetary），取数时，一般是取一个时间段内用户消费金额，比如一年内有多少消费金额。直观上，用户买得越多价值就越大，很多公司的 VIP 机制是基于这个制定的。

因为 RFM 与时间有关，因此很多人在取数的时候会纠结时间怎么分。严格来说，消费频次本身越高的业务，取的时间应该越短。最典型的就是餐饮，人天天都要吃饭，一般设置一周为宜；普通的快消品零售可能取 30 天，类似服装百货零售可能取 90 天；更多的做法是按月取，比如 Recency 按月取，Frequency、Monetary 算最近一年内的数值——这样做单纯是因为比较方便理解而已。

RFM 本质上是一种用三个分类维度找判断标准方法；通过三个维度的组合计算，能判定出用户的类型，然后采取对应措施。

RFM 的真正意义在于：这是一种从交易数据反推用户价值的方法，因此可行性非常高。在此方面最大瓶颈是数据采集，而只要是个正常企业，交易数据是肯定有的，因此只要企业建立了用户 ID 统一认证机制，就能将用户 ID 与交易数据关联起来，就能用 RFM 来分析用户了。即使没有埋点[①]、没有网站、没有基础信息也能做。但在具体执行时，却会遇到很多问题，主要就是用户 ID 的同一认证。比如你去超市、连锁店、门店买东西，往往收银人员会机械地问一句：有会员卡吗？如果回答没有，他也放你过去了。导致的结果是线下门店的订单，一般有 70% ~ 90% 无法关联到用户 ID，进而导致整个用户数据是严重缺失的，这种情况下，直接套 RFM 很容易误判用户行为。

图 3-9 通过多维图形展示了 RFM 相互作用与客户价值之间的关系。

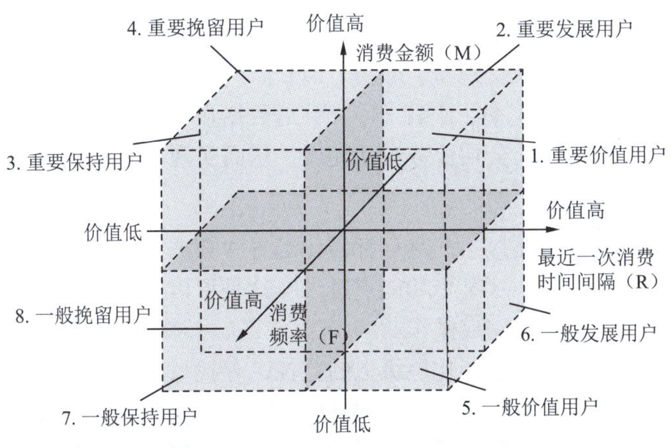

图 3-9　RFM 分析与客户价值

① 对特定用户行为或事件进行捕获、处理和发送的相关技术及其实施过程。

（九）AARRR 模型分析方法

AARRR 模型是经典的分析模型，它设计用户使用产品的整个流程，解释了实现用户增长的 5 个指标，也帮助我们更好地解释获客和维护客户的原理，可以帮助分析用户行为，为产品运营制定决策，从而实现用户增长。

- 获取（Acquisition）：用户如何发现（并来到）你的产品？
- 激活（Activation）：用户的第一次使用体验如何？
- 留存（Retention）：用户是否还会回到产品（重复使用）？
- 收入（Revenue）：产品怎样（通过用户）赚钱？
- 传播（Refer）：用户是否愿意告诉其他用户？

这个模型将数据分析分成了五个大的模块，依据这个模型，把每一个模块划分出更细分的维度，罗列出影响每一个维度的变量，整理出一些表格，这些表格就成了做数据分析的基础。图 3-10 所示为 AARRR 模型模块组成。

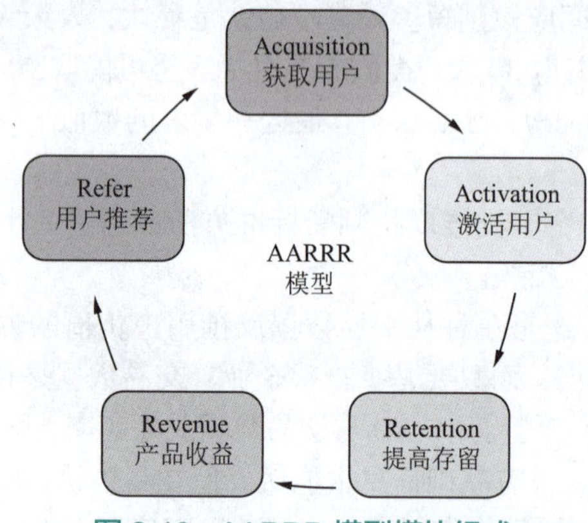

图 3-10　AARRR 模型模块组成

从五个模块可以看出获客是运营的基础，促进用户活跃才能让产品有生命力，提升留存，减少流失让用户规模越来越大，付费转化是产品和团队持续运营的关键，用户自传播如果做得好，产品运营成本会降很多，增长也会很快。

所以，第一步获取用户可以首先关注渠道曝光量、渠道转换率、日新增用户数、日应用下载量、获客成本这几项数据；第二步激活用户步骤则关注活跃率；第三步提高存留关注指标留存率；第四步产品收益则关注成交总量、数量、时长、付费率、复购率等指标；最后，第五步用户推荐关注的是转发率、转化率、K 因子等。针对数据显示分析用户行为，从而在不同阶段制定不同的运营策略，结合当前公司业务灵活使用，从而实现用户增长。

（十）漏斗分析方法

漏斗模型广泛应用于流量监控、产品目标转化等日常数据运营工作中。之所以称为漏斗，就是因为用户（或者流量）集中从某个功能点进入（这是可以根据业务需求来自行设定的），可能会通过产品本身设定的流程完成操作。

按照流程操作的用户进行各个转化层级上的监控，寻找每个层级的可优化点；对没有按照流程操作的用户，绘制他们的转化路径，找到可提升用户体验、缩短路径的空间。

运用漏斗模型比较典型的案例就是电商网站的转化，用户在选购商品的时候必然会按照预先设计好的购买流程下单，最终完成支付。

需要注意的是：单一的漏斗模型对于分析来说没有任何意义，我们不能单从一个漏斗模型中评价网站某个关键流程中各步骤的转化率的好坏，所以必须通过趋势、比较和细分的方法对流程中各步骤的转化率进行分析：

（1）趋势（Trend）：从时间轴的变化情况进行分析，适用于对某一流程或其中某个步骤进行改进或优化的效果监控。

（2）比较（Compare）：通过比较类似产品或服务间购买或使用流程的转化率，发现某些产品或应用中存在的问题。

（3）细分（Segment）：细分来源或不同的客户类型在转化率上的表现，发现一些高质量的来源或客户，通常用于分析网站的广告或推广的效果及ROI。

图3-11展示了漏斗图在数据分析中的实际显示样例。

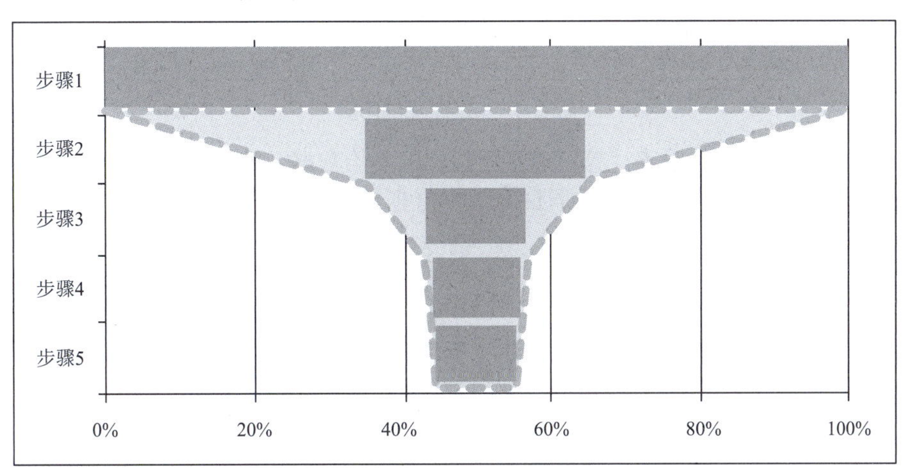

图3-11 漏斗图数据分析示例

任务 汇总计算各个连锁分店的经营状况

视频资源

3-1 Power Query应用

任务目标

◎掌握独立数据处理思想。

◎掌握一维表与多维表的区别。

◎掌握Power Query的应用。

任务实施

1. 分析目标

根据提供的数据文件，对企业下属多家连锁门店的经营状况进行比较，以期发现问题并及时调整。

2. 分析原理

（1）原始数据文件信息不符合数据统计要求，需要进行转化。

（2）相关原始数据文件不希望被额外改动，需要从外部进行调整，同时需要保持数据联动性。

（3）通过Power Query对原始数据进行表格格式化转化。

（4）对转化后的结果进行数据透视表转化，汇总计算数据。

3．实施准备

收集各家分店经营状况，统一制作数据表格进行经营状况分析准备。

4．实施过程

（1）收到数据文件后，对数据文件进行观察分析。

发现共有 5 家门店，相关分析指标为：销售目标达成率，大客户增长率，员工流失率。相关数据内容如图 3-12 所示。

编号	分店名称	销售目标达成率	大客户增长率	员工流失率
S001	启东广场店	80.00%	10.00%	5.00%
S002	奥体中心店	91.00%	15.00%	4.00%
S003	文化宫店	110.00%	18.00%	10.00%
S004	博物馆店	96.00%	12.00%	2.00%
S005	体育公园店	95.00%	11.00%	4.00%

图 3-12　数据文件内容

（2）想要通过数据透视表计算门店各项指标的平均数据，结果发现按照现有方式无法进行相关数据获取。需要进行表格结构调整。图 3-13 所示为数据透视表展示界面。

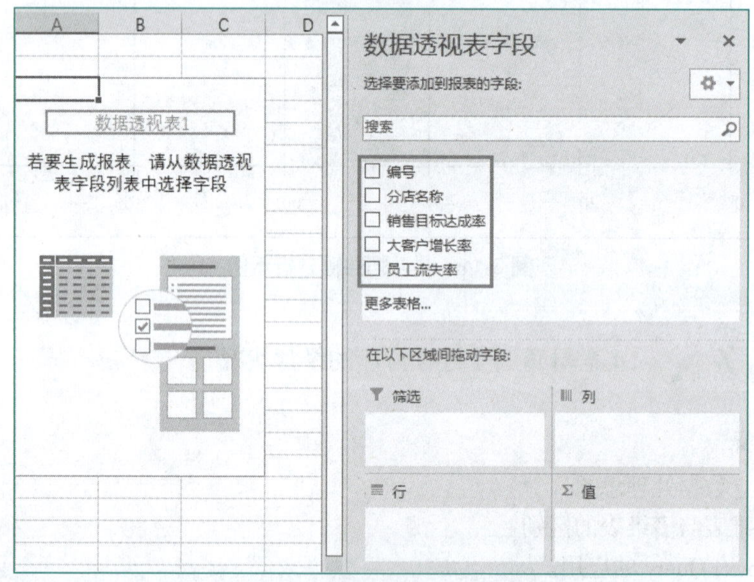

图 3-13　数据透视表展示界面

（3）分离式数据处理思想的引入。为何要进行数据分离处理？一方面，如果直接在原始数据上进行修改调整，一旦进行了错误的操作，并且历经多次文件修改保存后，将无法恢复到原始状态。另一方面，对某些字段的清洗、去空格等操作，如果原始数据文件后续进行新信息追加后，仍旧需要进行重复操作，生产工作效率低下。

解决方式：通过 Power Query 进行数据预处理。

通过 Power Query 进行数据处理的好处：

首先是便利性，在 Excel 2016 及以上版本中，Power Query 已经默认植入到 Excel 中，无须进行额外安装即可直接使用。

其次是高效性，要达到相同效果，使用 Power Query 将要比传统的 Excel 公式和 Excel VBA

花费更少时间。

（4）使用 Power Query 进行分离式数据处理。

创建一个新 Excel 文件，单击“数据”选项卡。

注意：需要保证当前所用的 Excel 的版本至少是 2016 版。

单击“数据”选项卡“获取和转换数据”组中的“获取数据”按钮，在下拉菜单中选择“自文件”→“从工作簿”命令，如图 3-14 所示。

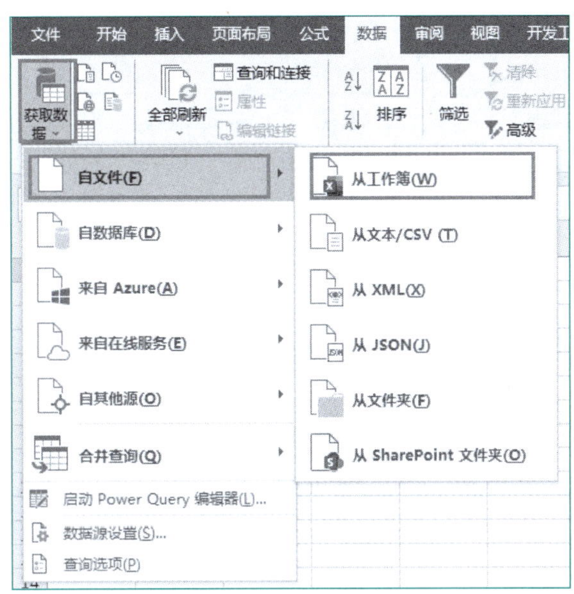

图 3-14 获取 Excel 文件数据

在导入数据对话框中，选中将要进行处理的 Excel 数据文件。选中需要进行处理的工作簿，并单击“转换数据”按钮，如图 3-15 所示。

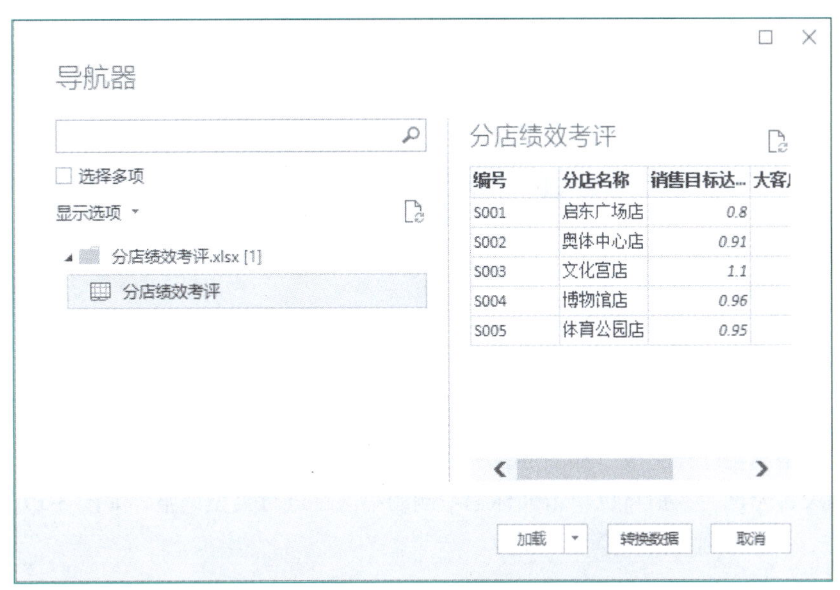

图 3-15 进行 Excel 文件工作簿数据导入

出现 Power Query 编辑界面，如图 3-16 所示。

注意：Power Query 本身并没有在 Excel 上有专门的菜单和按钮供用户进行单击，只有通过数据导入后才能显示 Power Query 编辑界面。

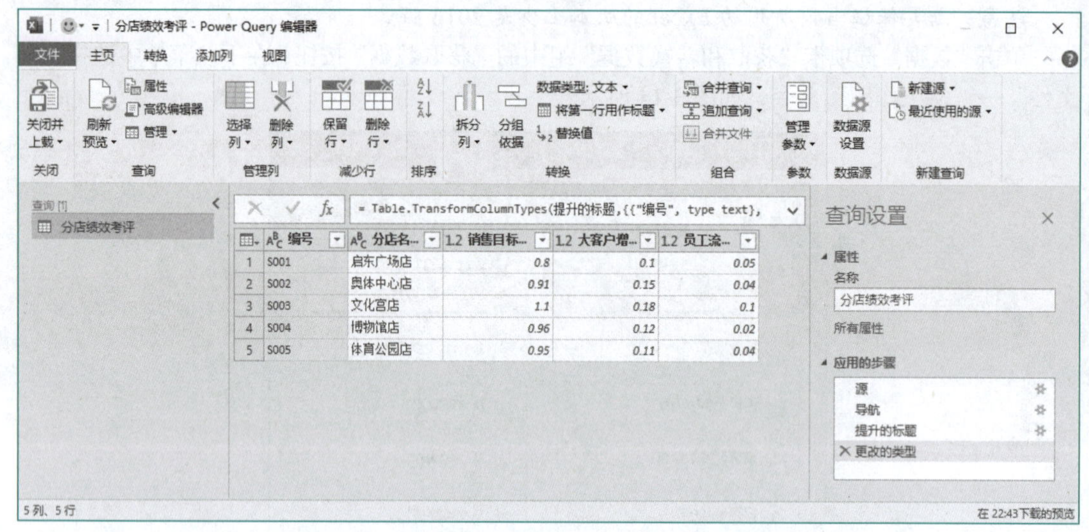

图 3-16　导入数据后的 Power Query 编辑界面

对各个分店的数据表结构进行调整。选中第一列（编号）和第二列（分店名称），然后单击“转换”选项卡“文本列”组中的“逆透视列”下拉按钮，选择下拉菜单中的“逆透视其他列”命令，如图 3-17 所示。

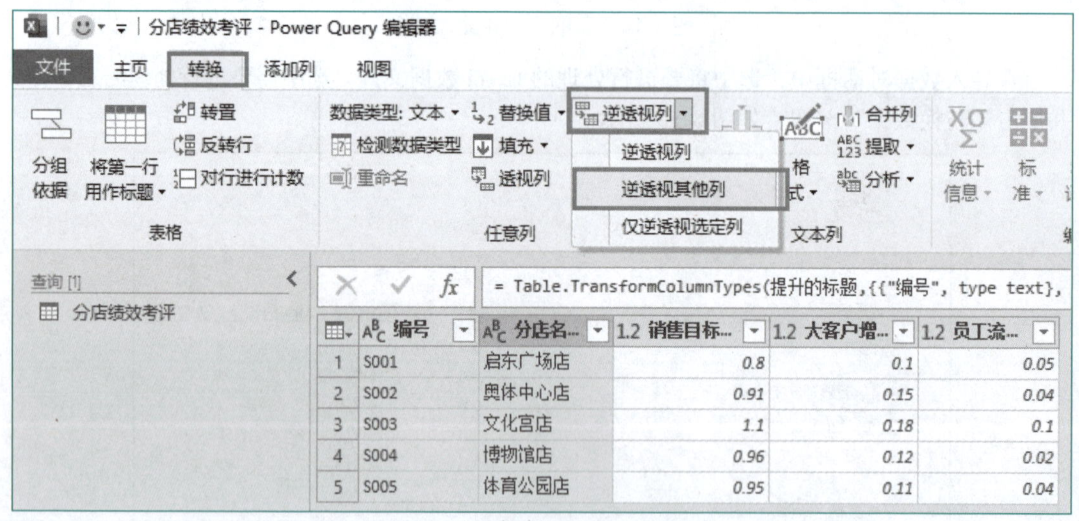

图 3-17　对数据结构进行调整

相关的表格结构已经更改，如图 3-18 所示。

对于相关百分比的数值可以单击列标题左侧的小数字进行类型调整，如图 3-19 所示。

	ABC 编号	ABC 分店名...	ABC 属性	1.2 值
1	S001	启东广场店	销售目标达成率	0.8
2	S001	启东广场店	大客户增长率	0.1
3	S001	启东广场店	员工流失率	0.05
4	S002	奥体中心店	销售目标达成率	0.91
5	S002	奥体中心店	大客户增长率	0.15
6	S002	奥体中心店	员工流失率	0.04
7	S003	文化宫店	销售目标达成率	1.1
8	S003	文化宫店	大客户增长率	0.18
9	S003	文化宫店	员工流失率	0.1
10	S004	博物馆店	销售目标达成率	0.96
11	S004	博物馆店	大客户增长率	0.12
12	S004	博物馆店	员工流失率	0.02
13	S005	体育公园店	销售目标达成率	0.95
14	S005	体育公园店	大客户增长率	0.11
15	S005	体育公园店	员工流失率	0.04

图 3-18　更改后的数据表格

	ABC 编号	ABC 分店名...	ABC 属性	1.2 值
1	S001	启东广场店	销售目标达成率	1.2 小数
2	S001	启东广场店	大客户增长率	$ 货币
3	S001	启东广场店	员工流失率	123 整数
4	S002	奥体中心店	销售目标达成率	% 百分比
5	S002	奥体中心店	大客户增长率	日期/时间
6	S002	奥体中心店	员工流失率	日期
7	S003	文化宫店	销售目标达成率	时间
8	S003	文化宫店	大客户增长率	日期/时间/时区
9	S003	文化宫店	员工流失率	持续时间
10	S004	博物馆店	销售目标达成率	ABC 文本
11	S004	博物馆店	大客户增长率	True/False
12	S004	博物馆店	员工流失率	二进制
13	S005	体育公园店	销售目标达成率	使用区域设置...
14	S005	体育公园店	大客户增长率	
15	S005	体育公园店	员工流失率	

图 3-19　对数值进行调整

调整后的结果如图 3-20 所示。

	ABC 编号	ABC 分店名...	ABC 属性	% 值
1	S001	启东广场店	销售目标达成率	80.00%
2	S001	启东广场店	大客户增长率	10.00%
3	S001	启东广场店	员工流失率	5.00%
4	S002	奥体中心店	销售目标达成率	91.00%
5	S002	奥体中心店	大客户增长率	15.00%
6	S002	奥体中心店	员工流失率	4.00%
7	S003	文化宫店	销售目标达成率	110.00%
8	S003	文化宫店	大客户增长率	18.00%
9	S003	文化宫店	员工流失率	10.00%
10	S004	博物馆店	销售目标达成率	96.00%
11	S004	博物馆店	大客户增长率	12.00%
12	S004	博物馆店	员工流失率	2.00%
13	S005	体育公园店	销售目标达成率	95.00%
14	S005	体育公园店	大客户增长率	11.00%
15	S005	体育公园店	员工流失率	4.00%

图 3-20　调整后的数据表格

为了后续的应用方便，可以将相关的列名进行修改，最后结果如图 3-21 所示。

	编号	分店名...	考评指标	考评结果
1	S001	启东广场店	销售目标达成率	80.00%
2	S001	启东广场店	大客户增长率	10.00%
3	S001	启东广场店	员工流失率	5.00%
4	S002	奥体中心店	销售目标达成率	91.00%
5	S002	奥体中心店	大客户增长率	15.00%
6	S002	奥体中心店	员工流失率	4.00%
7	S003	文化宫店	销售目标达成率	110.00%
8	S003	文化宫店	大客户增长率	18.00%
9	S003	文化宫店	员工流失率	10.00%
10	S004	博物馆店	销售目标达成率	96.00%
11	S004	博物馆店	大客户增长率	12.00%
12	S004	博物馆店	员工流失率	2.00%
13	S005	体育公园店	销售目标达成率	95.00%
14	S005	体育公园店	大客户增长率	11.00%
15	S005	体育公园店	员工流失率	4.00%

图 3-21　最终调整完成后的数据表格

单击“主页”选项卡“关闭”组中的“关闭并上载”按钮，如图 3-22 所示。

将处理好的内容上载到 Excel 工作簿中进行下一步处理。显示结果如图 3-23 所示。

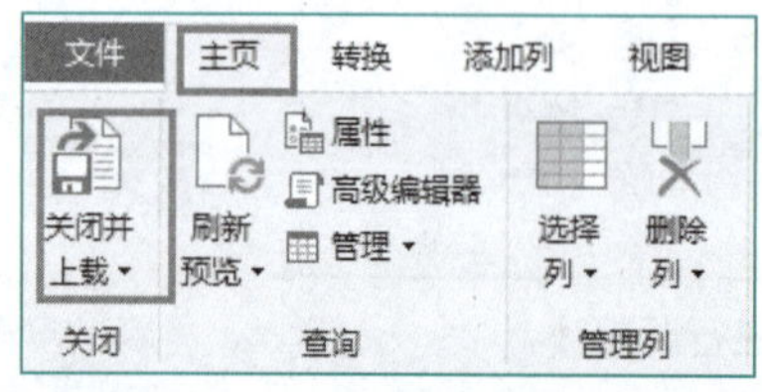

图 3-22　“关闭并上载”按钮

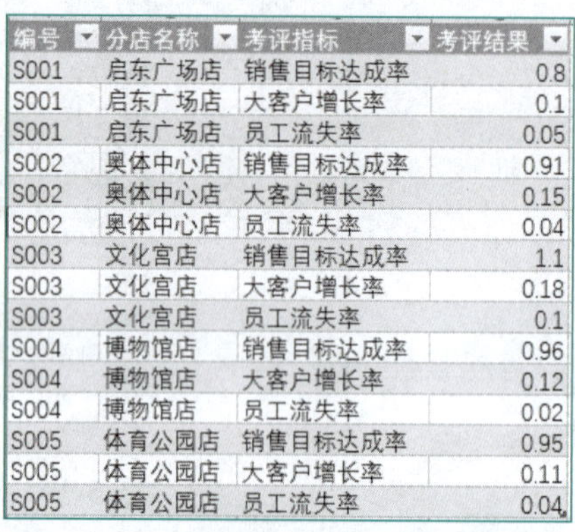

编号	分店名称	考评指标	考评结果
S001	启东广场店	销售目标达成率	0.8
S001	启东广场店	大客户增长率	0.1
S001	启东广场店	员工流失率	0.05
S002	奥体中心店	销售目标达成率	0.91
S002	奥体中心店	大客户增长率	0.15
S002	奥体中心店	员工流失率	0.04
S003	文化宫店	销售目标达成率	1.1
S003	文化宫店	大客户增长率	0.18
S003	文化宫店	员工流失率	0.1
S004	博物馆店	销售目标达成率	0.96
S004	博物馆店	大客户增长率	0.12
S004	博物馆店	员工流失率	0.02
S005	体育公园店	销售目标达成率	0.95
S005	体育公园店	大客户增长率	0.11
S005	体育公园店	员工流失率	0.04

图 3-23　上载到 Excel 中的数据表格

如果对“考评结果”希望以百分数显示，可以在选中相关数据后，按下组合键【Ctrl+1】，然后在“设置单元格格式”对话框中，选择“百分比”选项，保留小数后 2 位，然后单击“确定”按钮，如图 3-24 所示，最后显示结果如图 3-25 所示。

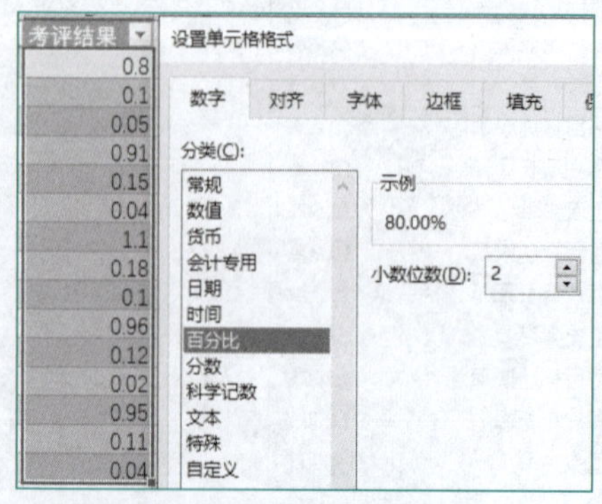

图 3-24　调整百分比显示

编号	分店名称	考评指标	考评结果
S001	启东广场店	销售目标达成率	80.00%
S001	启东广场店	大客户增长率	10.00%
S001	启东广场店	员工流失率	5.00%
S002	奥体中心店	销售目标达成率	91.00%
S002	奥体中心店	大客户增长率	15.00%
S002	奥体中心店	员工流失率	4.00%
S003	文化宫店	销售目标达成率	110.00%
S003	文化宫店	大客户增长率	18.00%
S003	文化宫店	员工流失率	10.00%
S004	博物馆店	销售目标达成率	96.00%
S004	博物馆店	大客户增长率	12.00%
S004	博物馆店	员工流失率	2.00%
S005	体育公园店	销售目标达成率	95.00%
S005	体育公园店	大客户增长率	11.00%
S005	体育公园店	员工流失率	4.00%

图 3-25　调整后的表格

至此，相关的数据表结构转换已经完成，此时当前的 Excel 文件和原始的数据 Excel 文件并不是同一个，达到了数据分离处理，虽然处理上分离了，但是却和原始数据文件保持了联动。此时如果原始数据文件里面的数据信息发生变更，在这里经过刷新后相关内容也会显示，如图 3-26 所示。

编号	分店名称	销售目标达成率	大客户增长率	员工流失率
S001	启东广场店	80.00%	10.00%	5.00%
S002	奥体中心店	91.00%	15.00%	4.00%
S003	文化宫店	110.00%	18.00%	10.00%
S004	博物馆店	96.00%	12.00%	2.00%
S005	体育公园店	95.00%	11.00%	4.00%
S007	新世界SOHO店	103.00%	15.00%	5.00%

图 3-26　文件数据进行更新

在保存完原始数据文件后，在当前 Power Query 处理文件中，右击单元格，然后在快捷菜单中选择“刷新”命令，即可看到自动转换后的数据信息，如图 3-27 所示。

编号	分店名称	考评指标	考评结果
S001	启东广场店	销售目标达成率	80.00%
S001	启东广场店	大客户增长率	10.00%
S001	启东广场店	员工流失率	5.00%
S002	奥体中心店	销售目标达成率	91.00%
S002	奥体中心店	大客户增长率	15.00%
S002	奥体中心店	员工流失率	4.00%
S003	文化宫店	销售目标达成率	110.00%
S003	文化宫店	大客户增长率	18.00%
S003	文化宫店	员工流失率	10.00%
S004	博物馆店	销售目标达成率	96.00%
S004	博物馆店	大客户增长率	12.00%
S004	博物馆店	员工流失率	2.00%
S005	体育公园店	销售目标达成率	95.00%
S005	体育公园店	大客户增长率	11.00%
S005	体育公园店	员工流失率	4.00%
S007	新世界SOHO店	销售目标达成率	103.00%
S007	新世界SOHO店	大客户增长率	15.00%
S007	新世界SOHO店	员工流失率	5.00%

图 3-27　数据内容刷新后保持一致

数据已经产生联动，进行了自动转换。

仿照前面所述，将此表格转换为“数据透视表”。

（5）在数据透视表中，将考评指标拖动到“行”中，将“考评结果”拖动到“值”里面，如图 3-28 所示。

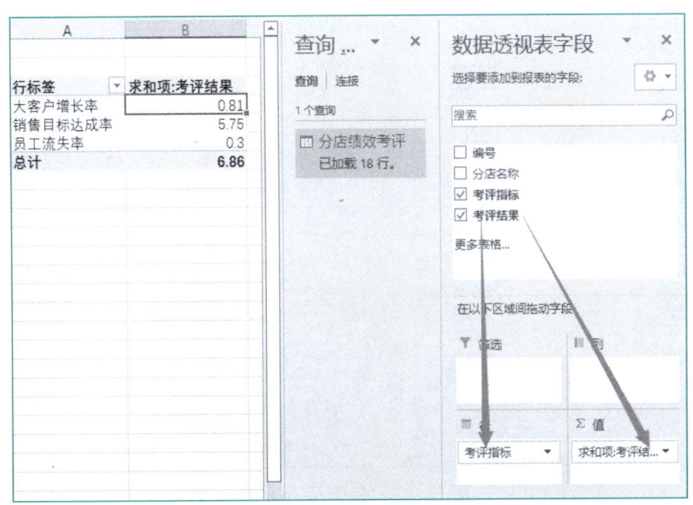

图 3-28　数据透视表操作

因为要查看的是平均状况，所以在“考评结果”上右击，在快捷菜单中选择“值汇总依据”→“平均值”命令，如图 3-29 所示。

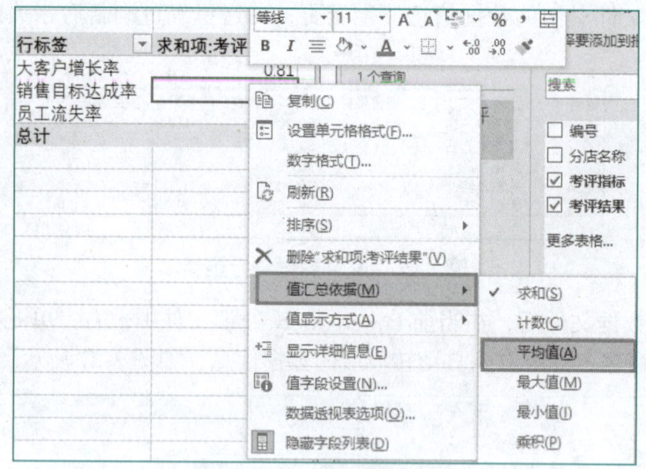

图 3-29　平均值的获取

然后相关的数据就按照平均值显示，如图 3-30 所示。

按照前面介绍方式，将数据转换为百分数，如图 3-31 所示。

行标签	平均值项:考评结果
大客户增长率	0.135
销售目标达成率	0.958333333
员工流失率	0.05
总计	0.381111111

图 3-30　设置平均值后的表格显示内容

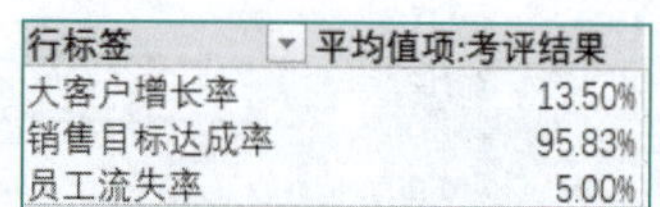

行标签	平均值项:考评结果
大客户增长率	13.50%
销售目标达成率	95.83%
员工流失率	5.00%

图 3-31　转换为百分比后的表格

可以将“分店名称”拖动到“行”里面，这样就可以与平均数据进行比较，如图 3-32 所示。

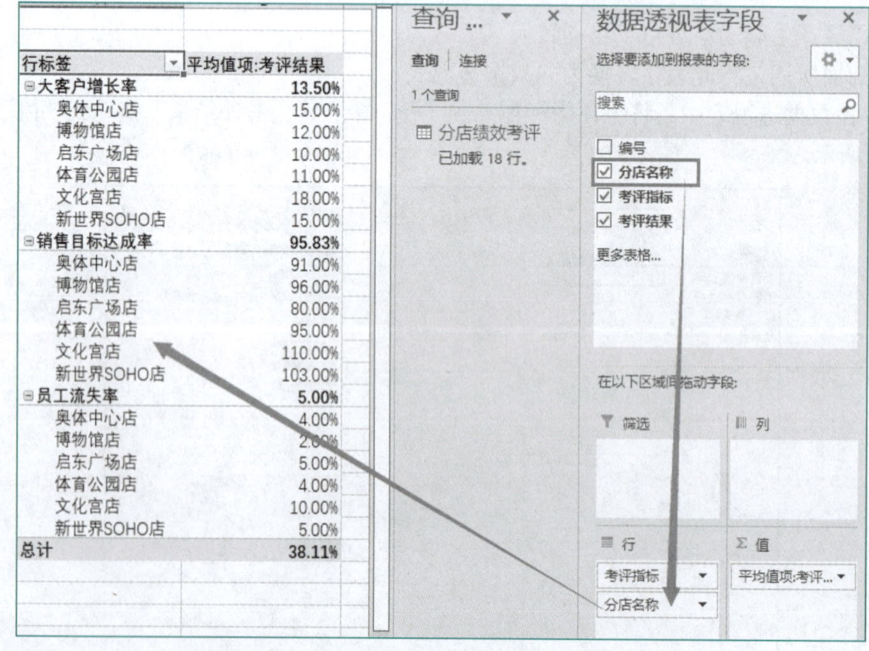

行标签	平均值项:考评结果
⊟大客户增长率	13.50%
奥体中心店	15.00%
博物馆店	12.00%
启东广场店	10.00%
体育公园店	11.00%
文化宫店	18.00%
新世界SOHO店	15.00%
⊟销售目标达成率	95.83%
奥体中心店	91.00%
博物馆店	96.00%
启东广场店	80.00%
体育公园店	95.00%
文化宫店	110.00%
新世界SOHO店	103.00%
⊟员工流失率	5.00%
奥体中心店	4.00%
博物馆店	2.00%
启东广场店	5.00%
体育公园店	4.00%
文化宫店	10.00%
新世界SOHO店	5.00%
总计	38.11%

图 3-32　分店信息显示

5. 数据可视化展现

高亮显示超过平均值的分店。选中各家分店的考评数值，单击“开始”选项卡“样式”组中的“条件格式”按钮，在下拉菜单中选择“突出显示单元格规则”→“其他规则”命令，如图 3-33 所示。

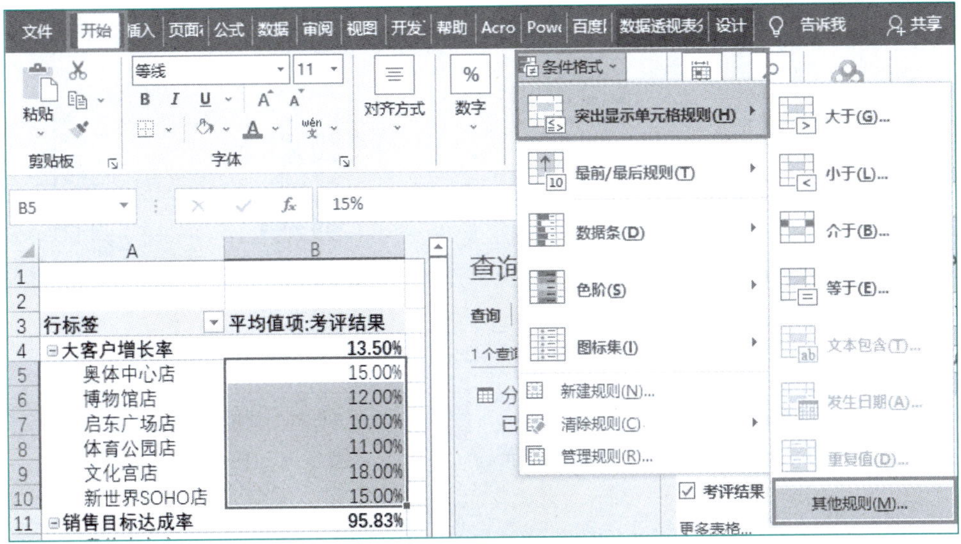

图 3-33 数据条件格式显示

按图 3-34 所示选定相应的规则类型，然后单击“格式”按钮，设定高亮的样式。

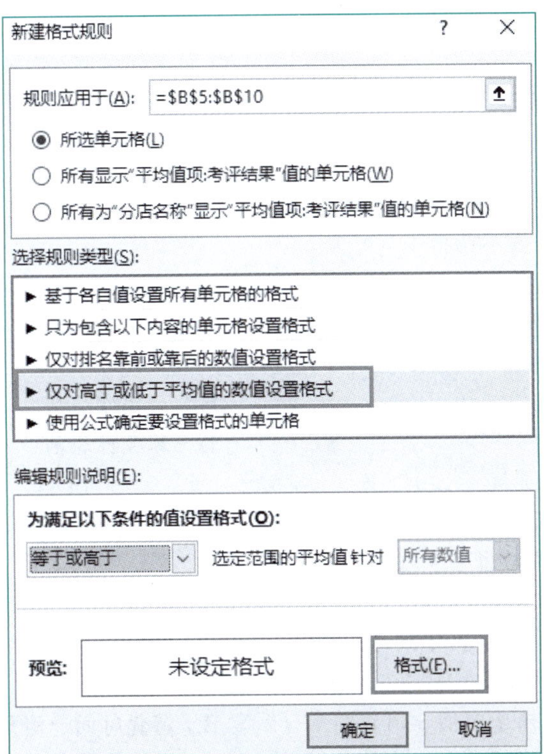

图 3-34 设置条件格式显示细节

这里选择绿色背景，最后显示效果如图 3-35 所示。

其他 2 个考评指标可以仿照本处操作进行处理，最后效果如图 3-36 所示。

行标签	平均值项:考评结果
⊟大客户增长率	**13.50%**
奥体中心店	15.00%
博物馆店	12.00%
启东广场店	10.00%
体育公园店	11.00%
文化宫店	18.00%
新世界SOHO店	15.00%
⊟销售目标达成率	**95.83%**
奥体中心店	91.00%
博物馆店	96.00%
启东广场店	80.00%
体育公园店	95.00%
文化宫店	110.00%
新世界SOHO店	103.00%
⊟员工流失率	**5.00%**
奥体中心店	4.00%
博物馆店	2.00%
启东广场店	5.00%
体育公园店	4.00%
文化宫店	10.00%
新世界SOHO店	5.00%

图 3-35　设置条件格式后的表格显示

行标签	平均值项:考评结果
⊟大客户增长率	**13.50%**
奥体中心店	15.00%
博物馆店	12.00%
启东广场店	10.00%
体育公园店	11.00%
文化宫店	18.00%
新世界SOHO店	15.00%
⊟销售目标达成率	**95.83%**
奥体中心店	91.00%
博物馆店	96.00%
启东广场店	80.00%
体育公园店	95.00%
文化宫店	110.00%
新世界SOHO店	103.00%
⊟员工流失率	**5.00%**
奥体中心店	4.00%
博物馆店	2.00%
启东广场店	5.00%
体育公园店	4.00%
文化宫店	10.00%
新世界SOHO店	5.00%

图 3-36　最后效果显示图

6. 分析结果

通过观察可以看到，文化宫店和新世界 SOHO 店均超额完成了销售目标，并且大客户增长率也高于平均水平，但是文化宫店的员工流失率较高。据此可以考虑是否在日常员工管理中存在一些需要改良的地方。

同步训练

依据以上内容，对低于平均值的店铺进行高亮显示，并分析低于平均值情况的可能原因。

能力检测

一、单选题

1. 指标体系作用一般不包括（　　）。

A. 监控运营状况　　B. 发现业务运作问题

C. 评估业务运作效率，找出发现突破口　　D. 提升企业竞争力

2. 指标体系设计的原则不包括（　　）。

A. 时效性原则　　B. 引导性原则

C. 系统性原则　　D. 客观性原则

3. 同比分析的含义是（　　）。

A. 上一年 10 月份与当年 10 月份相比

B. 当年 10 月份与当年 9 月份相比

C. 针对一个基准数据的对比

D. 上一年 10 月份与当年 9 月份相比

4. RFM 分析方法主要是针对（　　）三项内容。

A. 消费数量、消费时间、消费频率　　B. 消费时间、消费频率、消费金额

C. 消费时间、消费类型、消费金额　　D. 消费数量、消费用户、消费频率

5. 不属于 AARRR 模型分析方法的是（　　）。

A. 留存　　B. 激活　　C. 获取　　D. 发现

二、判断题

1. 进行数据分析时不需要衡量，直接进行分析就行。（　　）
2. 关键性指标就是衡量业务的核心指标。（　　）
3. 只有通过比较，才能衡量出某个阶段公司在某个领域内的发展状况。（　　）
4. 在建立指标体系过程中，需要通过对整个指标体系进行监控，不断更新指标体系。（　　）
5. PEST 分析方法主要是针对政治环境、经济环境、社会环境、生态环境四个方面进行分析。（　　）

行业观察：《大数据白皮书（2021）》

2021 年 12 月 20 日，中国信息通信研究院（以下简称“中国信通院”）、中国通信标准化协会在“2021 数据资产管理大会”上发布了 2021 年度的主要白皮书成果（《大数据白皮书》封面如图 3-37 所示）。

图 3-37　《大数据白皮书》封面

白皮书以数据要素的价值释放作为可信逻辑，重点探索大数据政策、法律、技术、管理、流通、安全等方面的内容，并对“十四五”期间我国大数据的发展进行展望。

2021 年以来，全球各国大数据战略持续推进，聚焦数据价值释放，而国内围绕数据要素的各个方面正在加速布局和创新发展。

1. 政策方面

我国大数据战略进一步深化，激活数据要素潜能、加快数据要素市场化建设成为核心议题。

2. 法律方面

从基本法律、行业行政法规到地方立法，我国数据法律体系架构初步搭建完成。表 3-1 所示为国家数据立法列表（部分）。

表 3-1 国家数据立法列表（部分）

名　称	发布主体	发布日期
工业和信息化领域数据完全管理办法（试行）（征求意见稿）	工信部	2021.9.30
征信业务管理办法	中国人民银行	2021.9.30
汽车数据安全管理若干规定（试行）	网信办、发改委、工信部、公安部、交通运输部	2021.7.5
关于加强智能网联汽车生产企业及产品准入管理的意见	工信部	2021.7.30
关键信息基础设施安全保护条例	网信办	2021.8.17
数据出境安全评估办法	网信办	2022.7.7
反垄断法（2022 修正）	全国人大常委会	2022.6.24
关于审理使用人脸识别技术处理个人信息相关民事案件适用法律若干问题的规定	最高人民法院	2021.7.28
互联网信息服务算法推荐管理规定	网信办	2021.12.31

3. 技术方面

大数据技术体系以提升效率、赋能业务、加强安全、促进流通为目标，加速向各领域扩散，已形成支撑数据要素发展的整套工具体系。

4. 管理方面

数据资产管理实践加速落地，并正在从提升数据资产质量向数据资产价值运营加速升级。

5. 流通方面

数据流通的基础制度与市场规则仍在起步探索阶段，但各界力量正在从新模式、新技术、新规则等多角度加速探索变革思路。

6. 安全方面

随着监管力度和企业意识的强化，数据安全治理初见成效，数据安全的体系化建设逐步提升。

利用好数据要素是驱动数字经济创新发展的重要抓手。“十四五”期间我国立足新发展阶段、贯彻新发展理念，进一步提升数字化发展水平，为数字经济发展提供持久的新动力，进而为构建现代化经济体系和新发展格局提供强大支撑：一是释放数据价值将成为全球竞争战略的重要组成部分；二是进一步发挥大数据技术在数据价值挖掘方面的效用；三是数据治理制度体系与技术工具双轨并进；四是新数据流通业态与政策制度协同创新；五是数据合规法律体系将进一步完善成熟。

（资料来源：中国大数据产业观察）

直通职场：大学生求职成功的五大必备素质

每年 7 月，有的应届毕业生踏入了职场，顺利开始了职业生涯的第一步，有的毕业生却仍在苦苦寻觅。

“找工作找了4个月一点进展都没有，心里越来越着急，脾气也越来越坏，每天东奔西走，之后又是毫无结果的等待；不断重复着，寻找新的工作机会，为什么就没有一家公司给我Offer呢？”有来做个人咨询的大学生非常沮丧地说。

大学生要想成功求职，以下五大素质和技能必不可少：

1. 自信与热情

自信是职场成功的第一要诀。一个自信的求职者，往往能认清自己的优势与特长、劣势及不足，知道自己最适合做什么，从而取得竞争优势。他们总能准确评估自己掌握的专业知识和技能，了解自己的个性特征，在求职时最大程度地实现个性与职业之间的匹配。在工作中具有强烈进取心和热情的人，往往能够全面调动自己的综合能量，而且这种积极正面的工作状态会传染别人，带动身边人群乃至整个团队的良好发展。

2. 职业规划技能

作为刚毕业的大学生，选择自己合适的职业发展方向尤为重要。职业方向的确定必须结合个人特长、兴趣并综合外部的就业环境来确定。求职时不可目标过高，太理想化。有不少大学生求职时一味强调大城市、500强和高收入，忽视了个性和职业兴趣。殊不知，盲目攀高不仅会错过很多就业良机，还会对今后的职业发展造成不利的影响。因此，大学生在求职前务必要掌握一定的职业规划技能，明确自己的职业定位和求职方向，朝着目标努力才能避免走弯路。

3. 有效沟通

在求职面试中能够有效沟通，意味着能够清楚而有说服力地传递信息、想法以及态度。如果你能展现自己具有高超的沟通技能，而且能通过书面和口头语言适时地表现自己，扬长避短，有效地影响别人，那么你求职的成功机会将大大增加，进而顺利地把自己推销出去，拿到Offer！

4. 快速学习

俗话说：“活到老，学到老。”在职场如战场的时代，不仅是要学得好，更要看谁学得快。在求职中，快速学习的能力也越来越受到企业重视。企业文化的快速融入，专业技能的快速提升，团队精神的快速打造，人际关系的快速建立等，这些都是企业在招聘时十分看重的素质。

5. 扛压抗挫

一定程度的压力是动力，职场中做成任何事都会有压力，面对压力问题采取一种积极进取的态度，就能在面试中脱颖而出。有的人会因为一次不成功的求职而心灰意冷，而有的人则懂得在失败中总结教训，重整旗鼓，从头再来。失败乃成功之母，细数职场中那些成功的精英，有谁是一蹴而就的？因此，能够扛住压力抵抗挫折的人，才能苦尽甘来。

（资料来源：前程无忧）

素质园地：未来农场里的“大数据羊倌”

浙江湖州市是国家地理标志产品“湖州湖羊”的发源地。在数字化助力下，湖州传统养羊业也发生了巨大变化。

在浙江湖州市长兴县吕山乡的“未来农场”的羊舍，工作人员拿着手持扫码终端设备，对着湖羊耳朵上的黄色耳标一扫，血统、月龄等信息都能看到。每一个耳标内有一枚芯片，构建起“未来农场”最底层的架构（见图3-38、图3-39）。

图 3-38 黄色耳标是湖羊的“电子身份证”

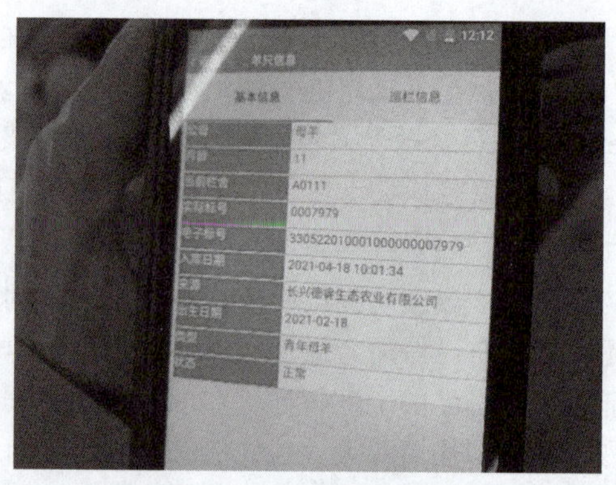

图 3-39 扫耳标后读取的信息

工作人员说：“耳标就像湖羊的身份证一样，是伴随一生的。从出生到配种繁殖，以及疫苗记录、用药记录等，在电子耳标内都会有记录，这些信息能指挥养殖生产的具体工作，到最后上餐桌，耳标也能起到可追溯的作用。”

羊舍内安装着环境数据采集传感器，对羊舍中温度、湿度、氨气、硫化氢等数据进行实时检测，一旦超过羊健康生长所需的适宜环境参数，数字牧场系统将自动对羊舍内的卷帘、风扇、喷雾、除臭等设备进行控制（见图 3-40）。

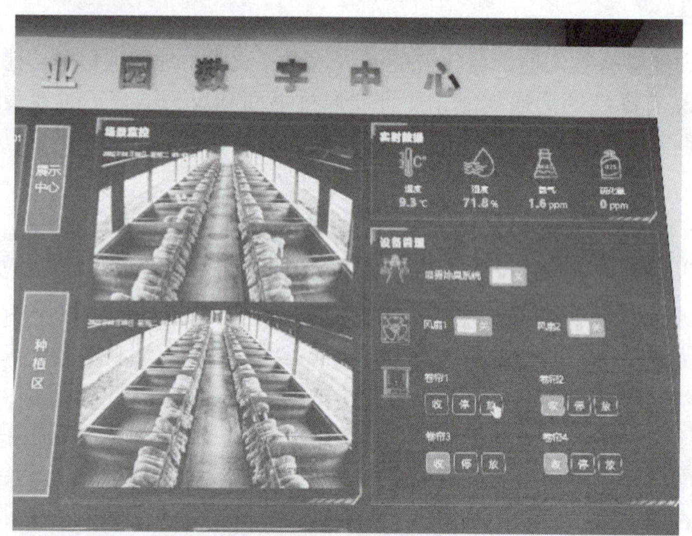

图 3-40 数字牧场系统

工作人员说：“系统会自动监控，监控以后会进行数据分析，会自动进行判定，然后会自动控制这些系统。如果羊舍里温度太高了，系统会进行喷雾降温处理，如果监测到氨气、硫化氢高了，它也会进行除臭等综合处理。”

目前，湖羊智慧循环产业园已形成“智能环控、视频监控、精细饲喂、个体管理、繁育管理、养殖模型、移动 App”的数字化养殖模式。这套数据系统就像一个“大数据羊倌”，大到养殖场全场监控，小到一只羊一天喂多少饲料，这个“羊倌”都了如指掌。今年，羊场还将启用自动体检设备，为刚出生的小羔羊拍照、自动评级。

在数字化的助力下，湖州湖羊的品质不断提升，效益也是逐年提高。吕山乡计划将湖羊智慧循环产业园打造成浙江省规模最大、标准最高的湖羊基地之一（见图 3-41）。

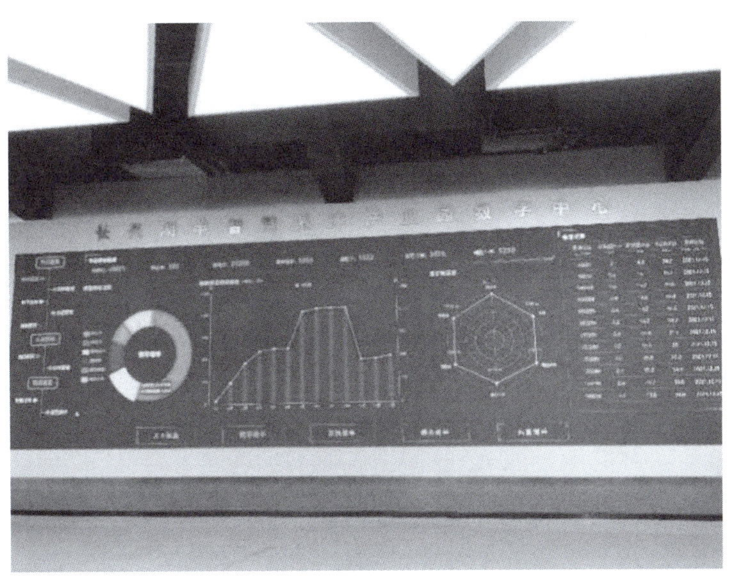

图 3-41 湖羊智慧循环产业园数字中心

湖羊智慧循环产业园不仅吸收周边村民就业，还为当地 18 户无劳动能力的贫困家庭各代养了 10 只湖羊。2021 年 1 月 20 日下午，产业园里举行分红仪式，代养的湖羊销售后扣除草料等成本，每户家庭拿到 1.6 万元。

到 2025 年，湖州市计划在种植业、渔业、畜牧业、休闲农业领域，打造 100 家彰显共同富裕、特色应用场景、示范引领作用的“未来农场”。借力数字化手段，这些“未来农场”承载着湖州乡村振兴的无限希望。

（资料来源：央视新闻客户端）

学习笔记

学习笔记

任务评价

班级：________________ 小组：________________

姓名：________ 学号：____________ 综合评分：________

序号	任务内容	实施结果自评	小组互评
1	将数据内容导入 Power Query		
2	在 Power Query 中进行行列转换		
3	数据百分比格式转换		
4	列名更改并上载数据		
5	创建数据透视表，查看各指标平均值		
6	创建各分店指标百分比		
7	依据条件高亮显示高于平均值的数据行		

学习小结：

教师评语：

评量标准

项　目	1～4分	5～7分	8～10分
任务完成度	仅能部分完成任务内容，或任务内容完成有缺陷	可以基本完成任务规定内容，没有个人见解和活用效果	全面完成任务，并且有个人见解，能够举一反三
语言表达	语言不连贯，无法对完成内容进行清晰说明。仅可对部分任务内容进行性说明	能够对完成任务进行全部内容说明，语言表达基本连贯清晰	能够对完成内容进行非常流利的表述，并能够联系其他关联知识进行说明
学习态度	仅能保证基本到场参与，与同学和老师沟通交流少，缺乏学习积极性	能够保证课堂上与同学和老师互动，可以完成老师课堂布置的相关任务	积极参与课堂活动，并能够主动帮助同学解决学习问题，帮助老师进行教学活动

总结反思

1. 请简要描述如何创建指标体系。

2. 请简要描述 RFM 分析方法的关键要素。

3. 请简要说明漏斗分析法适合什么业务情景。

4. 请分析说明在本模块素质园地案例中，数字化是如何为当地百姓提升生活收入的。

模块四

消费者行为分析

模块导读

本模块是在进行必要的基本数据分析理论准备后，进行理论与实际业务内容的结合。理论与实践结合很重要。本模块首先介绍基本的消费者行为相关理论内容，然后结合数据分析，从相关指标内容出发，分别对新老客户的行为进行重点研究，从数据分析角度给出新的解决方案。

学习目标

【知识传递】

◎掌握消费者行为的概念和特点。

◎了解消费者行为的意义和购买决策过程。

◎掌握消费者分析指标内容。

◎掌握新客户特点和分析方法。

◎掌握老客户特点和分析方法。

【能力培养】

熟练掌握 Power Pivot 的使用。

【价值引领】

掌握个人信息保护法的大致内容。

思维导图

- 消费者行为分析
  - 正确导入数据文件
    - 明确消费者行为的概念和特点
    - 掌握消费者行为分析的意义
    - 掌握消费者购买决策
  - 创建文件数据关系
    - 关键分析指标
    - 其他分析指标
  - 导出数据透视表
    - 收集新访问客户数量与访问率
    - 计算新客户客单价、销售额、获客成本分析
    - 统计新客户来源
  - 插入柱状图
    - 计算老客户数量
    - 分析老客户行为

引入案例　棒球与数据分析的故事

某部电影讲述奥克兰运动家棒球队总经理比利·比恩的经营管理策略，描写了他面对不利形势，违反常规和直觉，大胆采用数据分析方法来挑选球员，而不是沿用业内通用的球探选球员的方法。比利的顾问彼得毕业于耶鲁大学经济系专业，并没有丰富的球探经验。他的判断依据都来自于对棒球运动员以往比赛中的数据。通过这些数据分析，彼得发现了很多人忽略的事实。例如，全队得分与全队打击率关联不大，而与上垒成功率及长打率关系更密切；另外，球员的打击能力对球队战绩的影响远大于其防守能力。彼得根据这些事实，选择最有特长的人选，而不是全面优秀的球员。凭借这样一支“拼凑”的队伍，创造了20场连胜的战绩，与薪资3倍于他的球队获得了同样的胜场率。奥克兰运动家棒球队最终重新获得了荣誉，比利也受到重金聘请。

（资料来源：百度百科）

问题引导：

1. 请比较说明通过球探方式和数据分析方式进行球员选择有什么不同。

2. 请说明数据分析为什么能对球队的取胜起到推动作用。

知识准备

一、消费者行为分析概述

（一）消费者行为的概念和特点

1. 消费者

消费者，也称为客户，主要指的是购买、使用各种消费品（包括服务）的主体。这里的主体主要包括个人消费者和组织消费者。个人消费者就是购买商品的个人，组织消费者主要是指购买商品的企业、学校、政府机关或其他机构。相关的商品根据不同的消费者，也可以分为个

人级消费品和工业级消费品。例如：肥皂、毛巾、卫生纸等一般是由个人购买，因此称为个人级消费品；而大型机床、铲车、塔吊等基本上只有单位集团公司可以使用，所以称之为工业级消费品。

在进行消费者界定分析时，不能仅仅将着眼点放在具体实施购买行为的主体上，在整个购买过程中，只要是对购买结果起到影响作用的人或组织，都需要纳入消费者行为分析的过程中。例如，一名学生想要购买一款电话手表，其中就牵扯到学生的父母，虽然最终使用和购买的人是学生，但是在购买决策、商品分析过程中，涉及学生父母，因此，商家在进行消费者分析时需要考虑到这些隐含因素。当然，这个例子还是很明显的，有很多工业级消费品的销售，与销售过程相关的隐形消费者往往不好界定，但是却对整个商品的购买会产生较大影响，此时就需要通过各种分析和销售经验进行判断，有针对性地制定营销策略。

2. 消费者行为

消费者行为主要是指，消费者为了满足其需求和欲望而进行产品与服务的选择、采购、使用与处理。需要注意的是，相关的行为是发生在内心里、情绪上，落实在实体上、动作上。这里的心理部分主要包括评估品牌、商品属性特点、竞争商品比较等内心决策活动。实体行动主要包括购买方式、购买地点、与销售人员交流沟通、售后服务等。

依据以上内容，可以分为三大类活动：

（1）消费前活动，即获取商品活动。主要发生在消费者与企业的交易过程中，此阶段主要分析消费者选择商品和服务的因素。

（2）消费中活动，即消费商品的活动。主要针对消费者以何种方式、在什么情境下，何时、何地消费商品。重点在于消费者如何实际使用所购买的商品以及消费过程中的消费体验。

（3）消费后活动，即处置商品的活动。主要是指消费者在使用完商品后如何处理商品本身及其包装，同时还包括消费完毕后自身的满意程度。

3. 消费者行为的特点

消费者行为一般具有以下特点：

（1）消费者行为受动机驱使。消费者行为是在各种心理动机驱使下触发的一系列行为。

（2）消费者行为包含多种不同角色。因为消费者行为在发生过程中包含多种不同活动，在其过程中相应的角色也会不同。一般分为提议者、影响者、购买者、使用者。

（3）不同消费者的消费行为不同。作为独立个体，由于其生理和心理上的各种差异，就必然导致相关的行为不同。企业就必须提供有针对性的不同商品和服务。

（4）消费者行为是可以引导的。消费者有时候并不清楚自身的需求，此时，企业可以通过合适的商品，并辅助合适的宣传手段，如广告、促销活动等来刺激消费者的购买欲望。

（5）消费者行为受多种因素影响。主要影响因素可以分为二类：

内部因素：主要指消费者内在的生理和心理因素。

外部因素：主要指消费者外部环境和人际互动的影响力，包括企业开展的各项营销方式。

（二）研究消费者行为的意义

1. 有助于企业制定市场营销策略

企业的所有营销策略都是建立在对消费者行为理解的基础上的，充分的消费者行为分析可以帮助企业制定高效的营销策略，减少决策性失误。

2. 有助于政府部门制定促进商业环境发展的政策

政府的作用就是制定并完善相关制度，并据此贯彻执行。如果想要创建高效的商业环境，就必须透彻了解消费者行为特点。如此才能够有效建立繁荣经济市场的法律和规范。

3. 有助于消费者采取理性而成熟的消费行为

可以帮助消费者更加准确地识别影响消费行为的因素，更加合理高效地进行商品（服务）消费，防止落入商业欺诈陷阱中。

（三）消费者的购买决策

消费者的购买决策是指消费者觉察到问题存在，寻找解决方案，对诸多方案进行比较分析，从中选择最优结果的过程。

1. 消费者购买决策的内容

相关内容主要分为：谁来购买、购买内容、购买原因、购买时间、购买地点、购买方式。

2. 消费者购买决策的类型

可以依据决策过程的复杂程度进行划分。消费者在不同环境和情景下对同一商品进行购买时，相关的心理重视程度不同。一般可以分为：

（1）名义型。相关购买评价过程短，消费者不会考虑过多信息，往往会依据自己以往感受和偏爱进行商品购买。主要包括品牌忠诚型顾客和习惯性购买顾客。

（2）有限型。消费者对商品和品牌有一定了解，但是希望获取更多商品信息进行横向比较购买。

（3）扩展型。这是最复杂的决策方式，由于购买目标商品或服务昂贵，导致对商品购买频率降低，消费者对商品和服务了解不多。此时消费者会尝试花费大量时间、精力进行深入的商品信息收集和比较。

二、消费者分析指标

对客户绩效进行衡量时，有多个维度的不同指标可供使用，一般在电商领域，主要围绕着客户访问量、获客成本、客户转化率、客户类型等指标进行评估。

（一）关键分析指标

1. 客户访问量分析

客户访问量就是在一定时间期限内，某个网站被访客访问的总次数。一名访客在访问平台站点时会有多种访问计算方式。比如在一定时间内可能会访问多次，因此常用的访问量统计指标又分为页面浏览量（Page View，PV）和独立访客数（Unique Visitor，UV）、独立 IP 计数、会话数等。

（1）页面浏览量（PV）。指在一定时间内，用户每加载刷新一次页面，即被计算一次浏览量。

（2）独立访客数（UV）。在指定时间内绝对唯一访客者。如果一个访问者访问多次，仅被计算一次，无论此用户使用何种设备、登录多少次，只要是在规定的时间段内，均只会被计算一次。

（3）独立 IP 计数。一定时间内，相同 IP 地址被计算为一个计量单位，此时有可能在规定时间段内，多个不同用户使用同一个 IP 地址进行平台站点访问。

（4）会话数。触发网站开启一次会话，同一用户访问结束一个会话重新计算。会话结算有如下三种情况：

- 距离上一次访问超过 20 分钟。
- 每日零点为会话计算的一个分割点。
- 访问来源改变，而后又通过百度搜索进入访问页面，该期间的访问次数计算为两次会话。

2. 获客成本分析

新客户是企业市场营销活动中非常关键的一个要素，在进行大量高质量新客户获取的同时，需要对获客成本给予必要关注。

在获客成本计算上，一般主要从两个维度进行计算：一个是以订单为基准进行的付费客户的成本计算；一个是单个活跃客户的招揽成本。对于活跃用户的界定，需要企业使用订单交易次数等指标衡量。在拉新等营销活动中，获客成本是重要的指标，该指标能反映本次活动的效果。

以下是几项衡量拉新成本的关键指标：

（1）CPM（Cost Per Mille；Cost Per Thousand；Cost Per Impressions）千人成本，指的是广告投放过程中，平均每一千人分别听到或者看到某广告一次一共需要多少广告成本。传统媒介多采用这种计价方式，是衡量广告投入成本的实际效用的方法。计算的公式如下：

CPM=（广告费用 / 到达人数）×1 000

其中，“广告费用 / 到达人数”通常以一个百分比的形式表示，在估算这个百分比时通常要考虑其广告投入是全国性的还是地域性的，通常这两者有较大的差别。

例如，天津某报刊媒体发行量是50万份，通栏广告价格为10 000元，实际执行价为5 000元，传阅率为1 000 000人。那么它的千人成本为5元。

（2）CPC（Cost Per Click; Cost Per Thousand Click-Through）每点击成本，是以每次点击（或每一千次点击）为单位进行收取的。对广告主来说，避免了只浏览不点击的广告风险，是网络比较成熟的国家常见的收费方式之一。其计算公式为：

CPC= 总成本 / 广告点击次数

（3）CPA（Cost Per Action）每次动作成本，即根据每个访问者对网络广告所采取的行动收费的定价模式，对于用户行为有特别的定义，包括形成一次交易、进行一个新用户注册，或者对网络广告进行一次点击等。此种方式避免了用户多次进行观看或点击后但却不下订单、无法形成有效交易活动的风险。但另一方面，由于能够保证有效的活动效果，网络广告载体平台方会收取更高的费用。

3. 客户转化率分析

客户转化率是指企业在实施推广行动后，客户如期地参与其中，并完成企业所期望的某种行为。根据企业各自推广的目的不同，转化可以定义为访问者在网站上做出不同行为并达到一定的标准。比如，在一定的时间段内浏览网站上的特定页面次数、注册新用户、提交订单并付款等行为。

转化率 = 只在一个统计周期内完成企业期望行动的访客数 / 同期总访客数

我们经常会听说某个平台的流量非常大，这是因为这个平台在资源投入上下了一番的功夫。在这种逻辑下，流量就成了衡量经营效果非常重要的标准之一。但另一方面，各大新媒体平台或“网红达人”展示的各种诱人的流量数据，必须通过相应的转化率使客户产生具体期望行为才能真正为企业带来利润。转化率低的平台或“网红 IP”即使流量大，相关的商业价值并不高。因此，在选择推广平台时，必须要考虑该平台积累的用户属性是否与商家目标用户一致。也就是为日后的转化率提升做好铺垫，这样才能尽可能地降低获客成本，将产出最大化。只有访问量大并且转化率高，这两个因素并存，才能认为经营效果好。

4. 客户类型分析

客户类型分析有时也称之为用户画像，一般是在大数据信息基础上，依据不同的分类指标，对客户群体进行不同类型的划分，可以将用户分为许多类别。划分后，相关统计不仅可以让商家明确用户的整体变化情况，也可以通过分类的统计，让商家看到用户每个细分群体的变化情况。此种方式实际上也是复杂问题降维处理的一种方式。

1）根据用户的访问行为划分

（1）新/老用户。新访问用户是指首次访问或者刚刚注册的用户，那些非首次来的用户属于老用户。在老用户数量基础上，叠加新增用户，会得到总用户数。一般总用户数还需要与相关的时间段进行结合计算才更有价值。为了衡量平台的发展状况和推广速度，一般还会计算新用户的增长率以及某段时间内新用户所占比例。

（2）活跃/非活跃用户。对于活跃用户的定义，不同企业有不同的定义，一般会要求相关的注册用户需要有企业指定的关键动作或者行为，达到某个要求标准。活跃用户一般用于分析网站真正掌握的资源，因为只有活跃用户，才能直接或间接地为网站创造价值。

（3）流失/留存/回访用户数。流失用户是指一段时间周期内未访问或者未登录过网站的用户，不同企业对于流失的定义各不相同。对于社交平台、邮箱等需要用户经常访问的网站来说，可能用户超过一个月未登录，就可以认为用户已经流失。而对于电商平台，超过三个月或者半年内没有任何购买行为的用户，可以被认定为流失用户。一般通过流失率进行计算。公式为：

流失率＝流失用户数/总用户数

与流失用户相对应的是留存客户。留存客户越多意味着企业创收潜能越大，相关市场营销活动开展的空间越大。但另一方面，留存客户必须和用户活跃度指标相结合进行考量才更有意义，否则沉睡客户是无法创造盈利价值的。一般通过留存率来进行计算衡量。用户流存率通过计算一定周期内流存用户数与总用户数得到，公式为：

留存率＝留存用户数/总用户数

为了尽可能多地保有用户数量，企业在增加留存用户的同时，还需要对已经流失的用户进行“召回”操作。被召回的用户，称之为回访用户。回访用户数主要用于分析网站挽回流失用户的能力。

2）根据用户的基本信息属性划分

用户的基本属性主要有用户年龄、性别、所在区域、交易时所使用的设备等。其中最关键的指标为客户地域分析。客户地域是指访客所在的地理位置，一般传统性划分可以依据国家的行政地区为标准进行。根据不同的颗粒度，可以由大致小，从方位、省份、城市逐步深入，在数据分析时，可以借助“数据下钻”功能进行不同颗粒度之间的转换查看。

不同地区的人文状态、地方法规都不尽相同，也会影响当地消费者的消费习惯和消费水平，为了提升企业的精准营销效率，需要对此方面数据进行关注。除此之外，还可以从以下几个方面进行细分。

- 平台用户主要集中在哪些职业人群？
- 平台上什么年龄、性别的用户是最多的？
- 平台上什么年龄、性别的用户质量是最高的？
- 企业预期用户群体目标与实际用户情况是否符合？
- 提升用户体验感的空间在哪里，有多大？

（二）其他分析指标

除了上述重要分析指标外，进行消费者分析也可以辅助参考如下分析指标内容，主要分为：用户基础指标、拉新指标、活跃指标、留存指标、转化指标。每家企业根据自身特点和业务形式，需要不断进行动态变更，而不应是一成不变地进行固定指标分析。

在表4-1所示的指标分析中需要注意，大部分指标内容都涉及时间周期，只有在某固定时间周期内的指标衡量才有意义。

表 4-1 其他分析指标相关属性

类别		定义	使用场景
用户基础指标	总注册用户数	平台上所拥有的所有注册用户	某年总注册用户数
	新增注册用户数	新注册用户数	年新增注册用户
	总购买用户数	只要有购买行为的用户便进行计数	化妆品年总购买用户数
	新增购买用户数	某段时间内，首次进行商品服务购买的用户	月新增购买用户数
	复购用户数	重复进行商品服务购买的用户	1 次、5 次复购用户数
	老用户数	某段时间内，非首次注册用户	月均老用户数
	活跃用户数	某段时间内在平台上进行相关行为活动的用户数量	日活跃用户数
	流失用户数	某段时间内，注册用户进行账户注销	月流失用户数
	留存用户数	某段时间后，仍然在平台活动的用户数量	3 日留存，7 日留存
	回访用户数	流失用户重新访问平台用户数	大促回访用户数
	回访率	在某段时间内，回访率 = 回访用户数 / 总用户数	月回访率
	沉睡用户数	注册后某段时间内无行为记录的用户数量	月沉睡用户数
拉新指标	App 下载安装数	某段时间内下载 App 并安装次数	每日下载量
	拉新用户数	某段时间内在平台上进行用户注册的用户数	每日拉新用户数
	获取成本	拉新耗费成本	CPM（千次曝光成本） CPC（单次点击成本） CPA（单次获客成本）
活跃指标	活跃率	活跃率 = 某段时间内活跃用户 / 总用户数，可以分为（日，周，月，年）	年活跃率
	用户价值	用户价值 = 总利润 / 用户总数	某时间段内用户价值
	用户停留时间	用户在平台停留的时间	用户最大、最小、平均在线时长
留存指标	启动次数	手机 App 启动次数	某单位时间内某类群体用户启动情况
	PV	页面访问量，每位用户对每个页面访问次数，可以进行累计	每日 PV
	UV	独立访客数，无论用户在周期时间内访问多少次，均按基数 1 计算	每日 UV
转化指标	用户留存率	用户留存率 = 留存用户数 / 当时新增总用户数	通过某种方式留住的用户比率
	用户流失率	与用户留存率恰好相反，如果某产品新用户的次日留存为 40%，则有 60% 的用户流失了	某个群体的流失率计算
	GMV	总成交额，只要用户下单生成订单号就可计算在里面，不管用户是否真的购买	企业宣传展示
	成交金额	客户付款的实际流水是用户购买后的消费金额	每日成交额等
	销售收入	成交金额减去退款后剩余的金额属于机密数据	每日销售收入等
	购买用户数	在产品里面产生过交易行为的用户总量同基础指标里面的购买用户一致	每日购买用户等

三、新客户分析

新客户分析是客户行为分析中非常重要的一部分。在扩大市场占有率、提高人群用户量阶段等重要的时期，拉新都是至关重要的一环。因此，如何通过新客户分析得出有价值的结论、提高新客户运营的效果，是各大企业必须考虑的问题。

新客户就是首次访问网站或者首次使用网站服务的，在新客户分析中，一般会关注的指标有新访问客户数量、新客户销售额、新客户客单价、新客户获取成本等。更深入的分析维度，还会从新客户来源、各渠道 ROI、新访问跳出率、新访问产品页到达率、新访问加购率、新访问订单总金额等指标综合分析。

扩展知识：什么是 ROI

投资回报率的英文名为 Return on Investment，缩写为 ROI。

投资回报率（ROI）=（税前年利润 / 投资总额）×100%

ROI 是指企业从一项投资性商业活动的投资中得到的经济回报，是衡量一个企业盈利状况所使用的比率，也是衡量一个企业经营效果和效率的一项综合性的指标。从公式可以看出，企业可以通过“降低销售成本，提高利润率、提高资产利用效率”来提高投资回报率。投资回报率的优点是计算简单。投资回报率往往具有时效性——回报通常是基于某些特定年份。

（一）新访问客户数量与访问率

通过新访问客户数量，可以看到通过某些促销活动后获客效果的直观情况。通过各渠道的新增访问数量对比，可以找出更优质的渠道，为后期的活动提供参考依据。

新客户访问率，主要用于分析网站的推广效果、发展速度，结合新访问客户率及客户流失率，可以判断产品所处的阶段：如新客户比例大于客户流失率，则产品处于发展成长阶段；若新客户比例与客户流失率持平，则产品处于成熟稳定阶段；若新客户比例低于客户流失率，则产品处于下滑衰退阶段。计算公式为：

新客户访问率 = 新客户数 / 总访问用户数

（二）新客户客单价、销售额、获客成本分析

新客户客单价：主要用来体现新增客户的购买能力。计算公式为：

新用户客单价 = 新客户销售额 / 新访客购买人数

新客户销售额：指新客户成交订单销售总额。该指标除了能反映活动，也能对比各渠道的转化率高低。

获客成本：依据之前描述说明的获客成本分析指标，对新客户拉取的成本进行分析统计。

（三）新客户来源分析

新客户来源分析是新客户分析中非常重要的一项内容，分析的结果体现了获客资源使用效率，指向性明显。新客户的来源与流量的来源具有相对统一性，主要有搜索、社交、引荐和直接流量四种方式。通过对这些渠道中的活跃用户进行来源分析便可以定位优质的推广渠道。

通过对来源信息进行分析，可以清楚地看到各个信息渠道对新增用户的贡献程度。可以借此判断各个渠道的重要性，从而结合其付费服务标准进行有目的性的选择，这样有利于提升推广工作效率，减少无效投入。

（1）搜索工具：一般是指通过百度、360 搜索、Bing 等搜索网站带来的流量。

（2）社交平台：一般是指通过微博、微信等社交平台带来的流量。

（3）引荐：一般是指其他第三方导入的流量，内容比较庞杂，只要不是包括在企业既定计划中罗列的渠道名单列表，都可以归属在此类目下。

（4）直接流量：用户直接输入网址，在浏览器中打开、从即时通信软件聊天框访问、E-mail邮件链接点击、从软件界面和文档中访问等，均计算为直接流量来源。

四、老客户分析

在获客成本提升时期，如何留存住老客户对企业来说非常重要。当前我国人口结构发生变化，企业间竞争加剧，新客户增量放缓，因此，老客户的商业价值提升就成为企业提升自身效率的一个关键因素。

老客户一般是指产生两次以上交易的顾客。任何商家都希望能留存最多的老客户，因为维护老客户的成本往往比吸取新客户的成本要低。因此，老顾客分析越来越引起商家重视，老顾客分析通常会从老顾客数量、消费行为等维度进行。

（一）老客户数量分析

老客户数量是衡量老客户留存效果的最基本指标之一，主要通过老客户访问率和老客户留存率进行分析。

老客户访问率 = 老客户访问数 / 总访问数 ×100%

老客户留存率是指客户在某段时间内开始使用应用，经过一段时间后仍然继续使用该应用的客户占当时新增用户的比率，会按照单位时间，如日、周、月等进行统计。例如次日留存率、七日留存率、30 日留存率等。计算公式为：

老客户留存率 = 某段时期留存老客户数量 / 同期新增客户数量

例如：第一天新增用户数量为 1 000 人，七天后留存 300 人，留存率为 30%。

老客户留存率是随着时间的拉长而降低的，通常可以分为三个阶段：震荡期、选择期、平稳期。

（1）振荡期：这个阶段的变化最为剧烈，大多数客户进来之后发现这个产品不适合自己，然后就流失了。这也是获客成本高的一个原因，所以需要尽可能减少新客户的流失。

（2）选择期：在这个阶段，客户经过震荡期之后再选择。客户已经基本认可当前商家的产品和服务，客户如果在这个阶段流失的话，一般都是有了更好的选择，也就是该产品只满足客户的部分需求。

（3）平稳期：到了这个阶段的客户，其留存率一般都会趋于平稳，客户发现了产品的价值。商家的产品产生了一定的品牌效应，产品能很好地满足客户的需求。

（二）老客户行为分析

老客户行为分析的方法有很多，可以通过 5W2H 分析法，还可以通过黏性、活跃、产出和 RFM 两种方法进行。

1. 黏性、活跃度、产出价值

网站的日志系统记录了用户在网站平台上的几乎所有行为，产生了很多行为指标，这里将用户行为归为三大类：黏性、活跃度和产出。每个分类可以包含多个行为指标来共同衡量用户在这三类中的行为表现，区分客户的行为特征，对客户进行分类或者综合评定。

（1）黏性。主要关注客户在一段时间内持续访问和使用网站的情况，强调一种持续状态，如访问频率，访问时间间隔。

（2）活跃度。活跃度更多的是针对客户每次访问的过程，考察客户访问中的参与度。对统计时间周期内用户每次访问取平均值、平均访问时长、平均访问页面数等。

（3）产出价值。产出价值是根据网站的业务衡量客户创造的价值，如订单数、客单价。同时结合产出的频率和产出价值的大小进行综合性考量。

2. RFM 分析

（1）最近一次消费（R）。从理论上讲，上一次购买时间距离现在越近的客户价值越大，商家的销售人员一般会对此类客户给予更多关注。

（2）消费频率（F）。消费频率越高的顾客，其产出价值也越高，商家需要不断采取营销手段去提高每个顾客的消费频率。这也是提高销售额非常有效的方法。商家需要对重复购买率较低的 SKU 商品进行分析，优化自身的产品结构组成。

（3）消费金额（M）。消费金额越大，顾客消费能力越强，在 2/8 法则中，20% 的客户贡献了 80% 的销售额，这些顾客也应该是得到商家关注最多的客户。特别当商家的促销活动费用、资源不足时，这些高端客户就是商家的首选客户。

任务　汇总计算商品在哪个省份的男性消费者消费最高

视频资源

4-1 开启 Power Pivot

任务目标

◎掌握在 Excel 中添加 Power Pivot。

◎掌握 Power Pivot 的基本使用。

◎掌握多个不同数据文件的关联查询。

任务实施

1. 分析目标

掌握商家销售商品在全部不同省份的售卖情况，获取销售排名靠前的省份地域信息。

2. 分析原理

（1）承载相关数据信息内容的数据文件划分为 2 个，为了全面获取信息详情，需要进行 2 个文件的连接查询。

（2）相关文件导入后，需要通过 Power Pivot 的相同字段进行多文件连接。

（3）将文件处理后，导出为数据透视表，在透视表中对数据信息进行排序。

3. 实施准备

由于考虑到进行数据的分层处理、提升数据的复用性，将相关的数据信息划分为 2 个不同的数据文件进行保存。获取相关数据文件后，通过数据分离处理思想，对数据文件进行分析。

4. 实施过程

（1）获取数据文件，发现文件被分为 2 个文本文件。

（2）在“用户明细 .txt”文件中，包含有“用户 ID”“省份”“性别”“年龄”“注册日期”等与用户相关的详细信息。

（3）在“订单明细 .txt”文件中，包含有“订单编号”“订购日期”“用户 ID”“产品”“单价”“数量”“订购金额”等相关信息。

稍后就会使用这里 2 个文件共有的字段“用户 ID”进行 2 个文件的连接。

（4）观察数据文件内容，主要包含了 2020 年 9 月 1 日的市场销售情况。

（5）打开 Excel，开始设置 Power Pivot。初始状态下，Excel 中并没有 Power Pivot 相关内容，

如图 4-1 所示。

图 4-1 默认的 Excel 界面

选择“文件”→“选项”命令，在弹出的对话框中选择“自定义功能区”，找到右侧的“开发工具”，将其前面的复选框选中，如图 4-2 所示。

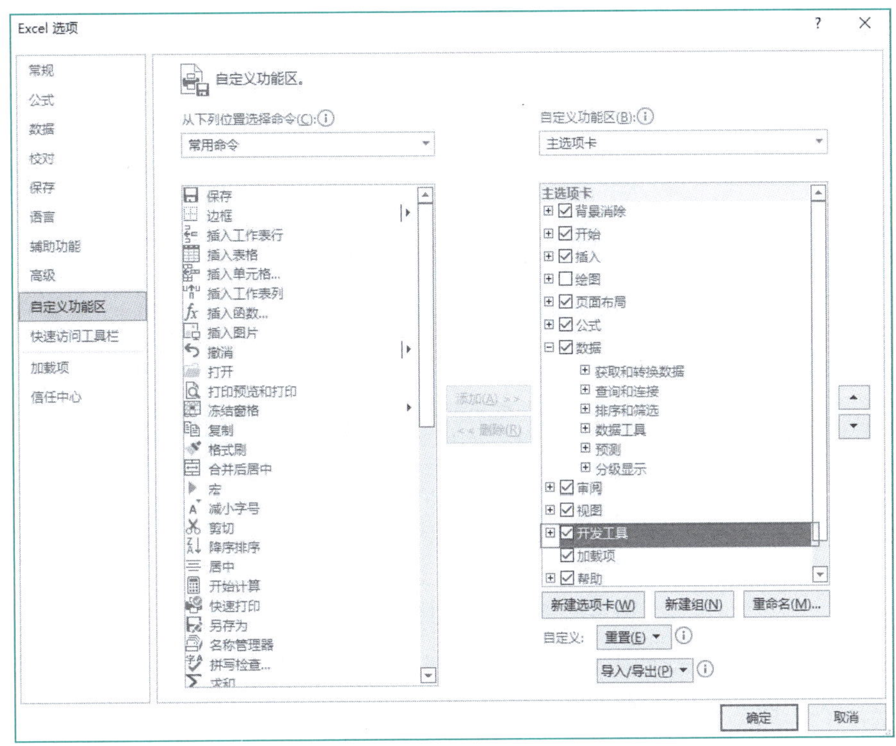

图 4-2 设置“开发工具”选项卡显示

回到 Excel 的界面，可以看到“开发工具”已经被添加上，如图 4-3 所示。

图 4-3 设置完成后的 Excel 界面

在“开发工具”选项卡中，单击“COM 加载项”按钮，如图 4-4 所示。

图 4-4 单击“COM 加载项”按钮

在弹出的对话框中，确认已勾选“Microsoft Power Pivot for Excel”复选框，如图 4-5 所示。

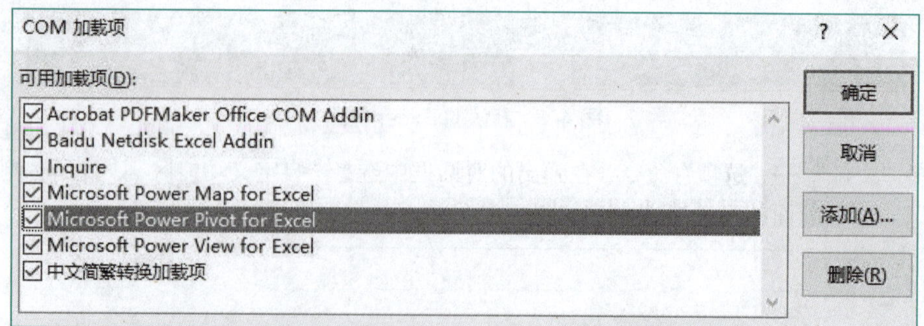

图 4-5　勾选“Microsoft Power Pivot for Excel”复选框

再次回到 Excel 界面，可以看到相关的“Power Pivot”选项卡已经被添加上，如图 4-6 所示。

图 4-6　设置完成后的界面

（6）进入“Power Pivot”选项卡，单击“管理数据模型”按钮，如图 4-7 所示。

图 4-7　单击“管理数据模型”按钮

（7）进入到 Power Pivot 的主界面，可以看到 Power Pivot 导入外部数据的方式有多种。每种不同方式针对不同类型的数据文件，因为本次是要处理 txt 文本文件，因此单击“从其他源”按钮，如图 4-8 所示。

视频资源

4-2　Power Pivot基础应用

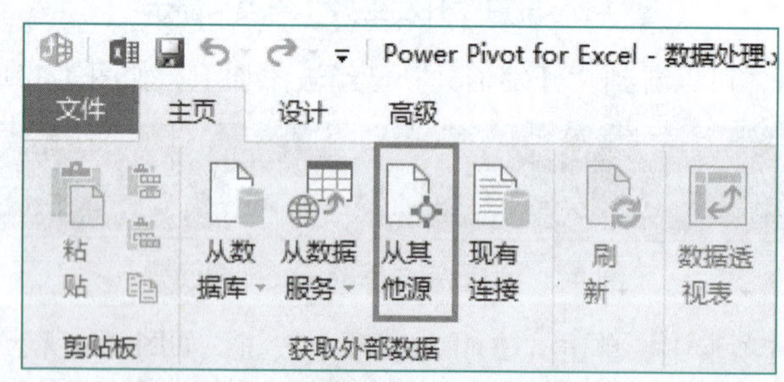

图 4-8　单击“从其他源”按钮

（8）单击后，在弹出的“表导入向导”对话框中，将滚动条拖动到最后，选择“文本文件”选项，如图 4-9 所示。

（9）在弹出的对话框中，单击“文件路径”后的“浏览”按钮，选择将要进行处理的 txt 数据文件，如图 4-10 所示。

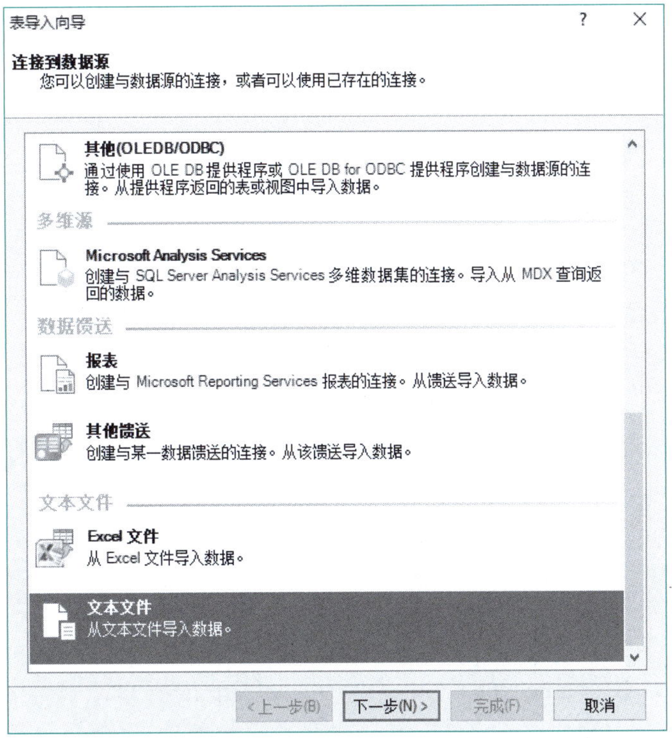

图 4-9 选择“文本文件”

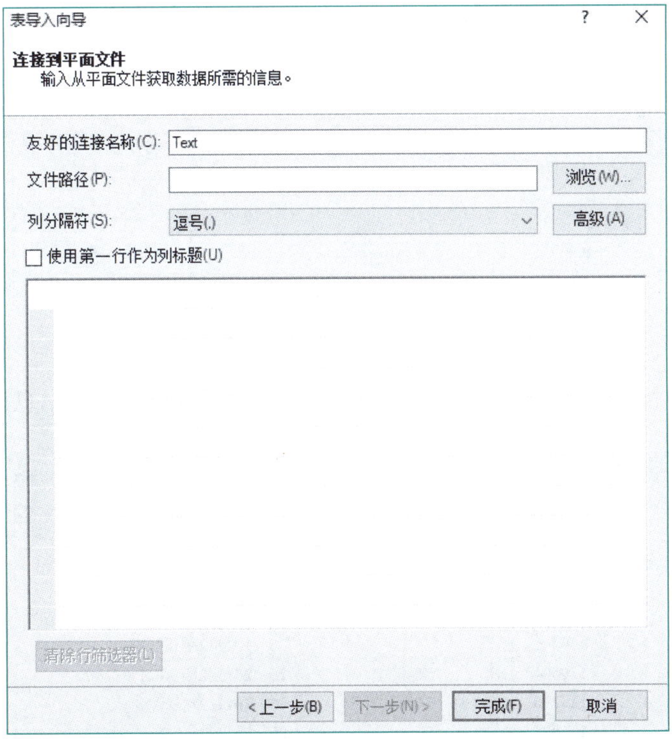

表导入向导

连接到平面文件

输入从平面文件获取数据所需的信息。

友好的连接名称(C): Text

文件路径(P): 浏览(W)...

列分隔符(S): 逗号(,) 高级(A)

☐ 使用第一行作为列标题(U)

清除行筛选器(L)

< 上一步(B) 下一步(N) > 完成(F) 取消

图 4-10 进行文件选择

（10）选定后，需要勾选“使用第一行作为列标题”复选框，在对话框下方会出现预览数据内容，直接单击“完成”按钮，如图 4-11 所示。

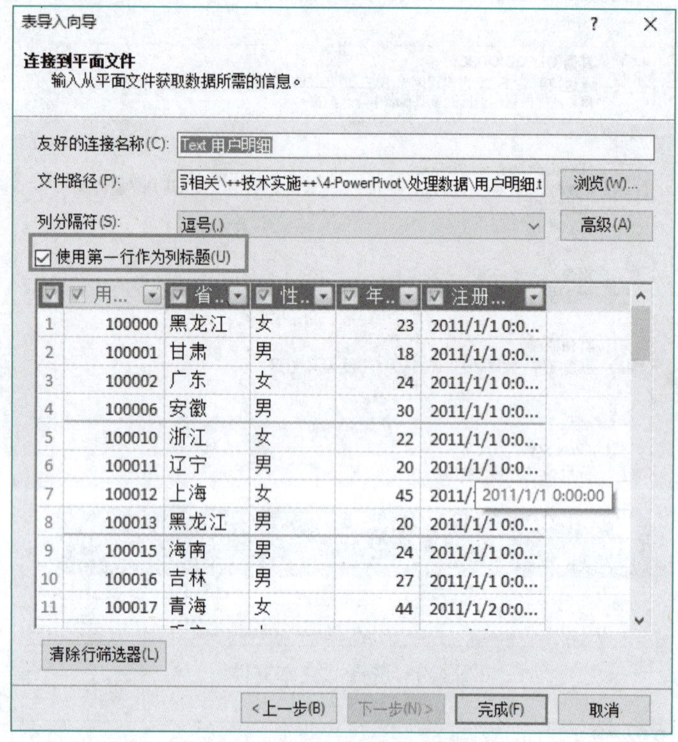

图 4-11　选定文件后的界面

导入完成后，会显示完成的结果内容，如图 4-12 所示。

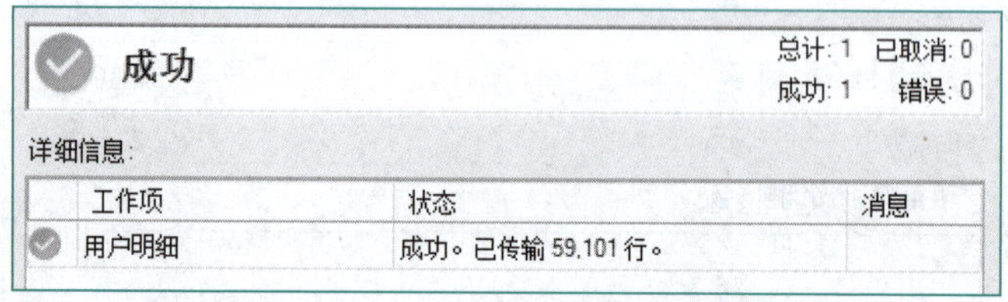

图 4-12　导入完成后的界面

单击“关闭”按钮后，回到 Power Pivot 主界面，可以看到相关数据信息内容显示出来，如图 4-13 所示。

[用户ID]　fx

	用户ID	省份	性别	年龄	注册日期	添加列
1	100270	上海	女	26	2011/1/5 0:0...	
2	100308	上海	女	26	2011/1/5 0:0...	
3	104542	上海	女	26	2011/1/20 0:...	
4	110449	上海	女	26	2011/2/2 0:0...	
5	110504	上海	女	26	2011/2/2 0:0...	
6	113396	上海	女	26	2011/2/8 0:0...	
7	115079	上海	女	26	2011/2/12 0:...	
8	115993	上海	女	26	2011/2/13 0:...	

图 4-13　显示导入数据的界面

（11）依据以上方式，将另一个 txt 信息文件进行导入，如图 4-14 所示。

	订单编号	订购日期	用户ID	产品	单价(元)	数量	订购金额	添加列
1	119000019	2020/9/1 0:0...	146853	产品A	100	1	100	
2	119000080	2020/9/1 0:0...	193738	产品A	100	1	100	
3	119000098	2020/9/1 0:0...	139984	产品A	100	1	100	
4	119000137	2020/9/1 0:0...	119243	产品A	100	1	100	
5	119000153	2020/9/1 0:0...	111489	产品A	100	1	100	
6	119000159	2020/9/1 0:0...	116903	产品A	100	1	100	
7	119000168	2020/9/1 0:0...	127674	产品A	100	1	100	
8	119000174	2020/9/1 0:0...	146291	产品A	100	1	100	

图 4-14　导入另外一个文件后的界面

（12）进行 2 个数据文件的连接。

单击“主页”选项卡“查看”组中的“关系图视图”按钮，如图 4-15 所示。

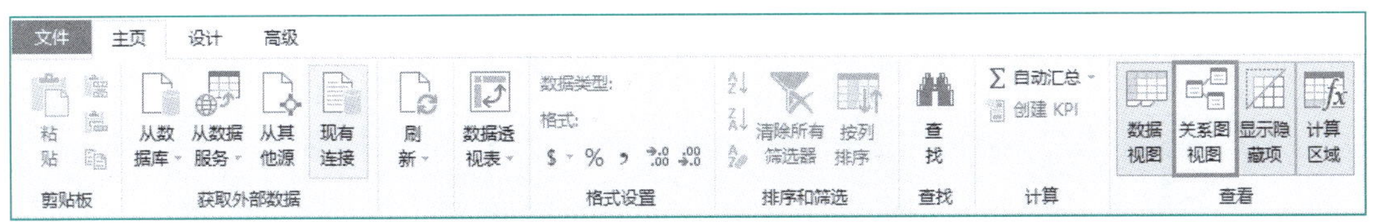

图 4-15　单击“关系图视图”按钮

进入视图后，将用户明细工作簿中的“用户 ID”拖动到“订购明细”的“用户 ID”上，如图 4-16 所示。

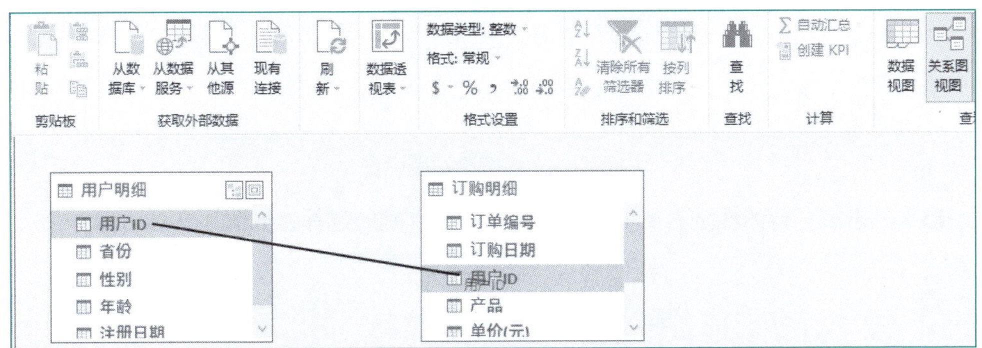

图 4-16　相同字段进行 2 个文件关联设置

（13）单击“数据透视表”按钮，将信息转换到数据透视表中进行处理，如图 4-17 所示。

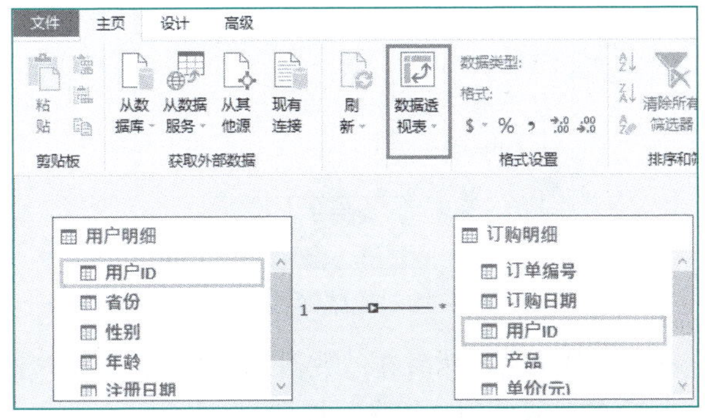

图 4-17　单击“数据透视表”按钮

（14）将“用户明细”的“省份”拖动到“行”，将“订购明细”的“订购金额”拖动到“值”，因为需要计算男性消费者的消费情况，需要进行筛选，所以需要将“性别”拖动到“筛选”中，如图 4-18 所示。

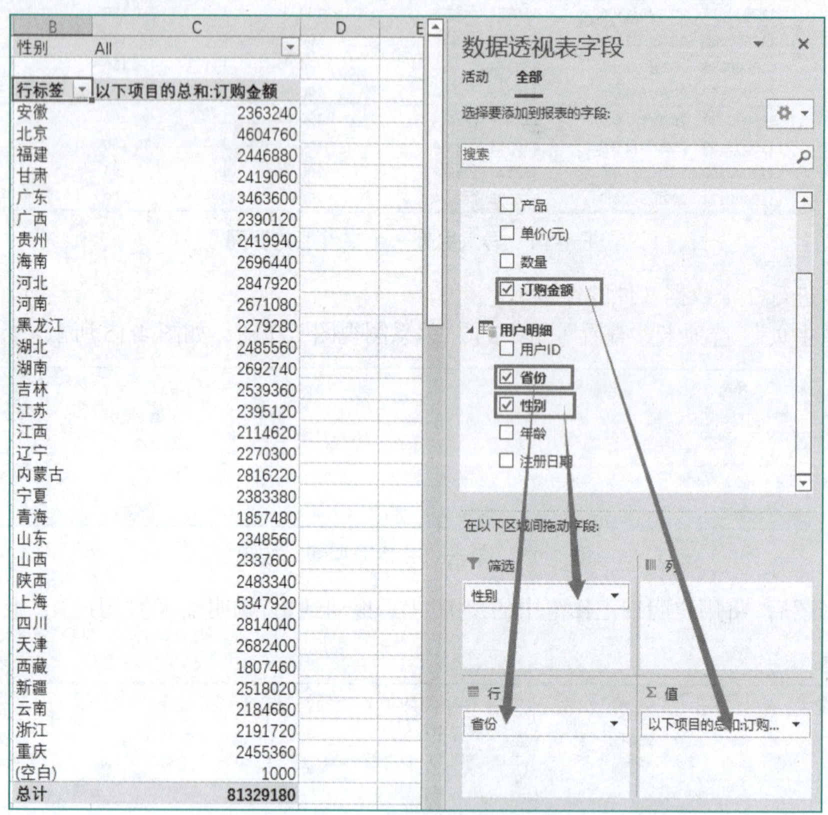

图 4-18 数据透视表设置

（15）单击第一行的性别右侧的下拉箭头，进行性别的选择，如图 4-19 所示。

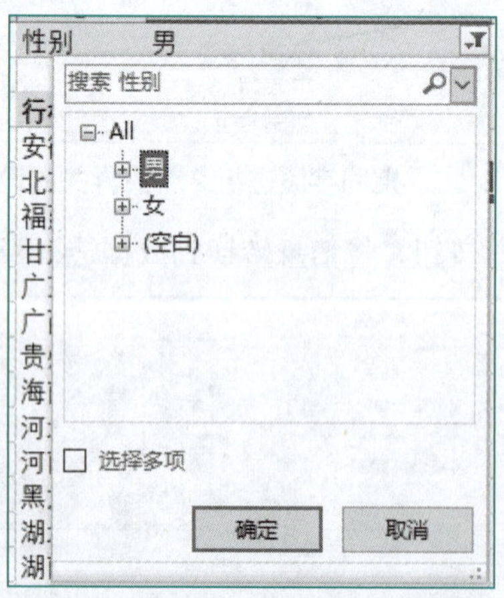

图 4-19 数据筛选界面

（16）在“订购金额”部分单击，然后在“数据”选项卡内单击“排序”按钮，进行数据排序，如图 4-20 所示。排序的时候使用“降序”排列。

最后显示的结果内容如图 4-21 所示。

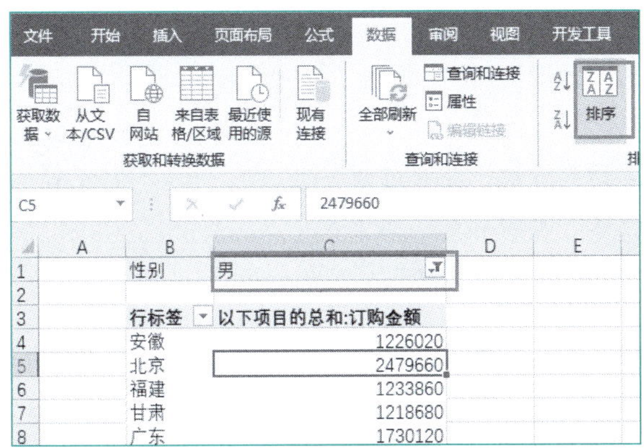

图 4-20 数据排序界面

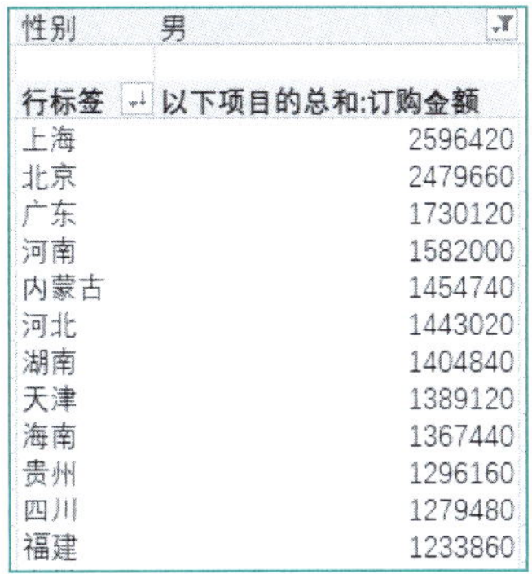

性别	男
行标签	以下项目的总和:订购金额
上海	2596420
北京	2479660
广东	1730120
河南	1582000
内蒙古	1454740
河北	1443020
湖南	1404840
天津	1389120
海南	1367440
贵州	1296160
四川	1279480
福建	1233860

图 4-21 最终显示数据界面

5. 数据可视化展现

可以在先前插入图表的基础上，选取当前数据透视表里面的两列内容，生成相关的柱形图，如图 4-22 所示。

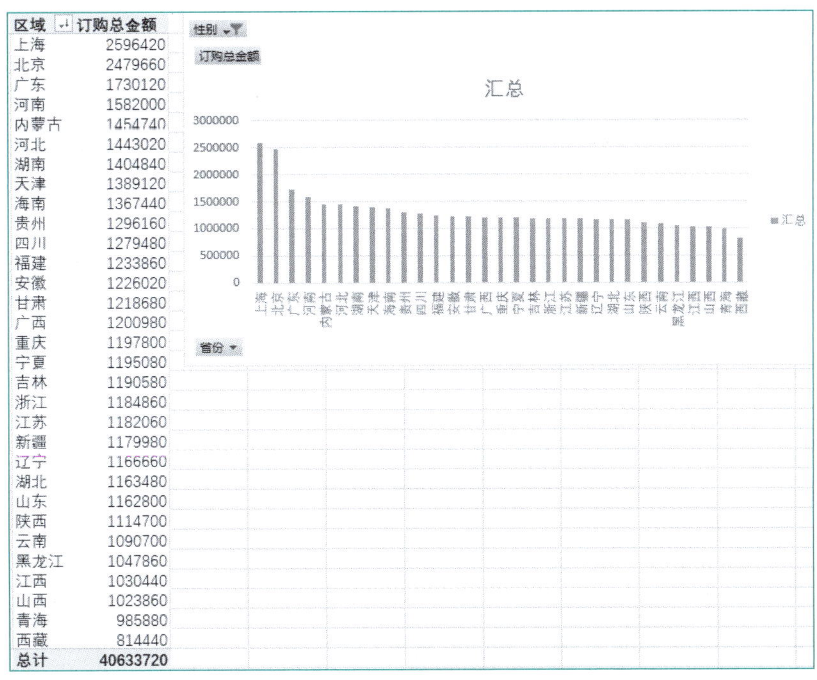

区域	订购总金额
上海	2596420
北京	2479660
广东	1730120
河南	1582000
内蒙古	1454740
河北	1443020
湖南	1404840
天津	1389120
海南	1367440
贵州	1296160
四川	1279480
福建	1233860
安徽	1226020
甘肃	1218680
广西	1200980
重庆	1197800
宁夏	1195080
吉林	1190580
浙江	1184860
江苏	1182060
新疆	1179980
辽宁	1166660
湖北	1163480
山东	1162800
陕西	1114700
云南	1090700
黑龙江	1047860
江西	1030440
山西	1023860
青海	985880
西藏	814440
总计	40633720

图 4-22 插入数据图表后的界面

6. 分析结果

依据图 4-22 展示结果可以看出，相关商品在上海和北京销售最好，上海与北京构成了消费群体的第一个梯队。销售团队可以据此并结合其他数据分析具体原因，结合企业相关发展规划制定下一步业务拓展计划。

同步训练

依据以上内容，请制作 30 岁以下女性消费群体的各地区消费情况。

能力检测

一、单选题

1. 以下关于页面浏览量正确的是（　　）。
   A. 可以被简写为 UV
   B. 如果在指定时间内一个访问者访问多次，会被记录一次
   C. 在指定时间内，用户每刷新一次，页面就被记录一次
   D. 在指定时间内，用户访问更换一次，会被记录一次
2. 下列选项中，（　　）是千人成本的英文缩写。
   A. CPC　　B.CPM　　C. CPA　　D.CPD
3. 以下对于老客户认识正确的是（　　）。
   A. 对企业来说，新客户更重要，老客户可以不用太关注
   B. 相对于新客户，老客户的维护成本更高
   C. 新客户访问店铺并和客服进行互动后就可成为老客户
   D. 老顾客分析通常会从老顾客数量、消费行为、重复购买率和活跃度等维度进行
4. 老客户留存率是随着时间拉长而降低，通常可以分为（　　）三个阶段。
   A. 振荡期、过渡期、平稳期
   B. 振荡期、选择期、平稳期
   C. 平稳期、观察期、过渡期
   D. 振荡期、观察期、平稳期
5. 有关客户行为表现的描述正确的是（　　）。
   A. 客户产出价值就是买了几件商品
   B. 客户活跃度就是每次客户下单付款率
   C. 无须持续跟踪客户对店铺的持续访问情况
   D. 产出价值是根据网站的业务衡量客户创造的价值

二、判断题

1. 消费者行为是在一定目标引导下，受到各种心理动机驱使的。（　　）
2. 消费者行为包含多种不同活动，在其过程中的角色是一样的。（　　）
3. 研究消费者行为的意义有助于消费者采取理性而成熟的消费行为。（　　）
4. 使用 Power Pivot 的时候，无须设置，直接打开 Excel 就可使用。（　　）
5. Power Pivot 只能针对 Excel 表格中的数据进行处理。（　　）

行业观察：各地如何开展数字政府建设？

北京：实现城市运行管理“一网统管”

北京市提出一体建设数字政府、数字经济、数字社会。构建标准化的城市基础信息编码体系，推进泛在有序的城市感知体系初具规模，实现城市运行管理“一网统管”。实施“十百千”工程，重点发展智慧交通、智慧市政、智慧教育、智慧医疗、智慧养老，提升民生领域智能化服务水平，解决好老年人运用智能技术的“数字鸿沟”问题，创造普惠便捷的智慧生活。

上海：打造“网购型”政务服务城市

上海市提出，推进治理数字化。深化“一网通办”，实现公共服务事项接入基本覆盖、高

频事项“一件事一次办”基本覆盖，强化市民主页、企业专属网页主动提醒及精准推送的服务功能，加快打造“网购型”政务服务城市。深化“一网统管”，加快智能传感器布设，推出一批新的应用场景，推进线上线下业务流程协同再造，像绣花一样精细管理城市。推动“两张网”融合发展，促进数据汇聚共享、业务相互赋能、功能深度融合。

浙江：推出 100 项“智能秒办”事项

浙江提出推进数字化改革。深化“掌上办事”“掌上办公”“掌上治理”，推进政务服务“一网通办”，推动“一件事”集成改革，推出 100 项“智能秒办”事项。加强政府数字化项目统筹，持续完善“浙里办”“浙政钉”“浙里督”，建设一批省域空间治理、风险防范、综合执法等多业务集成协同应用项目，依靠现代科技手段推进高效协同。加快建设“智慧城市”“数字乡村”，让城市和乡村更“聪明”。

河南：打造指尖上的政务、屏幕上的民生

河南提出加强数字社会建设，深入推进数字技术在城市治理、乡村振兴、生活服务等方面的广泛应用，加快以省辖市为主体的“城市大脑”中枢平台建设，培育具有示范带动作用的数字生活新服务标杆城市。提升数字化治理水平，建成省市数字政府云，全面实现政务服务“一网通办”、社会治理“一网通管”、政务数据“一网通享”，打造指尖上的政务、屏幕上的民生，让千家万户享有更加智能便捷的生活。

广东：实施“一网统管”三年行动计划

深入推进“数字政府”建设。完善粤东粤西粤北政务信息化基础设施，全面完成地市政务大数据中心和云网建设。推进省市两级数据资源共享平台对接联通，提升省级一体化政务服务平台应用，实施“一网统管”三年行动计划，在经济运行、自然资源、环保、水利、应急等领域取得标志性成果。推进政务服务事项标准化，优化再造业务流程。加快线上线下政务平台整合，拓展“粤省事”“粤商通”“粤政易”应用范围和服务功能，推进“粤平安”“粤政图”等平台建设，推动更多事项“一网通办”，基本实现教育、社保、医疗和企业登记、经营许可等高频事项“跨省通办”。

（资料来源：人民邮电报）

直通职场：大学生面试，情绪紧张怎么办？

不管是内向生还是外向生，在面试这样一个足以决定职场机遇的场合，不紧张是不可能的。这就像是我们去参加一场辩论赛，即便是提前做了非常充分的准备，轮到自己发言或是表态的关键时刻，心中也必然会忐忑不安。区别只是，有些人只是心跳加速，有些人却会手脚冰凉，大脑一片空白。那么应该如何克服这些负面情绪呢？

首先要认清自我，建立自信。建立自信的最好方式，就是在优势领域不断突破。因此，想要在毕业后求职顺利，大学生就要在平时做好自身的心态调节，在自己的优势领域精益求精，尽可能获得专业老师和机构的认可，最好能拥有可以用来展示阶段性成果的证书和资质，这样在面试中，可以使自己更加自信和淡定。

其次需要进行充分准备。我们要在面试前，将面试官有可能问到的问题作出预判、分析和思考，然后加以准备。

其一，是两分钟的自我介绍。

其二，是关于学业成绩、兴趣爱好和实践经历的介绍。

其三，是当前应聘公司的背景资料、行业前景和岗位职责。

对于以上这三点，应聘者不但要查清楚、记牢固，还需要在同学和朋友面前反复演练，力求达到发挥自如和语速流畅的程度。当然最重要的是，要在自我介绍和回答问题时，自信而大方地展现出自我的闪光点和个人风采。如果在性格、口才上缺乏自信的同学，不妨在文稿资料和模拟演练上下功夫。

因此，对面试感到头疼的求职者，就不要满足于简单列好的应答提纲了，最好是将面试中用到的演讲词一字一句地写到笔记本上，先对着稿子读两遍，然后脱稿练习，这样的目的是通过你的思考和记忆，不断将演讲词调整和打磨成熟。

等到演练六七次以后，如果你感觉演讲词已经问题不大了，那就可以反复诵读然后背诵，必须做到不看稿子也能够从头至尾演讲的程度，才能保证你在面试现场，即便是紧张惶恐，也能够凭借头脑或肌肉记忆，将原先设定好的演讲词和设计好的闪光点顺畅流利地表现出来。

（资料来源：《教育思享》）

素质园地：《中华人民共和国个人信息保护法》

2021 年 8 月 20 日，十三届全国人大常委会第三十次会议表决通过《中华人民共和国个人信息保护法》（以下简称《个人信息保护法》），自 2021 年 11 月 1 日起施行。《个人信息保护法》是一部保护个人信息的法律条款，涉及法律名称的确立、立法模式问题、立法的意义和重要性、立法现状及立法依据、法律的适用范围、法律的适用例外及其规定方式、个人信息处理的基本原则、与政府信息公开条例的关系、对政府机关与其他个人信息处理者的不同规制方式及其效果、协调个人信息保护与促进信息自由流动的关系、个人信息保护法在特定行业的适用问题、关于敏感个人信息问题、法律的执行机构、行业自律机制、信息主体权利、跨境信息交流问题、刑事责任问题，对个人及行业有着很大的作用。

个人信息保护可以通过数据库安全的技术手段实现，核心数据加密存储，通过数据库防火墙实现批量数据防泄露，也可以通过数据脱敏实现批量个人数据的匿名化，通过数字水印实现溯源处理。

人脸识别在交通管理与执法、政务服务与社会治理等多方面提供了高效的手段，同时也引发了人们对收集和处理人脸信息等生物识别信息边界的关注。我国《个人信息保护法》要求，在公共场所安装图像采集、个人身份识别设备，应当为维护公共安全所必需，遵守国家有关规定，并设置显著的提示标识。所收集的个人图像、身份识别信息，只能用于维护公共安全的目的，不得用于其他目的；取得个人单独同意的除外。由于敏感个人信息与自然人的人格尊严等基本权利、重大人身利益和财产利益具有极为密切的联系，对此类个人信息的处理会对自然人的基本权利和人身财产安全产生重大风险，我国《个人信息保护法》对敏感个人信息的处理进行了专门规定。敏感个人信息的保护是我国《个人信息保护法》的重要内容之一。

（资料来源：根据相关资料整理）

学习笔记

任务评价

班级：________________ 小组：________________

姓名：__________ 学号：__________ 综合评分：__________

序号	任务内容	实施结果自评	小组互评
1	正确打开 Power Pivot		
2	正确导入文本数据文件		
3	创建文件数据关系		
4	导出数据透视表		
5	拖动正确字段到相应位置		
6	插入柱状图		

学习小结：

教师评语：

评量标准

项　　目	1～4分	5～7分	8～10分
任务完成度	仅能部分完成任务内容，或任务内容完成有缺陷	可以基本完成任务规定内容，没有个人见解和活用效果	全面完成任务，并且有个人见解，能够举一反三
语言表达	语言不连贯，无法对完成内容进行清晰说明。仅可对部分任务内容进行性说明	能够对完成任务进行全部内容说明，语言表达基本连贯清晰	能够对完成内容进行非常流利的表述，并能够联系其他关联知识进行说明
学习态度	仅能保证基本到场参与，与同学和老师沟通交流少，缺乏学习积极性	能够保证课堂上与同学和老师互动，可以完成老师课堂布置的相关任务	积极参与课堂活动，并能够主动帮助同学解决学习问题，帮助老师进行教学活动

总结反思

1. 研究消费者行为有什么意义？

2. 消费者分析都有哪些关键的分析指标？

3. 获取新客户来源主要可以通过哪些方式？

4. 如何进行有效的老客户分析？

模块五

市场经营环境分析

模块导读

本模块主要针对企业的市场经营环境进行数据分析，分别从市场数据分析基本认知、行业发展、竞争数据分析三个方面进行说明。侧重对企业的外部环境进行全方位扫描掌控，协助企业掌握周边经营环境特点，便于结合自身状况制定相应经营发展策略。

学习目标

【知识传递】

◎掌握市场数据分析的内容和意义。

◎掌握行业发展分析的特点。

◎掌握市场需求和目标客户分析的多个不同维度。

◎了解如何进行竞争对手识别。

◎掌握竞争店铺分析方法。

◎掌握竞争商品分析方法。

【能力培养】

掌握 Power BI 的基本使用技巧。

【价值引领】

加深对数据合法采集、合法使用的认识。

思维导图

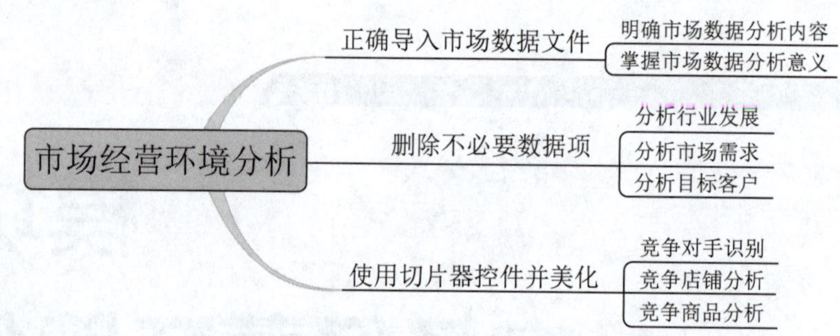

引入案例 eBay 的分析平台

早在 2006 年，eBay 就成立了大数据分析平台。为了准确分析用户的购物行为，eBay 定义了超过 500 种类型的数据，对顾客的行为进行跟踪分析。eBay 分析平台高级总监说："在这个平台上，可以将结构化数据和非结构化数据结合在一起，通过分析促进 eBay 的业务创新和利润增长。"

eBay 行为分析：在早期，eBay 网页上的每一个功能的更改，通常由对该功能非常了解的产品经理决定，判断的依据主要是产品经理的个人经验，而通过对用户行为数据的分析，网页上任何功能的修改都交由用户去决定。"每当有一个不错的创意或者点子，我们都会在网站上选定一定范围的用户进行测试。通过对这些用户的行为分析，来看这个创意是否带来了预期的效果。"

eBay 广告分析：更显著的变化反映在广告费上。eBay 对互联网广告的投入一直很大，通过购买一些网页搜索的关键字，将潜在客户引入 eBay 网站。

（资料来源：CDA 数据科学研究院）

问题引导：

请简要描述 eBay 的大数据分析平台是如何运作的。

知识准备

一、市场数据分析

（一）市场数据分析的内容

市场数据分析是指为了一定的商业目的，对市场规模、市场趋势、市场需求、目标客户、竞争态势等相关数据所进行的分析，通过对多方面、多维度的数据进行分析并统合，可以形成一个综合性的参考依据，有利于企业进行决策，如是否应进入该行业、如何制定市场营销策略、如何确定销售目标等。

一般情况下，除了对市场数据进行企业的外部环境分析，还需要结合企业内部相关状况，比如企业自身的资金状况、人才储备状况、自身优势等内容。内部和外部数据信息相结合，然后再开展相关的市场活动，成功率较高。本模块主要从外部市场环境对影响企业经营发展进行分析。

关于行业发展和市场竞争，需要关注有“竞争战略之父”之称的美国哈佛大学教授迈克尔·波特，以及他的著名的五力分析模型。

波特的五力模型将大量不同的因素汇集到一个简单的模型中，以分析一个行业的基本竞争状况。五力模型确定了五种主要的竞争来源，即供应商和买方的议价能力、潜在进入者的威胁、替代品的威胁，最后是同一行业的公司之间的竞争（见图 5-1）。竞争战略源于对决定产业吸引力的竞争规律的深刻理解。在任何行业，无论是国内还是国际，无论是生产产品还是提供服务，竞争法则都将体现在这五种竞争力中。因此，波特五力模型是企业制定竞争战略时经常使用的战略分析工具。

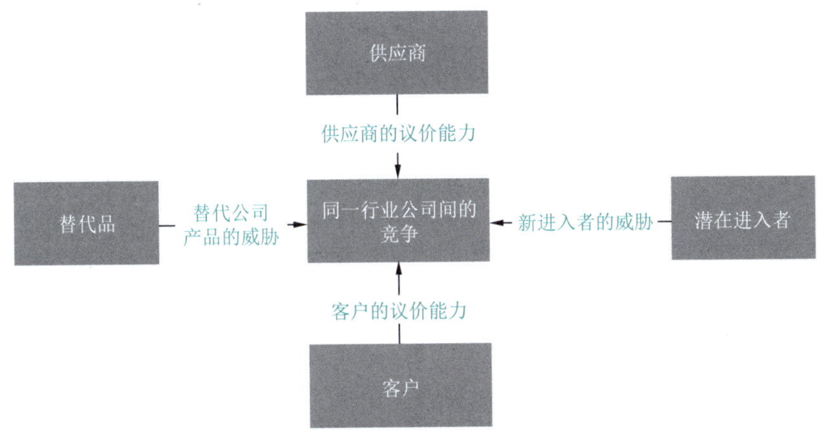

图 5-1 波特的“五力模型”

波特五力模型用于分析企业的竞争战略，可以有效地分析企业的竞争环境。它是对一个行业的盈利能力和吸引力的静态横截面扫描，显示该行业企业的平均利润空间。因此，它是对行业状况的衡量，而不是对企业能力的衡量。一般来说，这种分析方法也可以用于创业分析，以揭示企业在行业或行业中有什么样的利润空间。

相关的数据信息分析可以分为以下两个方面：

1. 行业数据分析

行业是由众多提供同类或相似商品的企业构成的群体。通过对行业的宏观或微观分析，如行业集中度、行业市场规模、商品销售周期、客户对品牌和属性偏好等，可以判断公司选择的行业是否有良好的发展趋势，了解整个行业，寻找企业业务发展机会，明确企业市场进入的突破口。

2. 竞争数据分析

相关竞争数据主要针对在同一行业中其他经销相同商品的竞争公司、具有替代作用的商品经营者，以及潜在进入者的威胁。在信息透明的互联网时代，通过各种技术手段，解决了以往无法进行充分采集竞争数据的难题。虽然至今在数据采集上受到多种条件制约，但相比以往传统商务经营，公司经营管理者已经可以最大限度获取竞争数据信息，进行精准经营策略制定。对此需要企业积极投入到竞争环境中，通过数据分析，了解自身的优势和差距，积极应对时代变革。

（二）市场数据分析的意义

进行市场数据分析的重要作用和意义主要体现在以下几个方面：

（1）企业可以及时通过数据分析预测市场行情，发现新的市场机会，并根据数据反馈及时有效地调整市场或品牌战略，开拓潜在市场。

（2）解决信息不对称问题，为企业的经营决策提供参考依据，使决策的信息更充分，提高经营决策科学性和有效性。

（3）帮助企业发现经营中存在的问题，排查问题原因，并找出解决方法。

（4）内外数据整合，提升市场竞争优势，通过以大数据分析为基础的智能决策系统的构建，可以为企业快速响应市场变化、调整经营策略起到充分的辅助作用。

二、行业数据分析

（一）行业发展分析

行业发展分析主要围绕着行业的发展现状展开，包括行业集中度分析、市场趋势分析、市场容量分析等。

1. 行业发展背景及驱动因素

对于将要进入的行业或者是想要在当前所在行业中有所发展的企业，都要对本行业相关发展背景和驱动因素进行探究。探究过去，是为了找到相关发展规律，从而进行相关的行业发展创新，积极主动应对变革发展。

因为是历史性资料的收集整理，相关行业数据信息的获取相对方便。可以通过各种数据统计平台和渠道，综合性地信息获取。

信息获取后，关键的操作在发展规律的分析和驱动发展因素的发掘中。此间需要使用相关的数据分析算法并结合具体业务知识进行本质性问题的探寻。此过程中切忌表面化，一定要把工作做到深入，如此得出的结论才能够有力推动企业自身在行业中的发展。

2. 行业发展现状分析

1）行业集中度分析

行业集中度（Concentration Ratio）又称行业集中率或市场集中度（Market Concentration Rate），是指某行业的相关市场内前 N 家最大的企业所占市场份额（产值、产量、销售额、销售量、职工人数、资产总额等）的总和，是对整个行业的市场结构集中程度的测量指标，用来衡量企业的数目和相对规模的差异，是市场势力的重要量化指标。行业集中度是决定市场结构最基本、最重要的因素，集中体现了市场的竞争和垄断程度，经常使用的集中度计量指标有：行业集中率（CRn 指数）、赫芬达尔－赫希曼指数（Herfindahl–Hirschman Index，HHI）、洛仑兹曲线、基尼系数、逆指数和熵指数等。

行业集中度指数是最常用的测算方法，它以产业（行业）内规模最大的前 N 家企业的相关数值（如销售额、增加值、职工人数、资产总额等）占整个产业（行业）的份额来表示产业（行业）的集中程度。电商企业在进行行业集中度分析时，可以使用淘宝的生意参谋进行相关数据获取。进入生意参谋采集选定行业排名前50位品牌的交易指数。通过交易指数和交易金额，即可计算出各自的市场份额，进一步完成行业集中度计算。

赫芬达尔－赫希曼指数简称赫芬达尔指数，是一种测量产业集中度的综合指数。它是指一个行业中各市场竞争主体所占行业总收入或总资产百分比的平方和，用来计量市场份额的变化，即市场中厂商规模的离散度。该指数数值越小，说明行业集中度越小，趋于自由竞争。例如：

拼多多成功推动此指数从 2017 年的 70%，下降至 2018 年的 53%，如图 5-2 所示。

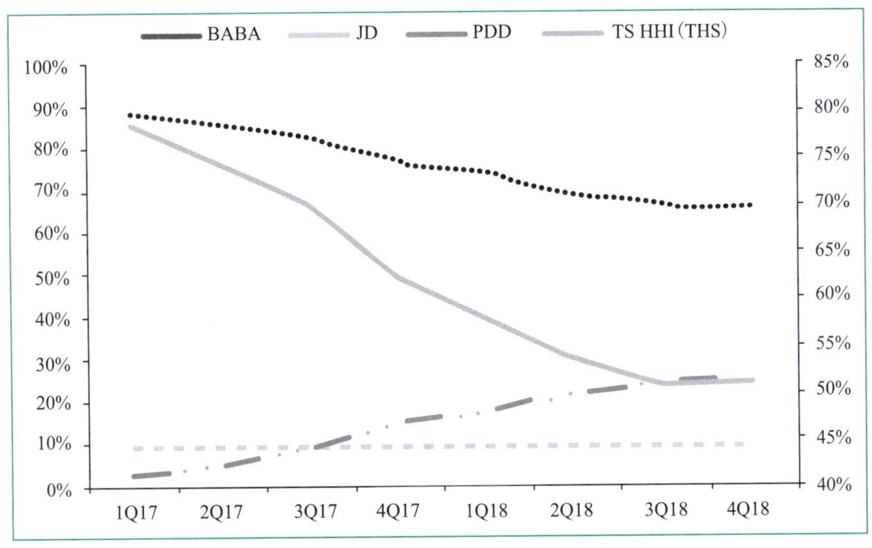

图 5-2 赫芬达尔指数

2）市场规模分析

市场规模主要是研究目标产品或行业的整体规模，具体包括目标产品或行业在指定时间的产量、产值等。根据不同的市场情况，可以采用不同的研究分析方法。

当目标市场应用领域众多，消费较为分散时，一般采用从供应端和专家处得到的信息和数据，并以此进行市场评估。

当应用领域较为集中，市场较为单一时，可以采用从消费端进行分层抽样再进行数据汇总。

当供应和消费行业都较为集中，垄断情况较为突出时。可以同时采集供应端和消费端数据，并进行数据交叉验证。

相关数据的获取，尽可能覆盖面广，并且要求有一定的时效性，为此需要从多方面进行数据信息采集。具体采集方式和手段可以参考前面所述内容进行操作实施。

图 5-3 所示为 2014—2020 年汽车芯片市场规模。

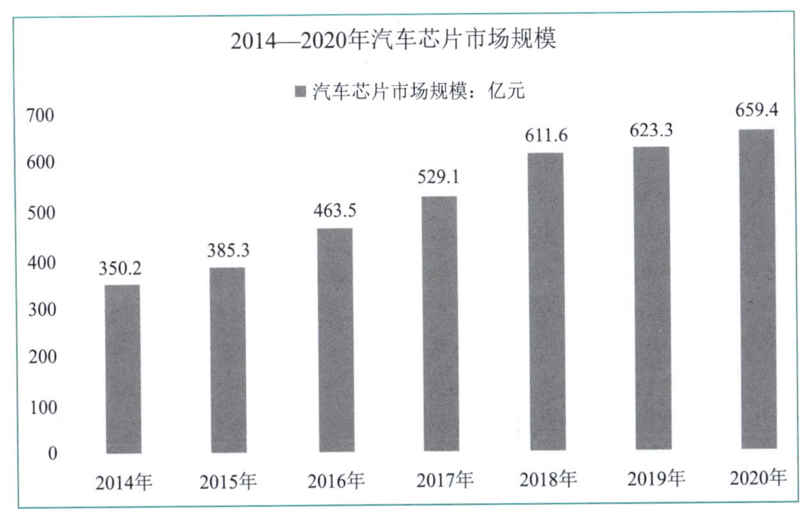

图 5-3 2014—2020 年汽车芯片市场规模

对于一些中小企业，其实力规模和资金持有量往往决定其进入的市场应该是细分市场，也就是子行业市场。子行业市场是相当于父行业市场而言的，是父行业市场的一个细类目划分。比如手机行业就可以在相关父行业市场下划分为手机主机、手机充电器、贴膜、数据线、移动电源、手机壳、创意配件等子行业市场。汽车芯片分为计算控制类芯片、传感器芯片、功率半导体芯片、其他芯片等。企业需要从中选出有销售前景、市场容量大的子行业，并进一步确定行业品类切入方案，制定合理的品类上新计划。可以通过生意参谋采集行业构成数据。通过采集的数据可以清晰了解到所有子行业支付金额。图 5-4 所示为 2020 年汽车芯片细分市场规模占比。

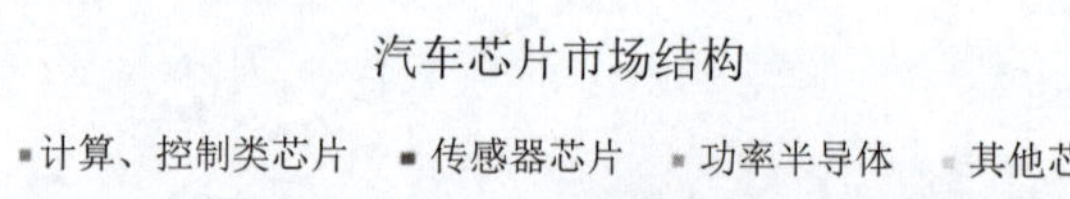

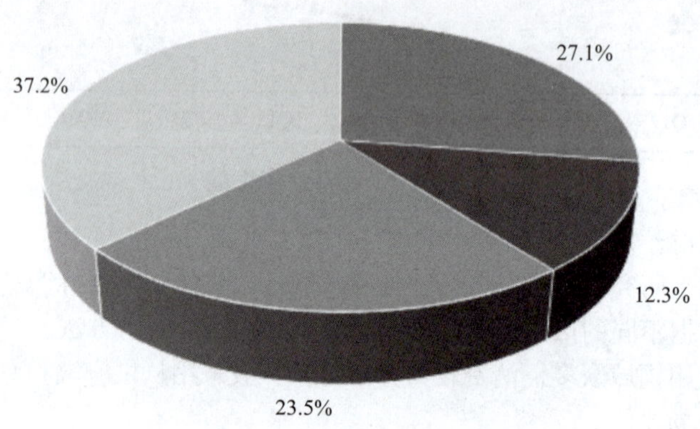

图 5-4　2020 年汽车芯片细分市场规模占比

3. 市场趋势分析

根据相关数据，判断当前行业市场所处的地位。相关的行业发展阶段主要包括萌芽期、成长期、爆发期、衰退期。不同时期采取的方式和对策也是不同的。企业需要依据选定行业所处的发展阶段，制定企业未来的运营计划。

由于市场趋势分析需要了解过去的市场情况，因此在进行市场趋势分析时，行业研究报告必不可少。行业研究报告一般是通过专门机构对特定行业的长期跟踪监测，对行业的整体状况和发展趋势进行分析，其中包括行业生命周期、成长和盈利空间、行业演变趋势等。数据分析人员通过研读行业研究报告，从中发掘反映行业市场趋势的关键数据信息，并根据这些信息预测未来的市场发展。由于受到发展趋势调查成本的影响，调研报告的质量和获取成本有很大差距。企业可以根据自身需要进行适当选取。

如通过研读 2021 年中国直播电商行业研究报告，可以发现直播行业增速不断提升，增长率趋于平稳，由此可以判断直播电商市场是一个处于健康成长阶段的行业，未来发展空间广阔。另一方面，也可以从渗透率折线图看到，直播带货营销方式已经快速渗透到网购市场中，相关发展呈现快速增长态势，可以成为企业未来发展的突破口。需要注意的是，如果行业处于衰退期，则说明该行业发展空间有限，需谨慎进入。

图 5-5 所示为 2018—2023 年中国直播电商市场规模，图 5-6 所示为 2018—2023 年中国直播电商市场渗透率。

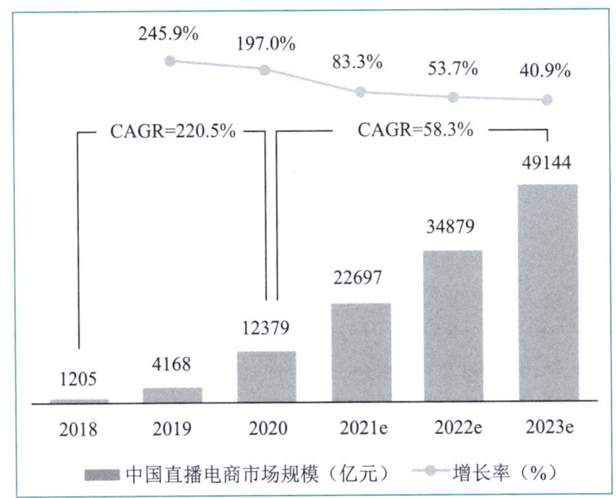

图 5-5　2018—2023 年中国直播电商市场规模

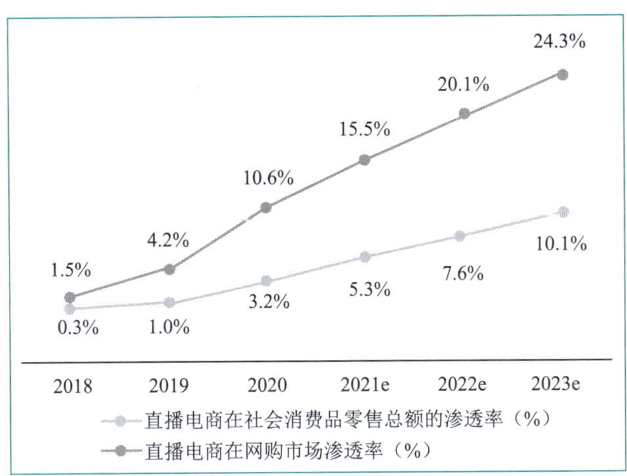

图 5-6　2018—2023 年中国直播电商市场渗透率

（二）市场需求分析

市场需求反映的是在一定时期和地区内，客户对计划购买的商品所表现出的各类需求，包括品牌质量、规格型号。如果企业经营的商品或服务不能适应客户的这些需求，商品就有可能存在滞销，因此需要提前收集并分析目标市场消费者的各类需求，做好需求变化趋势及客户品牌价格属性偏好分析。

电商企业在运营时需要关注市场需求量变化趋势，以便为后期的商品布局提供参考依据。市场需求会根据不同产品的特点受到不同维度因素的影响。因此需要具体商品具体分析。一般情况下服装类商品受到季节影响较大。而一些具有明显节日特点的食品和装饰物品，受到节假日影响较大。另外，大部分价格敏感类商品受大促活动影响较大，如双十一、618 等。

在进行需求量变化趋势分析时，可在较大的市场范围内综合采集行业的采购指数。1688 采购指数是根据在 1688 市场里所在行业的搜索频繁程度计算而成的一个综合指数。指数越高，则表示在 1688 市场的采购量越多。通过以图 5-7 可以发现，面料为法兰绒和针织的孕妇套装采购量最多，市场消费需求量较大。在款式方面，市场偏重于新款、时尚超人和创意款。

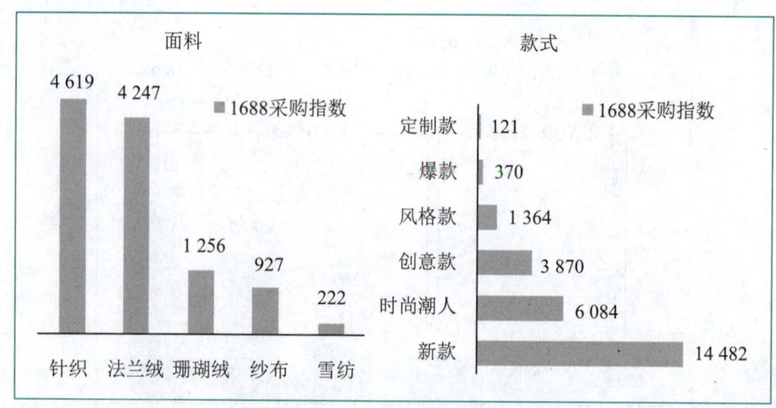

图 5-7　2020 年 10 月中国孕妇套装营销数据分析

根据市场分析数据，企业可以根据自身的特点并结合供应商，以及物流仓储货运、生产情况进行上新时间规划安排，不同商品会有不同准备时间。企业需要依据自身和行业特点进行合理规划，争取在市场竞争中获得优势。后期进入正式运营后，除了行业数据外，电商企业还需要结合不同品类销售数据进行分析。提前做好下一阶段的品类更替规划安排。

（三）目标客户分析

目标客户是指需要企业的产品或服务，并且有购买能力的客户，是企业提供产品服务的对象。确定了目标客户的属性，才能进一步展开具有针对性的营销举措。

在进行目标客户分析时，可以通过阅读第三方调研机构发布的目标客户的消费行为白皮书来加深对目标客户的了解。还可以通过百度指数、360 趋势等了解目标客户画像。此外，为了目标客户分析更精准，需要结合选定的电商平台进行行业目标客户分析。

1. 目标客户年龄分析

不同商品受到目标客户群体年龄的影响程度是不一致的。不同的年龄层次涉及目标客户群体的社会生活状况也不同。未成年人由于没有独立经济来源，往往会在消费上受到父母的影响制约较大。青少年时期，受到学业与求职、就业压力等影响，消费资金不充分，形成了这一年龄段的消费特点。中年职业稳定期，虽然收入生活较为安定，但受到赡养老人和子女教育等问题影响，以及不同职业分布的收入不均等的制约，相对情况会比较复杂。老年人受到年龄、心理因素影响较大，加上自身身体健康等问题，对某些商品服务的消费观念会比较传统，受到外界产品引导影响较小。

从图 5-8 可以看到，针对碳酸饮料市场，只有年龄低于 30 岁的年轻人和儿童才是碳酸饮料的真正目标消费群体，因此，如果企业想要以碳酸饮料作为主营产品，就必须在产品研发、包装设计、价格设定等方面进行营销策略设置。在这样的背景下，我们可以看到，国内外各大饮料集团公司在碳酸饮料的外包装设计上往往都会采用卡通和富含年轻活力、倡导自由的主题。在价格定位上往往也多是几元钱，正好迎合相关目标消费群体的特征。

2. 目标客户职业分析

除了年龄之外，目标客户职业分析也不容忽视。我们可以看到，目标消费者，每日的绝大部分时间都是在自己的工作岗位度过，无论其从事什么样的职业。因此，如果企业销售的商品与目标客户日常工作环境有交集，就必须考虑相关的目标客户职业状况。比如，职业服装、办公用品、咖啡饮品等。只有充分考虑到产品在目标客户群体的实际应用状况，并以此为基础进行产品设计和营销策略制定，才能获得更好的产品销售业绩。

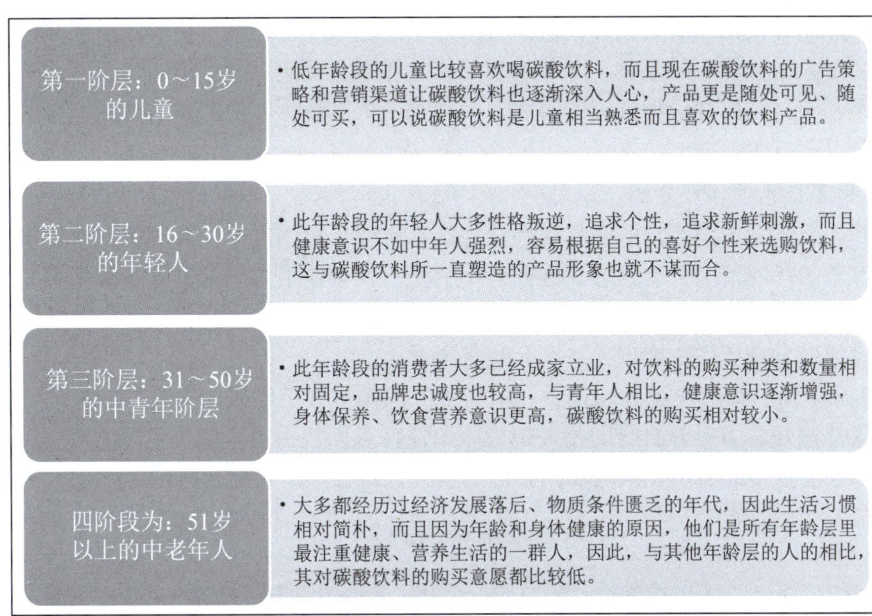

图 5-8 碳酸饮料目标消费群与不同年龄层次的消费特点

3. 目标客户地域分布分析

不同的地理分布决定了多个不同地域的人群对相关商品的态度和购买欲望、消费理念的不同。因此相同的商品，在进行不同地域销售的时候，必须考虑到当地人群的文化和生活习惯，对自身商品进行适应性的调整，以此来适应当地的消费方式和生活习惯，才有可能在当地获得较高的市场占有率。决不能全国上下一盘棋，无差别的一刀切方式，必然导致公司商品在某些地区的滞销。

4. 目标客户品牌偏好分析

为了增大企业产品对目标客户群体的黏性，在进行广告宣传时，大中型企业往往会关注企业品牌的宣传。品牌偏好是品牌力的重要组成部分，指某一市场中客户对某些品牌的喜爱程度。品牌偏好是多个因素综合影响客户态度的结果。客户如果对某品牌产生了好感，往往会关注其积极正向一面，而对于某些瑕疵和不足往往会忽略，并且具有一定的排他性，在竞争市场上通过品牌效应增强目标客户的忠诚度。这也是广大企业关注品牌效应的一个原因。

为了获取竞争优势，后进企业需要认真分析目标客户群体的品牌偏好，通过数据，分析竞争对手的品牌战略以及目标客户偏好形成的过程原因，对于构建自身的品牌效应、吸引相关的产品用户有很重要的作用。

5. 目标客户价格偏好分析

市场价格是商品价值的货币表现，我国施行市场经济后，相关的商品价格设定逐步放开，大部分情况下，商品价格都是由相关的市场供求关系制约调控。商品供大于求时，价格降低；供过于求时，价格提升；基本平衡时，会维持一种相对稳定的状况。

商品价格在不同商品服务行业、在不同人群中的影响是不一样的。一些生活必须品的销售状况以及消费者人群中的高收入人群受商品价格影响不大。但大部分商品的目标客户群都是普通百姓大众，而且自身商品也不是生活必需品。因此为了吸引客户，就会经常有各种各样的促销活动，希望以此从价格层面上刺激消费群体的购买欲望。

但另一方面，我们也要看到，商品的价格并不是越低越好，低价格的商品在某些商品行业领域往往会给人质量低下的感觉，并且长期的低价对于企业生存所必须的运营流动资金的保有来讲也是不利的，因此在价格制定的时候，必须紧密依靠目标客户群体的特点，有的放矢地进行价格策略设定。

6. 目标客户属性偏好分析

针对同一商品，不同客户的商品属性偏好是不同的。比如汽车：有的客户希望省油，就会非常关注汽车的耗油情况；有的客户强调驾车感受，就会在乎汽车的试驾体验；有的客户希望汽车驾驶安全，就会关心汽车的安保系统等。企业对此需要关注自身目标客户的属性偏好点，有针对性地加强自身产品在客户关注点上的资源投入。

图 5-9 显示出，针对短视频的观看，不同主流视频平台正是抓住自身目标客户特点，依据目标客户属性偏好着力提升自身的相关短视频属性特点。快手用户侧重爱好游戏；B 站用户对休闲娱乐感兴趣；小红书用户兴趣和内容都更垂直；抖音用户兴趣爱好较为广泛。

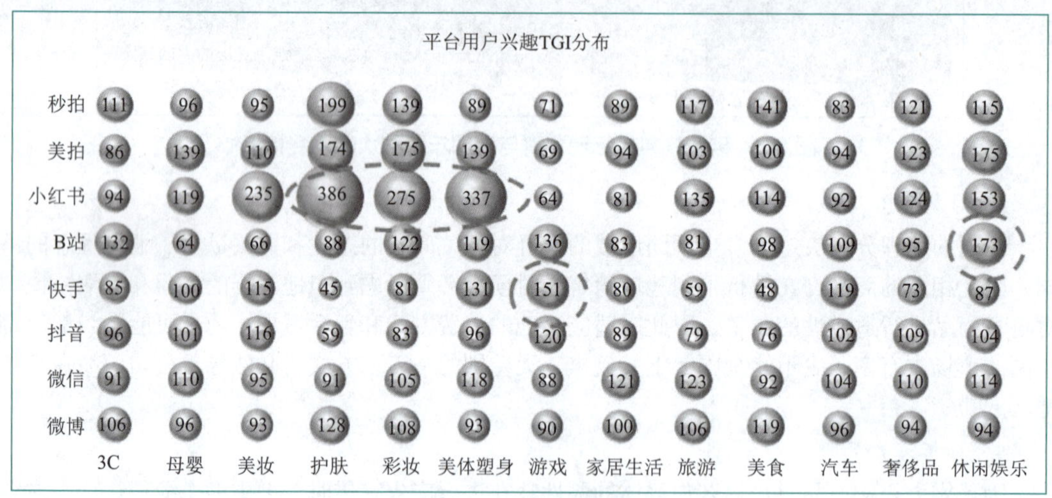

图 5-9 用户兴趣对比

三、竞争数据分析

（一）竞争对手识别

竞争对手是指对电商企业发展可能造成威胁的任何企业。比较明显的就是在相同的消费者市场中销售和本公司一样的商品和服务，其次是将要进入此市场的后来者，除此之外，潜在的替代品或替代方案提供者也是需要多加关注的。识别这些竞争对手，能够了解整个行业的竞争格局，能够对整个行业目前的竞争激烈程度以及未来的走势进行分析和预判。只有界定好竞争对手，才能有针对性地进行相关营销策略的设定，制订与竞争对手的应对关系计划。另一方面，我们也要看到，在竞争的同时，相互之间并不是零和博弈，在必要的时候也可以同竞争对手进行合作，共同将当前市场容量和规模做大，获得共同发展。

1. 竞争对手界定

根据不同竞争资源和竞争方式的分析，竞争对手主要通过以下几方面界定：

（1）直接竞争对手：此类竞争对手，往往可以在相同的商品销售市场中发现。因为在同一领域针对共同的消费群体进行销售，就存在争夺客户资源的竞争关系，这也是最本质的竞争表现。此外，对投放广告的媒介等营销资源的争夺，对供应商和生产资源的竞争，对商品物流、仓储资源的竞争，对工作员工的人力资源竞争，均是此领域从核心竞争理念发展出来的竞争手段，如图 5-10 所示。

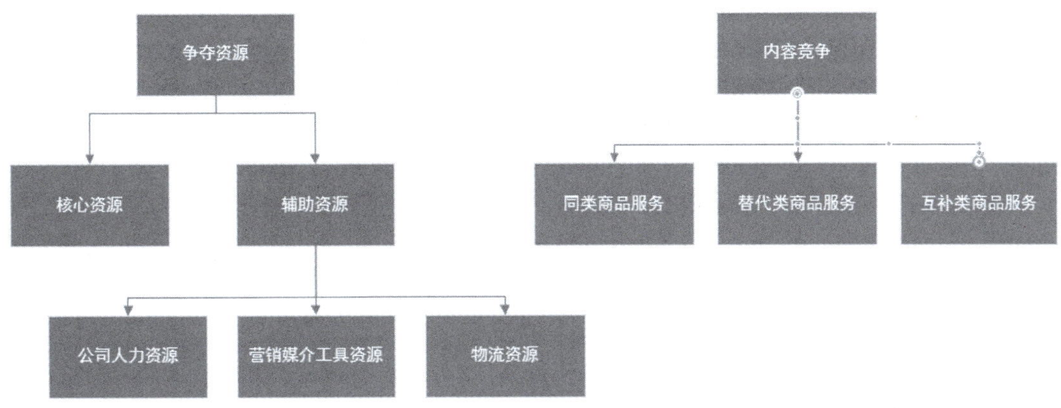

图 5-10　竞争状况分解图

（2）间接竞争对手：此类竞争对手，无法从表面直接看出，或者在某时间段内立即发现，相对比较隐秘，正因为如此，对企业的正常业务发展构成的威胁也更大。这方面主要分为即将进入当前消费市场的竞争公司以及潜在替代品公司。

① 即将进入的竞争公司，因为其销售产品、服务对象、运营方式基本都不会与当前的竞争环境有太大差别，可以利用自身企业先入为主的优势，通过多年的本领域营销经验进行积极应对。

② 潜在的替代品公司，此类公司威胁较大，会从市场营销本质上对企业产生冲击。对此，相关企业需要与时俱进，深入挖掘目标客户群体的本质需求，不断创新，积极应对环境变化。

2. 竞争对手识别

竞争对手识别非常重要，主要根据经营的商品品类，从关键词、目标人群、价格、营销活动、视觉拍摄等维度进行竞争对手识别。

（1）通过搜索关键词识别竞争对手根据自身所在的电商平台搜索经营品类最相似的卖家，然后通过卖家的商品标题关键词并结合商品属性描述进行更加详细的检索。

（2）通过目标客户群体识别竞争对手。通过目标客户群体人群也能够有效识别竞争对手。

（3）通过销量和商品单价识别竞争对手。在上述操作后，可以通过销量和商品单价对检索到的竞争对手进行筛选。一般情况下，可以借助生意参谋、京东商智、店侦探等针对电商平台的数据分析服务进行详细信息的获取和过滤，找到销量或商品单价最接近的店铺作为竞争对手。

（4）通过推广活动识别竞争对手。通过观察线上线下、各媒体广告的投放等各种活动，了解相关竞争对手的活动情况，并以此来识别其为竞争对手。

（二）竞争店铺分析

为了提升自身竞争优势，就需要尽可能广泛详尽地了解竞争对手情况。一般而言，会从竞争店铺和竞争商品两个层面进行分析。对于这两个层面，一般会采用人工和非人工两种方式进行，并且以非人工方式为主，人工方式为辅。

- 人工方式：通过自身公司员工，人为进行竞争店铺或竞争商品的检索、浏览、信息收集、整理。

- 非人工方式：主要通过生意参谋、京东商智、店侦探等数据信息工具发现并收集相关竞争店铺和竞争商品信息，收集完成后，再进行参考分析。

一般来说，人工方式效率比较低下，中途还会不时出现人为的一些失误，导致数据的完整性和真实性受到影响。但由于人员的主观能动性，在现有状态下可能在短时间内发现重大问题，获得重要突破发现。

而非人工方式执行效率高，中间发生疏漏失误的情况少，能够尽可能广泛地收集到有效信息情报，但不足的地方是，受到算法和规则影响较大，不够灵活。

因此，在现有状况下，需要进行人工与非人工方式的有效结合，取长补短，相辅相成，充分利用好人员丰富的业务知识，将其有机带入到大数据分析上，为企业带来高质量的分析数据报告。对于竞争店铺，可以利用数据分析工具从以下几个方面进行竞争店铺分析。

1. 竞争店铺属性数据分析

竞争店铺属性数据可以进入竞争店铺人工采集，也可以利用第三方数据分析工具辅助进行。

在图 5-11 中，通过设定的几个对比分析指标——销量、动销率、爆款销售商品等项目，展示具有竞争性质的店铺的竞争特点，供已方参考使用。

店铺	华为官方旗舰店 华为官方旗舰店 店铺分析	捷信时代数码专营店 捷信时代数码专营店 店铺分析	卓瓦数码专营店 卓瓦数码专营店 店铺分析	小米官方旗舰店 小米官方旗舰店 店铺分析	淘万通数码专营店 淘万通数码专营店 店铺分析
平均日销量	2.11万 件	96 件	868 件	14.56万 件	4888 件
平均日销售额	4233.08万 元	7.61万 元	182.82万 元	6966.72万 元	56.09万 元
平均成交价	2001.55 元	792.47 元	2105.54 元	478.34 元	114.74 元
近30天滞销宝贝	2 件	0 件	49 件	7 件	4 件
动销率	98.92 %	100.00 %	77.93 %	98.83 %	93.44 %

图 5-11　竞争店铺属性

2. 商品类目分析

商品的类目是一家店铺的主要产品构成。通过产品构成的信息分析，可以掌握竞争店铺的整体产品构成情况。进而通过对比，衡量自身店铺的商品竞争能力，取长补短，提升自身店铺的整体竞争优势。

图 5-12 展示了竞争店铺的相关类目与二级类目的设置，便于从整体掌握竞争店铺的整体产品结构形态。

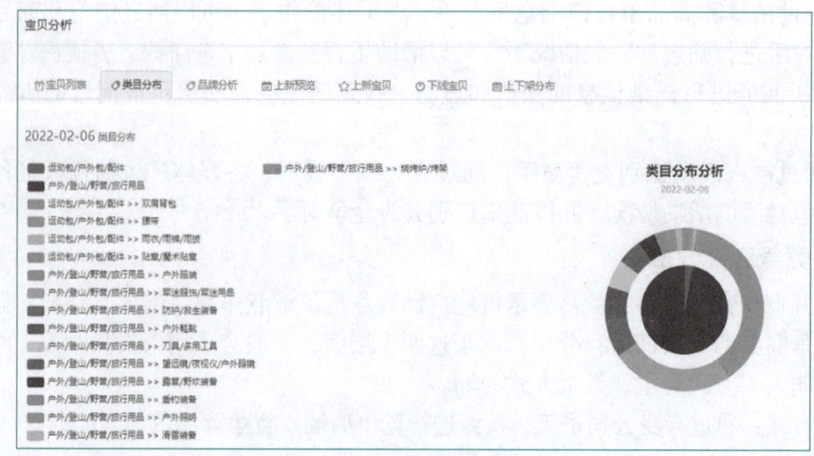

图 5-12　商品类目分析

3. 销售分析

销售分析是竞争店铺分析的核心，所有的竞争优势最终将体现在产品的销售数据上。对于销售信息的展示一般会结合相关的销售周期进行，并且区分不同维度，通过各种指标和数据图表进行展示。

图 5-13 通过数据列表与曲线图结合面积图展示了 7 天内竞争店铺的商品销售情况。对竞争店铺关注时间越长，相关数据信息的准确度会越高，参考价值会越大。

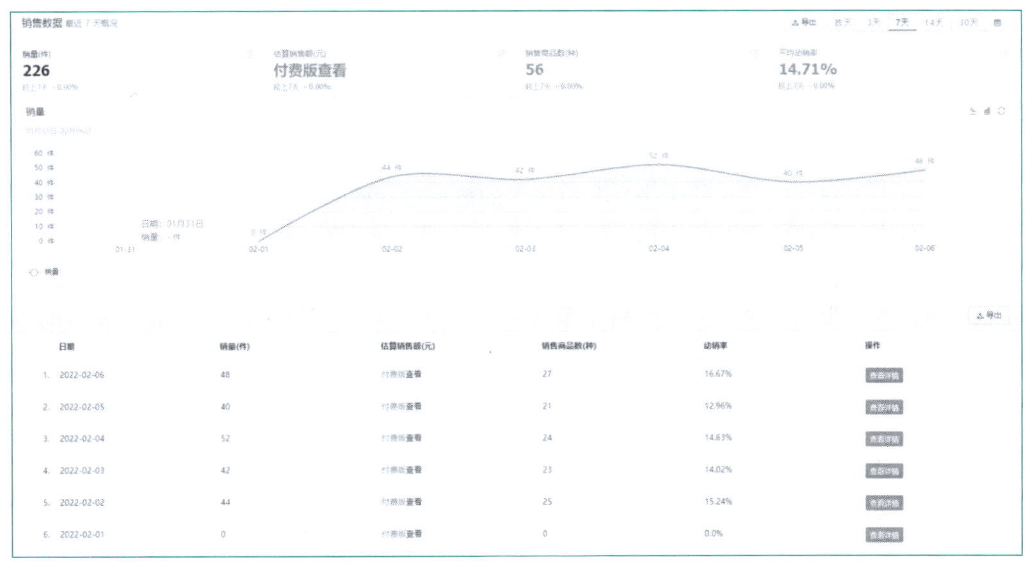

	日期	销量(件)	估算销售额(元)	销售商品数(种)	动销率	操作
1.	2022-02-06	48	付费版查看	27	16.67%	查看详情
2.	2022-02-05	40	付费版查看	21	12.96%	查看详情
3.	2022-02-04	52	付费版查看	24	14.63%	查看详情
4.	2022-02-03	42	付费版查看	23	14.02%	查看详情
5.	2022-02-02	44	付费版查看	25	15.24%	查看详情
6.	2022-02-01	0	付费版查看	0	0.0%	查看详情

图 5-13　7 日内商品销售情况

4. 推广活动分析

推广活动是提升销售绩效的重要手段。通过对竞争店铺的推广活动分析，可以动态掌握竞争店铺日常营销手段的运用情况，结合相关的竞争店铺销售结果业绩对比查看，会得到更好的效果。图 5-14 所示为推广活动数据显示界面。

活动分析 2022-01-31 - 2022-02-06

		02-06	02-05	02-04	02-03	02-02	02-01	02-06
	营销	销售量：48 销售额：1.14万	销售量：40 销售额：9446.00	销售量：53 销售额：1.2万	销售量：42 销售额：8640.00	销售量：44 销售额：1.13万	销售量：0 销售额：0.00	销售量： 销售额：
店铺促销	满减							
	搭配减	详(33)	详(33)	详(33)	详(33)	详(33)	详(33)	
	免邮	详(161)	详(163)	详(163)	详(163)	详(163)	详(163)	
店铺推广	直通车	详(15)	详(14)	详(13)	详(15)	详(11)	详(14)	
站内活动	聚划算							
	淘金币							
	天天特价							
	淘抢购							
	淘清仓							
	集分宝	详(162)	详(164)	详(164)	详(164)	详(164)	详(164)	
站外活动	折800							
	易购							
	返还网							
	大淘客							
	惠品折							
	[illegible]							
	比购网							

图 5-14　推广活动数据显示界面

（三）竞争商品分析

企业之间的竞争主要是企业经营的商品体验的竞争，因此在进行整体性的店铺监控获取相关运营信息外，对重点竞争商品的监控也非常重要。

竞争商品的监控同样也分为人工和非人工两种方式。大体方式和竞争店铺的数据分析类似。

1. 价格分析

价格因素对竞争商品的销售情况的影响很大，掌握同品类竞争商品的价格设置情况，对有效设置自身同类商品价格有很大的帮助和参考价值。在购买前，一般大多数客户会在网上进行横向商品对比，所以掌握了全网竞争商品的价格设置情况后，可以有效应对客户的价格心理指向，对于推动客户下单付款有很大的作用。

2. 收藏量分析

收藏暗示着客户在可预见的未来，具有很大的概率进行商品购买。因此商品收藏率也经常成为衡量一件商品的热卖程度的指标。

对收藏量的分析，可以掌握该商品的销售热度，通过横向对比多家店铺之间的竞争商品的收藏量，可以进一步深入掌握竞争商品在市场上的受欢迎程度，对后期商品销售有很大的参考价值。图 5-15 展示了竞争商品的收藏周期状况。

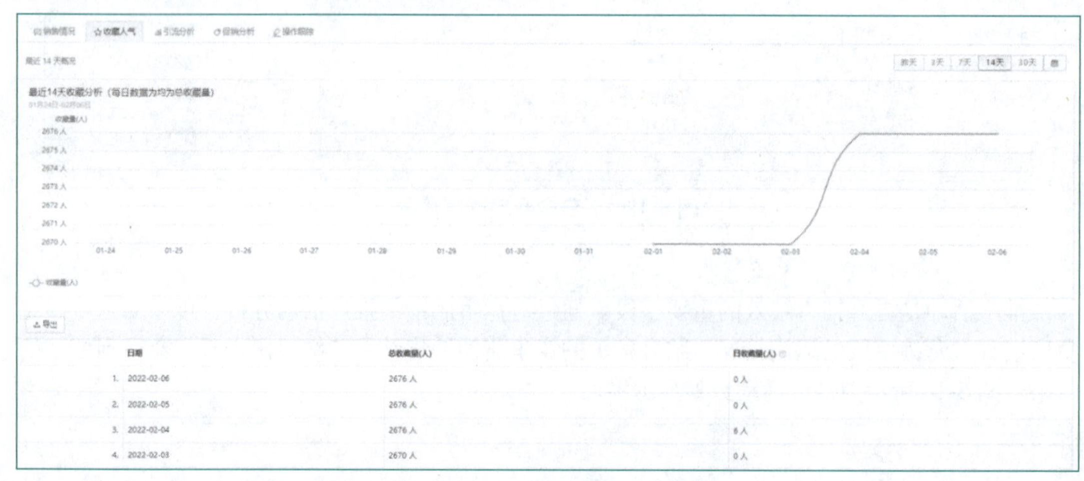

图 5-15　收藏人气数据展示界面

3. 基本信息分析

基本信息主要指销售商品的自身属性的描述说明。通过分析对竞争商品的基本信息，可以掌握竞争商品的属性偏好设置，从侧面了解竞争店铺通过此类竞争商品想要在哪些主要目标客户群体上展开销售攻势。

竞争商品的基本信息相似程度较大，如果纯粹依靠人工处理比较困难，较好的方式是通过人工和非人工的信息采集，然后汇总，通过计算机进行统一分析计算，可以快速得出相对较为完整的分析结果。

4. 销售分析

与竞争店铺的销售分析类似，只不过这里关注重点竞争商品自身的销售状况，关注的点位针对性强，属于详细信息查看。一般在数据分析平台上，通过在竞争店铺中销售分析页面，单击“详情”按钮可以看到相关具体竞争商品的具体销售数据。设置多个竞争商品关注，可以横向比较竞争商品的销售状况，了解竞争店铺的竞争手段，可以更好地掌握竞争活动和销售结果之间的联系，有利于以此为参考，提升自身店铺相关销售策略制定的针对性。

5. 推广活动分析

竞争商品的推广活动分析，也是针对整体竞争店铺的推广活动而言的细节展示。一般是和竞争店铺的推广活动紧密结合在一起，分析时一般也是放到一起来做的。

6. 商品评价分析

商品评价分析，主要用来掌握竞争商品对于其目标客户群体而言，相关的满意度和售后商品使用情况的整体结果。但由于受到业内的一些不规范操作影响，评价的信息内容帮助度有限，不能完全依赖评价结果进行商品售后状况分析评价，但参考价值丰富，可以从一个整体宏观上掌握当前竞争商品的受欢迎程度。

图 5-16 为重点关注的竞争商品的展示页面，从中可以看到商品的关键词标题设置、价格、折扣、时间单位内的销售情况。

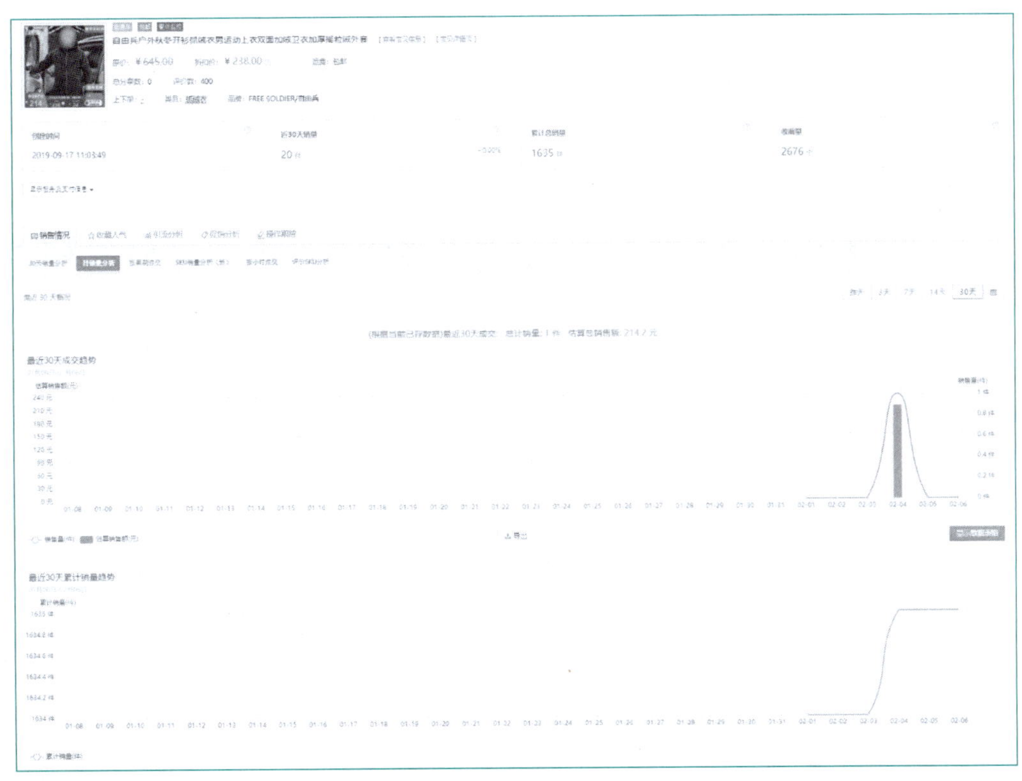

图 5-16 商品评价信息

任务 汇总计算商品在各个不同时间段国内各经销商变动情况

视频资源
5-1 Power BI基础应用

任务目标

◎掌握 Power BI 基础应用。
◎掌握 Power Query 与 Power BI 的应用联合。
◎掌握多个不同可视化图形间的联动显示。

任务实施

1. 分析目标

通过数据文件建立一整套可视化图形显示体系，为后续创建数据大屏进行系统化可视信息展示做准备。

2. 分析原理

导入相关数据文件，通过 Power BI 中的 Power Query 首先进行数据的初步处理和清洗，然后通过 Power BI 的可视化组件，创建可视化页面进行信息综合展示。

3. 实施准备

准备好需要进行分析的数据文件。

4. 实施过程

（1）开启 Power BI，并对 Power BI 进行简单认识。

Power BI 是一套商业分析工具，为用户提供数据可视化分析服务，可连接多个不同的数据源、简化数据准备并提供即时分析，生成报表并进行发布，供用户在 PC 终端或 Web 和移动设备上使用。用户可以创建个性化仪表板，获取针对其业务的全方位独特见解，在企业内实现扩展，内置管理和安全性。

Power BI 可以不用注册登录就直接下载，并在 PC 端进行使用。但由于没有注册，就无法在 Web 与移动端共享。在进行产品注册的时候，需要使用商业团队邮件，个人邮件无法进行身份注册。在注册登录后，可以基于云进行商业数据分析和共享，它能把复杂的数据转化成简洁的视图。通过它，可以创建可视化交互式报告，即使在外也能用手机端 App 随时查看。

（2）开始使用 Power BI。如果要导入 Excel 格式的数据源文件，选择开启软件后的第一个导入数据选项，如图 5-17 所示。

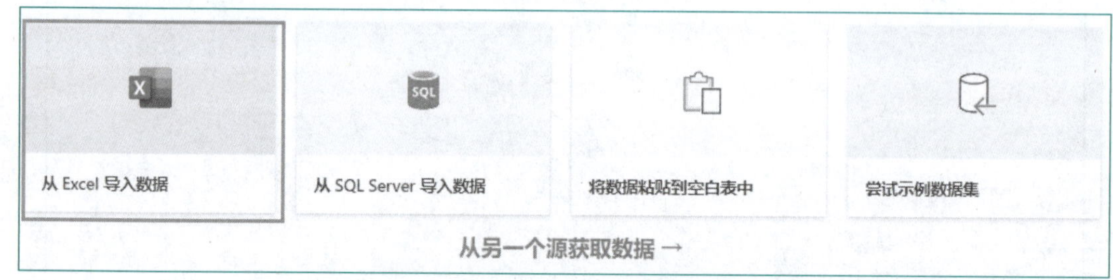

图 5-17　Power BI 数据导入

（3）导入文件后，由于 Excel 中存在多个工作簿，需要选取目标操作对象工作簿。选取后，一般需要先进行“转换数据”，也就是对原始数据进行清洗。图 5-18 所示为导入数据后的预览界面。

（4）进入 Power Query 中进行处理。

单击“转换数据”按钮后，就进入 Power Query 处理界面，这里的 Power Query 与 Excel 中的基本一致，但由于 Power BI 更新频率比较高，因此 Power BI 中的 Power Query 应该比 Excel 更好。

本次进行数据分析时，由于仅对卖家和时间信息进行分析，其他内容不参与其中，为了避免不必要的干扰和影响，可以将其他多余的数据列“删除”，如图 5-19 所示。因为采用数据分离概念进行信息处理，所以这里的“删除”仅仅是逻辑上的删除，并不会对原始数据产生任何影响，也就是原始数据并不会因此被删除信息内容，可以放心去做。

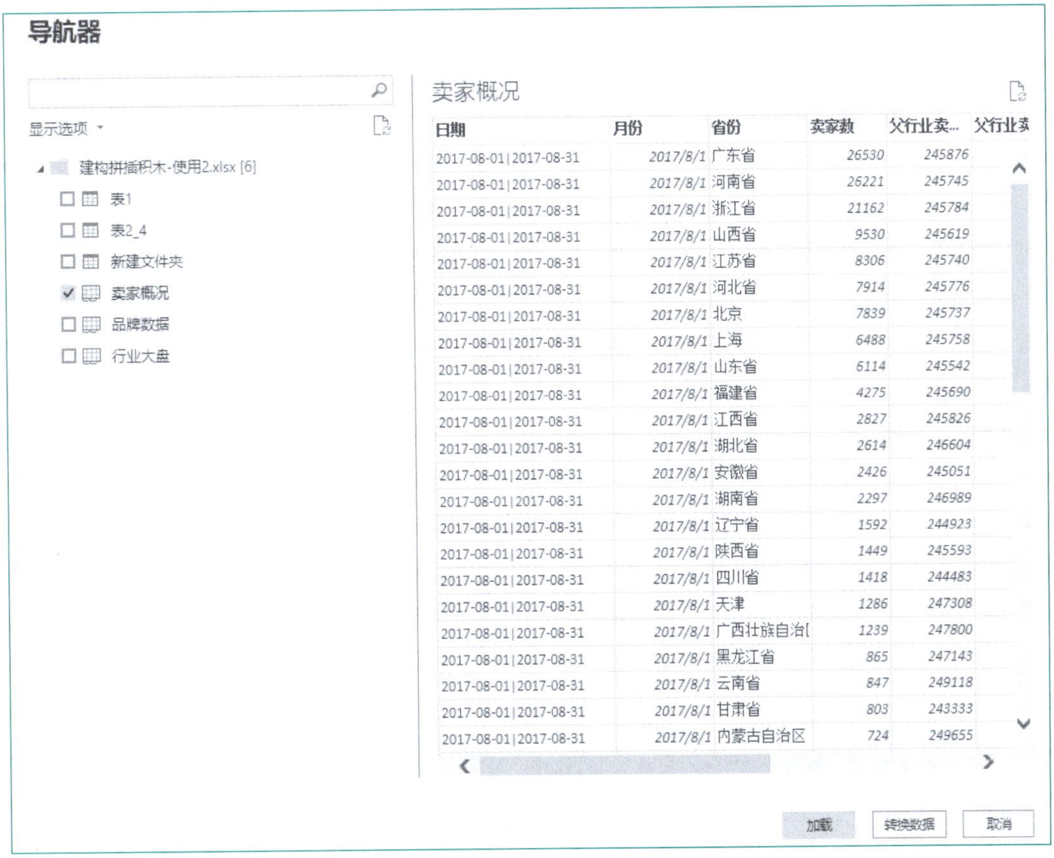

导航器
显示选项
建构拼插积木-使用2.xlsx [6]
表1
表2_4
新建文件夹
卖家概况
品牌数据
行业大盘
卖家概况
日期 月份 省份 卖家数 父行业卖... 父行业卖
2017-08-01|2017-08-31 2017/8/1 广东省 26530 245876
2017-08-01|2017-08-31 2017/8/1 河南省 26221 245745
2017-08-01|2017-08-31 2017/8/1 浙江省 21162 245784
2017-08-01|2017-08-31 2017/8/1 山西省 9530 245619
2017-08-01|2017-08-31 2017/8/1 江苏省 8306 245740
2017-08-01|2017-08-31 2017/8/1 河北省 7914 245776
2017-08-01|2017-08-31 2017/8/1 北京 7839 245737
2017-08-01|2017-08-31 2017/8/1 上海 6488 245758
2017-08-01|2017-08-31 2017/8/1 山东省 6114 245542
2017-08-01|2017-08-31 2017/8/1 福建省 4275 245690
2017-08-01|2017-08-31 2017/8/1 江西省 2827 245826
2017-08-01|2017-08-31 2017/8/1 湖北省 2614 246604
2017-08-01|2017-08-31 2017/8/1 安徽省 2426 245051
2017-08-01|2017-08-31 2017/8/1 湖南省 2297 246989
2017-08-01|2017-08-31 2017/8/1 辽宁省 1592 244923
2017-08-01|2017-08-31 2017/8/1 陕西省 1449 245593
2017-08-01|2017-08-31 2017/8/1 四川省 1418 244483
2017-08-01|2017-08-31 2017/8/1 天津 1286 247308
2017-08-01|2017-08-31 2017/8/1 广西壮族自治 1239 247800
2017-08-01|2017-08-31 2017/8/1 黑龙江省 865 247143
2017-08-01|2017-08-31 2017/8/1 云南省 847 249118
2017-08-01|2017-08-31 2017/8/1 甘肃省 803 243333
2017-08-01|2017-08-31 2017/8/1 内蒙古自治区 724 249655
加载
转换数据
取消

图 5-18 导入数据后的预览界面

（5）在主界面右侧，有操作步骤展示栏，每一步的操作都会罗列在上面，如果有错误操作或不满意内容，可以随时单击进行删除，如图 5-20 所示。

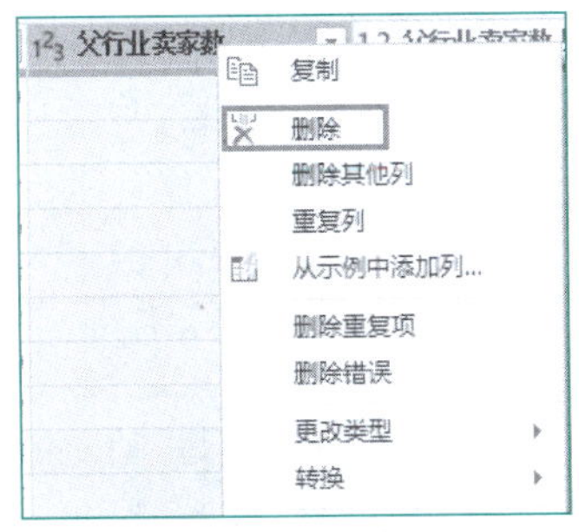

父行业卖家数
复制
删除
删除其他列
重复列
从示例中添加列...
删除重复项
删除错误
更改类型
转换

图 5-19 删除多余的列

应用的步骤
源
导航
提升的标题
更改的类型
删除的列

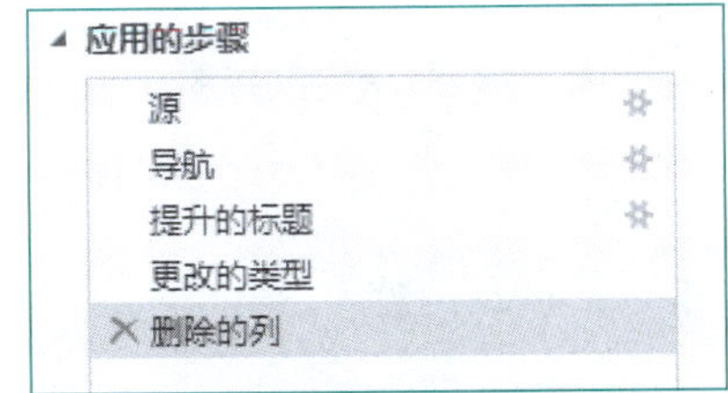

图 5-20 操作步骤撤销

（6）修改完成后，可以单击“主页”选项卡“关闭”组中的“关闭并应用”按钮，如图 5-21 所示，将处理后的数据提交给 Power BI 处理。如果是 Excel，就会被放置到一个新的工作簿中让 Excel 处理。

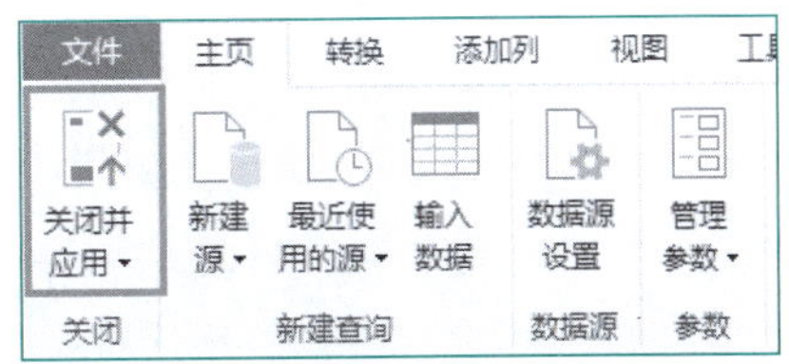

（7）进行可视化图表制作。

文件
主页
转换
添加列
视图
关闭并应用
新建源
最近使用的源
输入数据
数据源设置
管理参数
关闭
新建查询
数据源
参数

图 5-21 单击“关闭并应用”按钮

经过 Power Query 处理后的数据展示界面，在主区域默认是没有任何信息的，如图 5-22 所示。

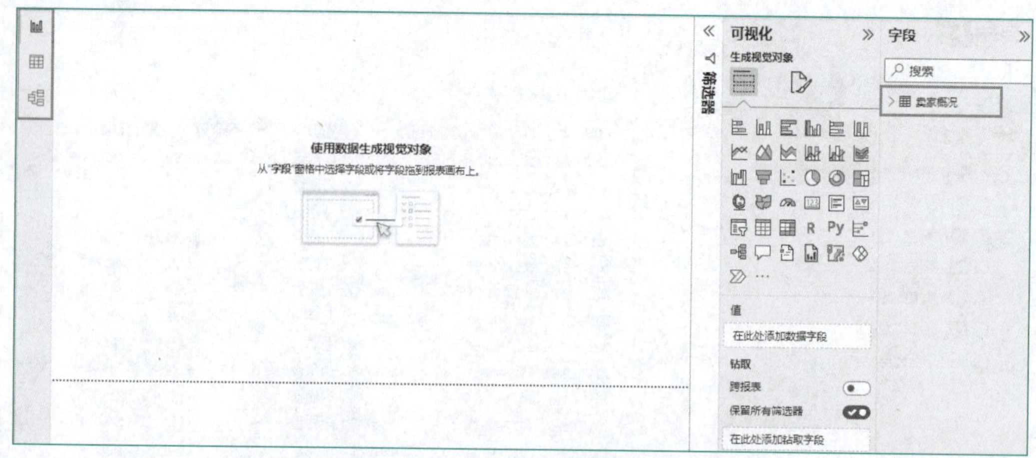

图 5-22　Power BI 的默认界面

在左上角会有 3 个按钮图标，表示 3 个不同视图：第一个视图是默认视图，也是当前看到的，需要拖动可视化组件才能看到效果；第二个是数据表格视图，是辅助进行数据信息查看的；第三个是数据关系视图，用于多个不同数据表之间通过共同字段连接数据查询。

在默认视图的右侧，可以看到刚才处理过的图表的名称，点开后会有相关的字段显示。进入这一步后，Power BI 主要的工作就是通过数据表字段和各种可视化组件进行数据可视化展示。

5. 数据可视化展现

（1）了解 Power BI 的图形操作重心是图形。

Power BI 的可视化图形操作与 Excel 不同。Excel 中是以数据为基准进行操作，先有表格，然后根据表格进行可视化图形的插入。

Power BI 虽然也是基于数据进行图形化制作，但是在具体制作阶段，更加强调图形化。也就是需要先考虑图形内容的设置，然后再将相关的数据与图形结合。先有图形，然后让数据进行配合操作。

（2）单击“柱状图”图标按钮后，可以看到在主界面上出现相关的图形。此时因为还没有加入数据，所以只是显示默认的图标进行占位，如图 5-23 所示。

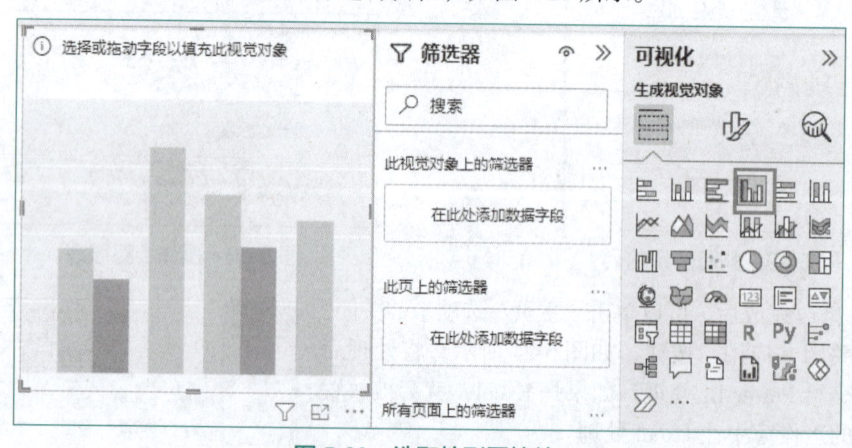

图 5-23　选取柱形图控件

（3）因为在横轴上显示省份，在纵轴上显示卖家数量，因此需要将省份拖动到“轴”上，将卖家数拖动到“值”上，如图 5-24 所示。

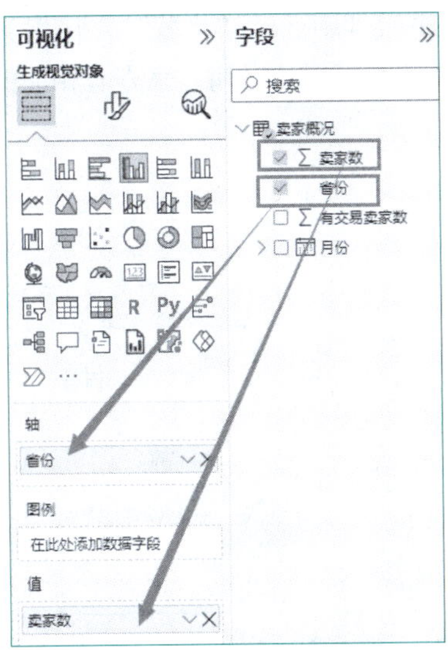

图 5-24 进行数据字段拖动

最终结果如图 5-25 所示。

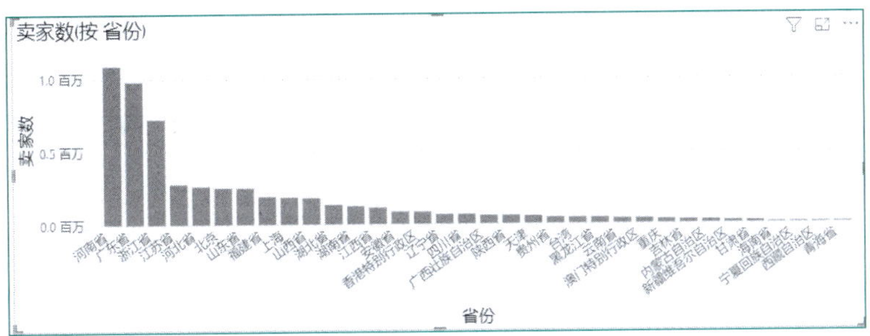

图 5-25 拖动后显示的柱状图

（4）通过选择设置样式中的“数据标签”，对柱状图表示的数量进行显示，如图 5-26 所示。

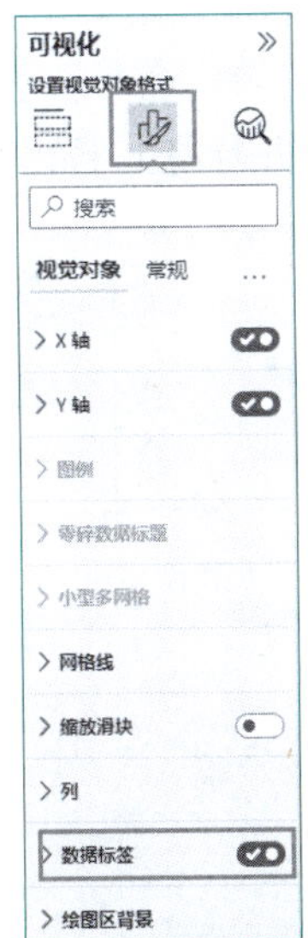

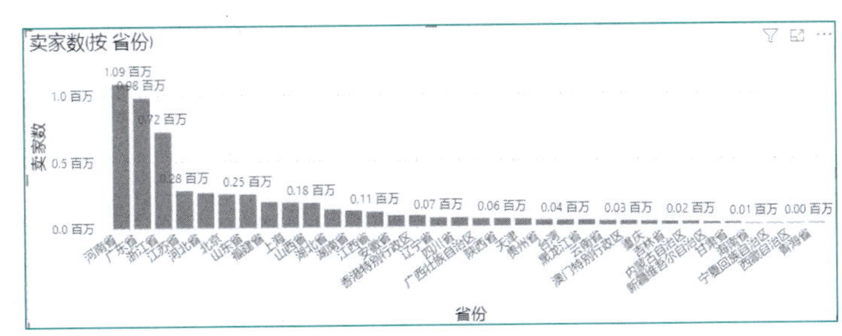

图 5-26 对柱状图添加相关标签

（5）添加日期切片器。单击组件中的“切片器”，将相关图形组件添加进来。这里主要是想用切片器引入日期内容用来选择不同的时期，来查看相应的卖家数量变动情况，如图 5-27 所示。

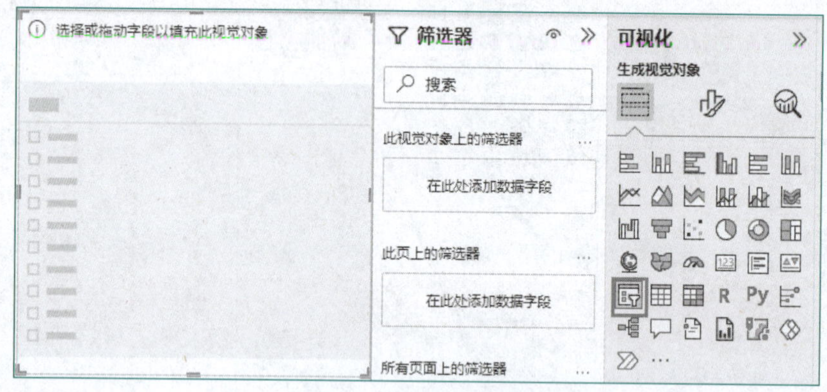

图 5-27　切片器控件使用

（6）将月份展开，里面会自动显示出软件自动分析出的“年”“月份”“季度”“日”等内容，拖动“年”到“字段”部分，如图 5-28 所示。

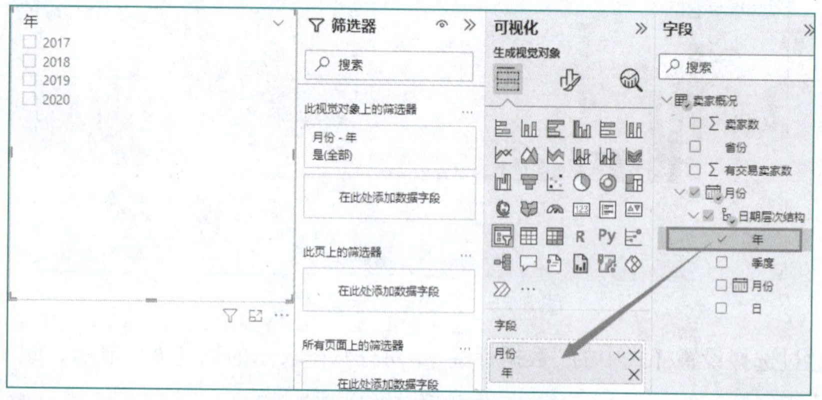

图 5-28　拖动数据字段到控件上

（7）进一步调整显示样式。将相关切片器的样式设置为“水平”，并且将上下的垂直距离缩短，出现如下结果，如图 5-29 所示。

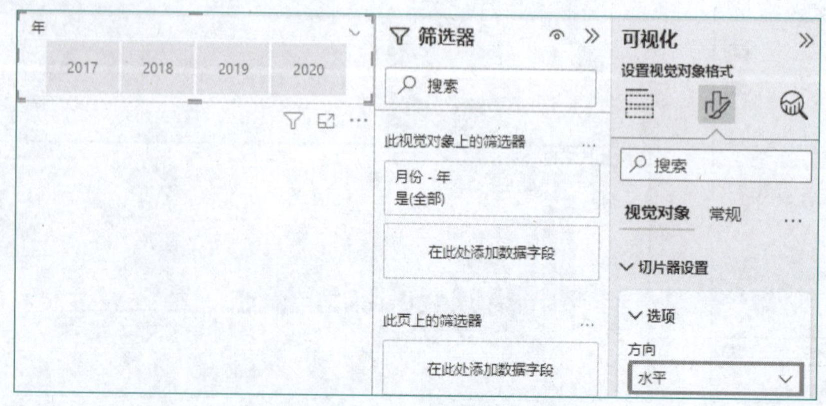

图 5-29　样式调节

（8）通过单击切片器上的不同年份，即可实时查看不同卖家的数量变化情况，如图 5-30 所示。

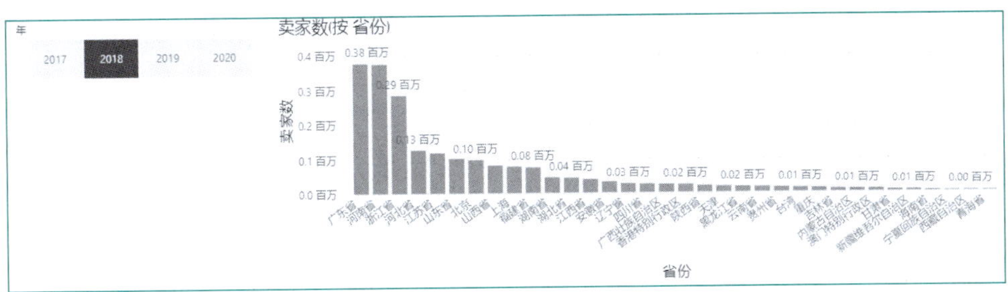

图 5-30 调整后的样式显示

（9）因为数据文件中 2017 年和 2020 年的数据并不是整年的信息，因此可以将 2017 年和 2020 年的信息排除。

单击日期切片器，在筛选器中的筛选类型里面选择“基本筛选”，如图 5-31 所示。然后勾选 2018 和 2019 即可，如图 5-32 所示。这样，在时间切片器上就只能选择 2018 年和 2019 年的数据信息，如图 5-33 所示。

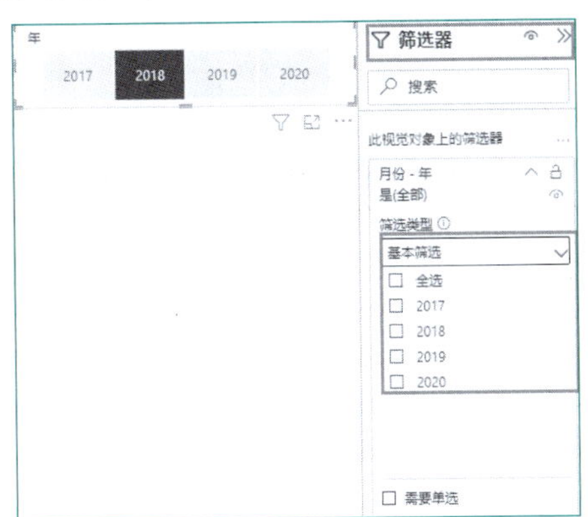

图 5-31 进行年份数据筛选

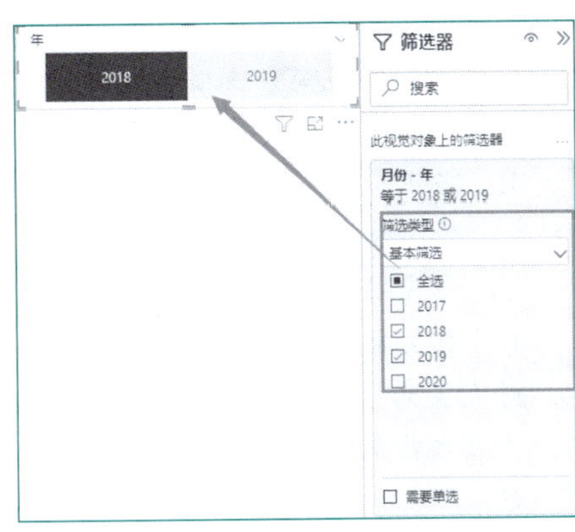

图 5-32 筛选后的年份数据

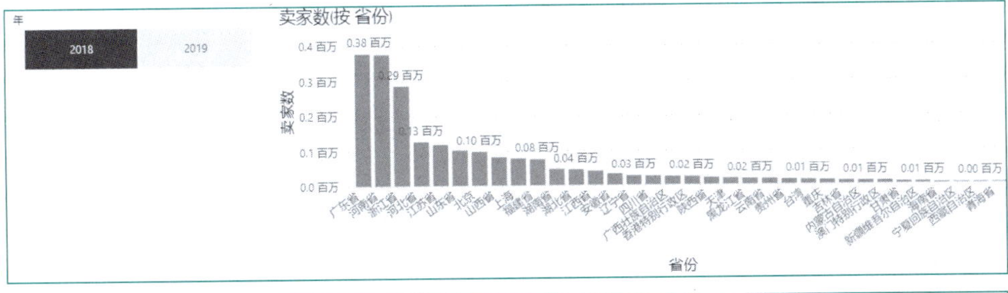

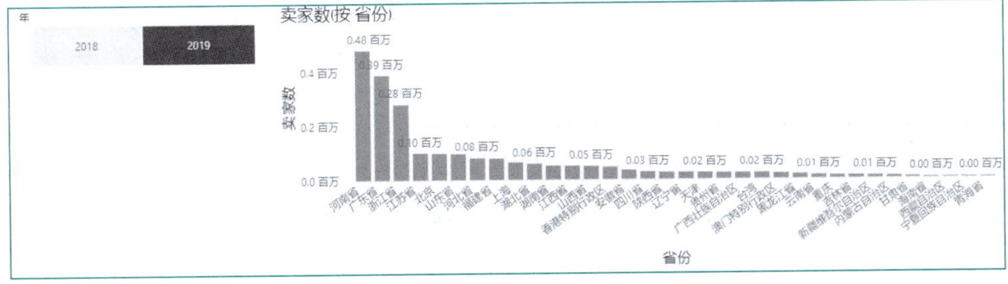

图 5-33 单击不同年份后的同步响应

6. 分析结果

通过比较可以发现，2018 与 2019 年前三位的都是广东、河南、浙江三省，仅是相关次序有所不同而已，相对比整个的卖家数量情况还是比较稳定的。因此，可以考虑专门针对这三省设置相应的市场营销策略。

同步训练

依据以上内容，请制作 2018 年内 4 个季度的卖家数量分布图。

能力检测

一、单选题

1. 迈克尔·波特的五力模型不包括（　　）。

   A. 潜在进入者　　B. 替代品　　C. 供应商　　D. 代理公司

2. 以下对行业集中度描述错误的是（　　）。

   A. 行业集中度又称行业集中率或市场集中度

   B. 行业集中度是指某行业的相关市场内前 N 家最大的企业所占市场份额的总和

   C. 行业集中度是用来衡量企业间数据和相对规模的相似程度

   D. 行业集中度是对整个行业的市场结构集中程度的测量指标

3. 以下对市场规模分析描述错误的是（　　）。

   A. 市场规模主要是研究目标产品或行业的整体规模

   B. 当供应和消费行业都较为集中，垄断情况较为突出时。可以同时采集供应端和消费端数据

   C. 当应用领域较为集中，市场较为单一时，从消费端进行分层抽样再进行数据汇总

   D. 相关数据的获取，尽可能覆盖面广，对时效性要求不高

4. 对直接竞争对手描述错误的是（　　）。

   A. 此类竞争对手，往往可以在相同的商品销售市场中发现

   B. 此类竞争对手，无法从表面直接看出

   C. 此类竞争对手，存在对工作员工的人力资源竞争

   D. 此类竞争对手，存在对供应商和生产资源的竞争

5. 对 Power BI 认识正确的是（　　）。

   A. Power BI 与 Excel 类似，没有太大区别

   B. 只有 Power BI 中才能使用 Power Query 对数据进行清洗

   C. Power BI 侧重数据可视化展现

   D. Power BI 只能使用自身的可视化组件，无法添加外部插件

二、判断题

1. 企业可以及时通过数据分析预测市场行情，发现新的市场机会。（　　）
2. 相关的行业发展阶段主要包括萌芽期、成长期、波动期、衰退期。（　　）
3. 潜在的替代品公司，此类公司威胁较大，但不会从市场营销本质上对企业产生冲击。（　　）
4. 通过目标客户群体能够有效识别竞争对手。（　　）
5. 为了提升自身竞争优势，就需要尽可能广泛详尽地了解竞争对手情况。（　　）

行业观察：元宇宙报告（2021—2022）

元宇宙的应用场景可分为核心层、技术层和环境层。核心层是元宇宙最基本、最普及的应用场景，具有用户覆盖面广、技术实现度高、与生活最贴近的特点，满足用户基本的元宇宙生活需求；技术层是元宇宙的领先场景，具有技术创新性、概念引领性的特点，是大型企业与跨国公司角逐的关键领域，也是元宇宙的重要支撑；环境层是元宇宙发展的综合应用场景，具有复合性、生态性特征，“元宇宙 +”生态大量涌现，对用户注意力的争夺常态化。

面向元宇宙的各项技术和应用还在快速发展中，对元宇宙未来发展的趋势预测可以结合技术性与社会变革性展开讨论，并且按照元宇宙率的程度高低进行未来趋势排序。在未来几年，元宇宙的核心维度将越来越强，包括算力、响应力、逼真性、沉浸性、互动性、用户自主性、数字财产保护、数字货币支付等，它在制造业、城市规划、零售业、教育、医疗、娱乐和社交等方面的应用也将越来越多。

元宇宙是现实世界的延伸，而不是现实世界的替代。它将深刻地影响我们对时间、空间、真实身体、关系、伦理、工作、学习、教育等的认知。

（资料来源：五道口供应链研究院）

直通职场：大学生安然度过试用期的五大规则

对于刚踏上工作岗位、涉世不深的大学应届毕业生来说，如何安全度过职场试用期是一个不小的挑战，应该怎样做呢?

1. 看清自己的位置

身为公司里面的一个试用员工，首先一定要搞清楚自己的职场位置，要搞明白自己需要干什么。

2. 主动学习，少犯甚至不犯错

对于企业来说，职场新人最重要的是工作能力。

应届生想安全度过这个阶段，更要主动学习，熟悉自己公司所在的行业，以及企业的情况、部门的情况、岗位要求、标准化工作流程和做事的方法，帮助自己更好地适应公司发展需求，尽快完成业务知识的积累和个人能力的提升，成功帮助自己脱颖而出，实现职场的蜕变。

当然，在这个过程中，我们或多或少会犯错，但如果能在做事前思前想后，能尽量少犯甚至不犯错，就更能赢得公司领导的赞许。

3. 培养自己的交往能力

千万不要因为自己还处于试用期就认为自己不需要交往能力。职场交往是不分员工阶层的。就算身为职场中的试用员工，在平时的工作过程中同样是需要交往的，而且培养自己的交往能力还能够为自己加分。

4. 多做事，执行力就是竞争力

职场中不少人在平时的沟通中口若悬河，承诺太多，但归结到实际行动上，往往虎头蛇尾。

作为职场新人，应届生要抛弃不切实际的想法，克服惰性，行动起来，主动去承担工作，同时学会冷静思考，提升工作效率及抗压能力，保证工作任务能按质按量完成。

只要自己的能力得到提升，我们就能安全度过职业试用期。

5. 不要总让自己闲着

试用员工在试用阶段中的一举一动是很容易引起领导关注的。所以完成自己工作的时候，也要想办法做些别的工作。千万不要让自己看起来很闲。这样容易给领导留下不认真工作的坏印象。

（资料来源：《聘才头条》）

素质园地：侵犯公民个人信息刑事附带民事公益诉讼案宣判

2022 年 1 月 26 日，某市人民法院公开宣判一起侵犯公民个人信息案件，3 名被告人因犯侵犯公民个人信息罪获刑。

经法院审理查明，自 2020 年 11 月，被告人孙某得知将办理的新用户手机号码及相对应的验证密码发送到某微信群，就可以得到相应的返利（俗称“拉新”）。随后，被告人孙某安排其店员闫某了解学习“拉新”，闫某进入微信群操作，成功得到返利后，按孙某指示对其他店员进行培训，让店员都做“拉新”。

2021 年 1 月，在孙某的授意下，闫某、哈某和其余几个店员，利用为用户办理手机号码的便利，未经用户允许，以激活用户手机号码、帮助完成任务等理由，将用户手机号码及相对应的验证密码发送至多个“拉新”微信群，获取报酬。截至 2021 年 7 月，被告人孙某、闫某、哈某等人向多个“拉新”微信群中提供、出售公民个人电话号码信息 1 855 条，非法牟利 55 790.77 元。

法院经审理认为，被告人孙某、闫某、哈某违反国家有关规定，非法向他人出售、提供公民个人信息，其行为均已构成侵犯公民个人信息罪，分别对三被告人判处一年六个月至八个月不等的有期徒刑，宣告缓刑，并判处罚金，且禁止三被告人在缓刑考验期间从事电信领域的工作，同时对被告人退缴的违法所得及作案工具予以没收。

三被告人自愿认罪认罚并主动退缴了违法所得，愿意在新闻媒体对侵犯公民个人信息的行为公开道歉，并按照非法获利所得赔偿损失。

（资料来源：澎湃政务）

学习笔记

任务评价

班级：________________ 小组：________________

姓名：__________ 学号：________________ 综合评分：__________

序号	任务内容	实施结果自评	小组互评
1	使用 Power BI 进行数据导入		
2	正确导入文本数据文件		
3	删除不必要的数据列		
4	使用柱形图控件并美化		
5	使用切片器控件并美化		

学习小结：

教师评语：

评量标准

项　目	1～4分	5～7分	8～10分
任务完成度	仅能部分完成任务内容，或任务内容完成有缺陷	可以基本完成任务规定内容，没有个人见解和活用效果	全面完成任务，并且有个人见解，能够举一反三
语言表达	语言不连贯，无法对完成内容进行清晰说明。仅可对部分任务内容进行性说明	能够对完成任务进行全部内容说明，语言表达基本连贯清晰	能够对完成内容进行非常流利的表述，并能够联系其他关联知识进行说明
学习态度	仅能保证基本到场参与，与同学和老师沟通交流少，缺乏学习积极性	能够保证课堂上与同学和老师互动，可以完成老师课堂布置的相关任务	积极参与课堂活动，并能够主动帮助同学解决学习问题，帮助老师进行教学活动

总结反思

1. 进行目标客户分析可以从哪几个维度进行？

2. 如何进行竞争对手识别？

3. 如何开展竞争店铺分析？

4. 如何进行竞争商品分析？

模块六
商品销售分析

模块导读

本模块主要针对商品订单和商品交易进行数据分析，订单和交易构成了企业营销收入的主要来源，直接影响企业的健康发展。首先从静态订单的各项指标入手，通过多维度指标对商品订单进行详细分析，然后进入商品交易的动态数据分析中，通过支付率、价格、成本以及支付金额和渠道，全面掌握交易的各个细节，为企业的后续商品营销计划制定做好铺垫。

学习目标

【知识传递】

◎可以通过订单量、客单价、动销率、订单区域分析等内容对商品订单进行多维度分析。

◎掌握对订单商品品类和偏好分析。

◎掌握商品支付率分析。

◎掌握商品价格与成本分析。

◎熟悉订单支付金额和支付渠道分析。

【能力培养】

灵活使用 Power BI 的主要可视化控件。

【价值引领】

能够提升对国家重要核心数据的重视以及保护意识。

思维导图

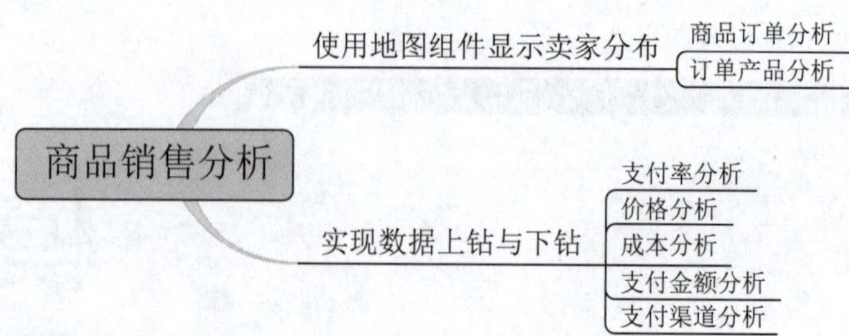

引入案例 大数据辅助零售企业制定促销策略

北美零售商百思买在北美的销售活动非常活跃，产品总数达到 3 万多种，产品的价格也随地区和市场条件而异。由于产品种类繁多，成本变化比较频繁，一年之中，变化可达四次之多。结果，每年的调价次数高达 12 万次。最让高管头疼的是定价促销策略。公司组成了一个 11 人的团队，希望通过分析消费者的购买记录和相关信息，提高定价的准确度和响应速度。定价团队的分析围绕着三个关键维度：

（1）数量：团队需要分析海量信息。他们收集了上千万的消费者的购买记录，从客户不同维度分析、了解客户对每种产品种类的最高接受能力，从而为产品定出最佳价位。

（2）多样性：团队除了分析了购买记录这种结构化的数据外，他们也利用社交媒体发帖这种新型的非结构化数据。由于消费者需要在零售商专页上点赞或留言以获得优惠券，团队利用情感分析公式来分析专页上消费者的情绪，从而判断他们对于公司的促销活动是否满意，并微调促销策略。

（3）速度：为了实现价值最大化，团队对数据进行实时或近似实时的处理。他们成功地根据一个消费者既往的麦片购买记录，为身处超市麦片专柜的客户即时发送优惠券，为客户带来便利性和惊喜。通过这一系列的活动，团队提高了定价的准确度和响应速度，为零售商新增销售额和利润数千万美元。

（资料来源：知乎）

问题引导：

1. 百思买为什么要提高定价的准确度和响应速度？

2. 百思买是如何保证商品价格的调整工作顺利进行的？

一、商品订单分析

商品订单分析是商品销售分析里面非常重要的一部分、通常会使用多个指标从几个维度进行操作，主要包括订单量分析、品类分析、产品偏好分析。客单价分析，区域分析，动销率分析，通过这些分析，从中发现问题、总结经验，从而对未来商家营销活动进行指导。

（一）商品订单分析

1. 订单量分析

订单量分析就是对订单的数量进行分析，根据商家类型的不同，可以分为线上和线下，但在进行分析操作时，一般都会统合到一起进行整体计算。此方面一般从地点（仓储出货）和时间（时间段出货）两个维度进行分析。

1）分仓分析

对商品进行物流派送使用分仓的机制，主要是考虑到中国地理环境的特点，为了提升客户购物体验且同时减少商家相关物流配送和管理成本而设置的。分仓商品处理机制会根据客户收货地点自动进行商品分仓派送设定，考虑到仓库货品缺货补仓等各种异常情况，整个的商品分仓处理系统相对比较复杂，是供应链管理中一个较为重要的模块。

没有设置分仓的商家，在与其他竞争对手进行市场竞争时，会由于物流派送效率问题处于劣势。而是否能够及时收取到称心如意的商品，是消费者非常关注的一点，直接影响消费者的购物体验。并且当购物过程中出现退换货情况，客户也可以在第一时间内得到相应的回馈，自然可以增强商家与消费者之间的联系，提升商家在整体消费市场中的竞争优势。

但另一方面，分仓的设置无疑会增加企业的运营成本，不仅是仓储成本，包括管理在内，都对企业的运营提出了更高的要求。因此，只有内部管理机制成熟、拥有一定经济基础的商家才能够有效控制管理分仓商品供应模式。

对分仓商品订单情况的数据分析，可以直接反馈相关分仓的使用效率。依据反馈信息，商家可以进一步制定相关的供应链仓储服务计划，如果订单量持续增大，可以考虑增强当地分仓配置，进行扩容或投入更多资金资源；反之，则需要考虑适当缩减、合并或者裁撤相关的分仓设置，回收企业运营资源。

图 6-1 中展示了生鲜行业为了提升产业商品的配送效率，在国内多地增设了相关分仓物流转存。由此可以保证消费者下单后能够在较短时间内收到货物，保证了商品的新鲜程度。

2）分时段分析

除了在空间上进行订单分仓出货分析，还需要分析订单出货的不同时段。通过分时段分析，可以掌控消费者消费习惯，为日后设置促销时间和实施计划做好相关的前期准备。不同时段，相关消费订单的数量是不一致的，主要受以下因素影响：

（1）受促销活动影响。例如每年双十一或 618 大促期，每个不同周期内的秒杀促销活动，如聚划算促销等，无疑都会对订单量产生重大影响。

（2）消费者消费习惯影响。不同年龄段、性别、职业、地域的消费者，受到自身和周边环境影响，会导致商品销售结果产生起伏。例如，某个劳保用品商铺经过统计发现，自家经营的商品往往会在早上 6 ~ 8 点产生销售小高潮，通过数据分析并结合业务经验获知，此时往往是一些基建工地工人上工前的空闲时段，因此商家就可将相关的商品促销活动设置在早上 6 ~ 8 点。

（3）重大节日、事件影响。比如春节、国庆节期间，学生新学期开学期间，北京冬奥会期间等，都会对相关特定商品的销售产生巨大影响。

通过图 6-2 分析可以看出，此抓绒服装在中午 12 点左右、下午 4 点、晚上 8 点左右有销售浮动，可设置相关的促销活动。

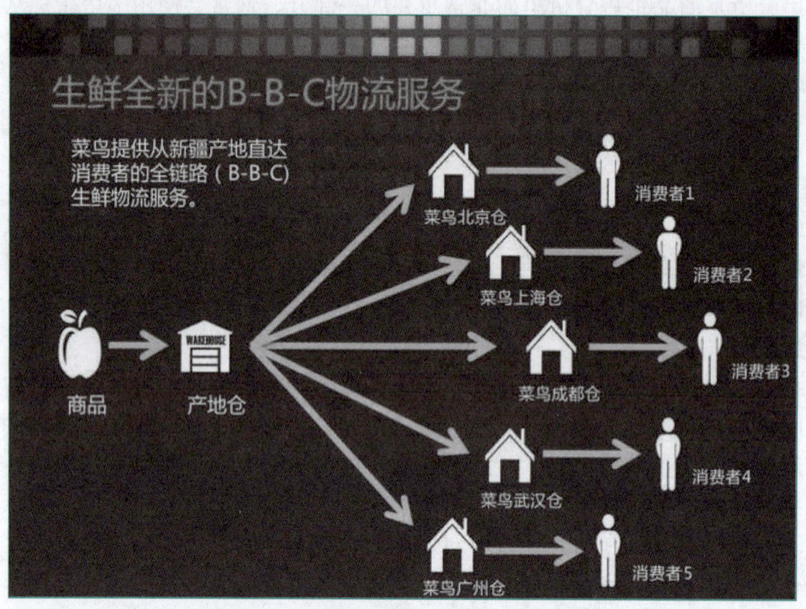

图 6-1　生鲜全新的 B-B-C 物流服务

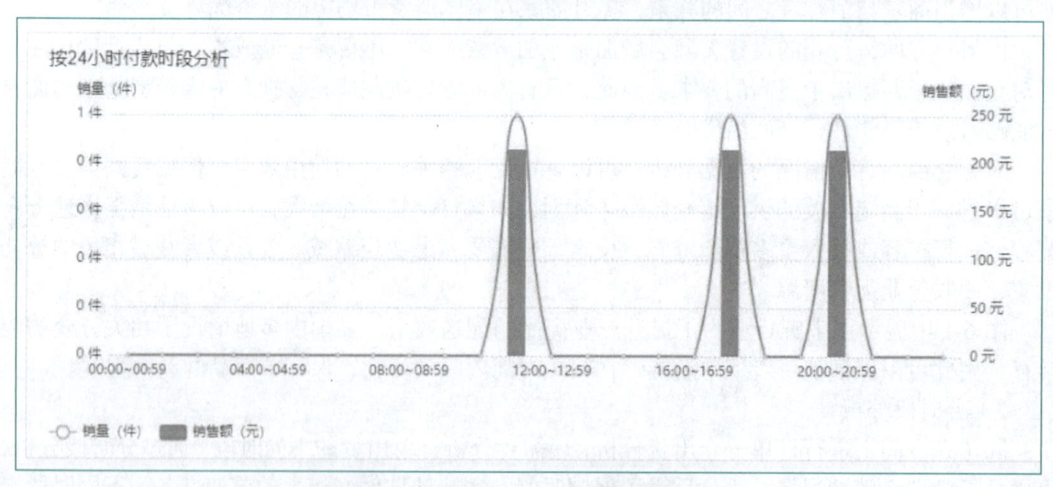

图 6-2　抓绒服装 24 小时销售状况分析

2. 客单价分析

客单价是指在某一段限定时间内，每个客户购买一种或多种商品时所花费的购物金额。在这里需要关注三点：

（1）限定时间段：因为涉及订单总金额，具体需要核算到什么时期，需要有一个界定。在指定时间范畴内的计算才有效。一般会以日、月、年为基准进行计算。

（2）每个客户的认定：在某段时间内，可能同一个用户会有多次购买行为，为了准确界定单独的客户，需要使用客户的注册用户名，也就是客户 ID。一个客户无论在指定时间内购买多少次、买了多少钱的货品，均作为一个基数计算，这点和 UV（唯一用户浏览量）计算方式类似。

（3）购买的商品种类：每个不同客户，每次购买的商品可能有多种，此时，公司可以按照单一货品进行客单价的计算，也可以不区分商品种类，将其统一放置到一起进行计算。所以，客单价应该明确是针对哪些商品进行计算衡量的。

在进行具体指标呈现的时候，一般从平均客单价、最高客单价和最低客单价三个维度进行分析。

（1）平均客单价。

平均客单价 = 一定时间内的总销售金额 / 同一时间段内商品购买唯一客户数

在这里需要注意，总销售金额可以是不分商品种类的总体销售金额，也可以通过计算机等技术手段，单独剥离出独立商品，进行独立商品的平均客单价的计算。平均客单价是客单价分析中最具代表性的数据分析，也是在成本影响、推广效率等方面体现最明显的参数。

可以依据不同时间单元分段进行平均客单价计算，比如日平均客单价、月平均客单价等，然后使客单价与时间维度放置在同一数据图表中进行观察分析，得出相关的销售结果与相关时间和促销活动关联情况。

（2）最高、最低客单价。

最高和最低客单价即在一定时期内单笔订单金额最高或最低的金额数值。在正常的运营过程中，通常用最高客单价与平均客单价进行对比分析，也可以使用方差之类的统计指标进行计算。当与平均值对比时，会出现以下两种情况。

① 最高（低）客单价远高于平均客单价，最高（低）客单价属于特例，分析价值有限。

② 最高（低）客单价接近于平均客单价，如何提高平均客单价的潜在分析意义很大。

图 6-3 展示了 2019 年 3 月，从整个月份销售中抽取 1 000 个订单样本进行的客单价对比分析。从中可以看出，沙特和阿联酋的客单价样本都主要集中在 150 ~ 300 里亚尔（约 40 ~ 100 美元），阿联酋样本数量比沙特略低，这主要是因为阿联酋的物流成本比沙特更低，普遍签收率更高，平台卖家对包邮的门槛可以设得更灵活，因此相对更分散一些。

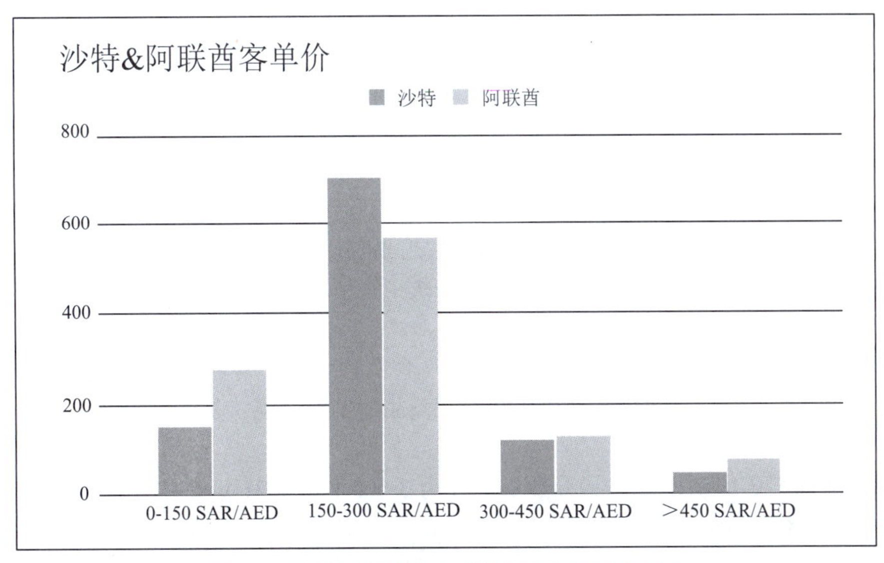

图 6-3 沙特和阿联酋客单价订单数量分布对比

3. 订单区域分析

同一款商品在不同区域销售，情况是不一样。典型的就是相同商品的出口和内销在价格和包装设置上是有很大不同的。因为期间牵扯到多个关键环节，因此相关的机制也不同。

国内商品销售，有很多也受到不同区域划分，有不同的销售政策。其原因主要也是考虑到当地地理情况、人文习惯、日常收入水平等内容。如果不考虑这些情况，全国上下实行一刀切的方式，在某些地区将无法有效推行既定营销策略。

为了切实落实不同地区具体问题具体分析的方针，就需要有坚实的数据作为政策制定基础。

在按区域划分进行数据分析时，尽可能使用计算机软件辅助进行。因为相关的数据比较繁杂，人工操作难免会出现操作失误，而且，人工操作的时效性较差，往往中间需要等待，对于某些时效性要求较高的信息反馈有些不太适应。

如果商家规模较小，涉及的覆盖面不多，产品深入市场程度不深，此时处理数据量不多，可以使用 Excel 和 Power BI 等工具进行辅助。当公司发展规模扩大时，需要提前考虑到与相关计算机软件公司进行合作，结合本单位情况构建相关数据采集、处理、分析的统合性数据处理软件平台。

进行实际业务处理时，首先根据自身业务发展状况，对销售目标市场进行地理范畴的区域划分，一般会根据行政区域划分。然后就是一般市场营销订单的指标设定，比如订单成交时间、成交数量、成交金额等，还可以进一步添加相关的算法，自动计算出相关的平均客单价、最高（最低）客单价等相关数据情况。最后，根据实际业务的发展，持续调整更新相关的信息分析维度即可。

图 6-4 展示了不同地区的订单量，从中可以看出广东、江苏、浙江、上海地区销售活力大，相关订单量较多。宁夏、青海、西藏相对较薄弱，这跟区域人口分布和经济发展状况有关联。

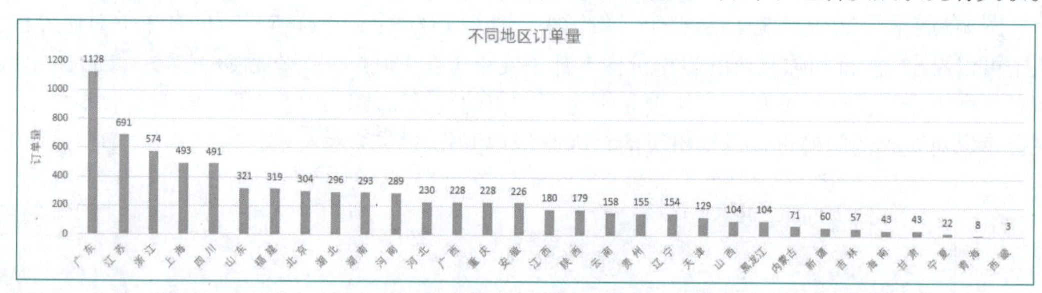

图 6-4　某网店商品在不同地区订单量

4. 动销率

动销率指的是实际销售的数量与准备的库存之间的比例。出于供应链管理的目的，在商品销售特别是在促销的准备过程中，商家都会对本次销售情况进行量化的估算。

商品动销率计算公式为：

商品动销率 =（动销品种数 / 仓库总品种数）× 100%

一般按照月度进行，主要用来评价店铺经营商品的销售情况，是评价店铺经营商品结构的贡献效率的指标。

例如，已知某店铺销售商品品种数量总计为 3 000 种，2021 年 6 月有销售的商品种数为 2 850 种，则该店铺的动销率为：

2 850/3 000 × 100%= 95%

一般来说，店铺动销率越高，那么就说明店铺权重可能较高，因为店铺的商品活跃度高，大部分的商品都存在或多或少的销量，而商品动销率高，则说明商品受市场欢迎，且权重也比较不错。

通过对动销率的分析可以挖掘单独门店或分仓商品管理策略。找出门店对新品的反映速度和商品与渠道的匹配程度，根据分析结果及时调整商品销售节奏。

通过图 6-5 商品动销监控表可以看到，波段为夏五的本周动销率最低，并且可以进一步发现，其中的外搭商品售卖动销率只有 66.7%，此时可以针对此波段的此种商品，结合其他销售数据进行综合分析，查询问题发生的真正原因。

	类型	值														
		历史			本月			上周			本周			库存SKC汇总	销售SKC 汇总	动销率汇总
波段	类别	库存SKC	销售SKC	动销率	库存SKC	销售SKC	动销率	库存SKC	销售SKC	动销率	库存SKC	销售SKC	动销率			
夏一	连体	110	103	93.6%	212	199	93.9%	215	196	91.2%	231	215	93.1%	768	713	92.8%
	内搭	388	356	91.8%	614	581	94.6%	596	555	93.1%	595	540	90.8%	2193	2032	92.7%
	外搭	6	6	100.0%	6	6	100.0%	5	4	80.0%	6	4	66.7%	23	20	87.0%
	下装	145	136	93.8%	355	339	95.5%	394	366	92.9%	389	357	91.8%	1283	1198	93.4%
夏一 汇总		649	601	92.6%	1187	1125	94.8%	1210	1121	92.6%	1221	1116	91.4%	4267	3963	92.9%
夏二	连体	150	132	88.0%	301	280	93.0%	270	254	94.1%	293	269	91.8%	1014	935	92.2%
	内搭	160	153	95.6%	306	279	91.2%	318	299	94.0%	369	331	89.7%	1153	1062	92.1%
	外搭	6	5	83.3%	24	22	91.7%	29	25	86.2%	29	25	86.2%	88	77	87.5%
	下装	124	115	92.7%	246	230	93.5%	208	190	91.3%	243	227	93.4%	821	762	92.8%
夏二 汇总		440	405	92.0%	877	811	92.5%	825	768	93.1%	934	852	91.2%	3076	2836	92.2%
夏三	连体	76	72	94.7%	153	144	94.1%	134	127	94.8%	159	148	93.1%	522	491	94.1%
	内搭	136	128	94.1%	278	270	97.1%	283	270	95.4%	317	301	95.0%	1014	969	95.6%
	外搭				8	7	87.5%	8	8	100.0%	4	3	75.0%	20	18	90.0%
	下装	119	112	94.1%	202	189	93.6%	210	196	93.3%	225	206	91.6%	756	703	93.0%
夏三 汇总		331	312	94.3%	641	610	95.2%	635	601	94.6%	705	658	93.3%	2312	2181	94.3%
夏四	连体							9	7	77.8%	60	57	95.0%	69	64	92.8%
	内搭				1	1	100.0%	21	18	85.7%	111	105	94.6%	133	124	93.2%
	外搭							4	4	100.0%	12	11	91.7%	16	15	93.8%
	下装				8	8	100.0%	42	40	95.2%	153	142	92.8%	203	190	93.6%
夏四 汇总					9	9	100.0%	76	69	90.8%	336	315	93.8%	421	393	93.3%
夏五	连体				26	24	92.3%	39	37	94.9%	74	68	91.9%	139	129	92.8%
	内搭				42	37	88.1%	105	93	88.6%	148	129	87.2%	295	259	87.8%
	外搭				1	1	100.0%	2	2	100.0%	3	2	66.7%	6	5	83.3%
	下装				17	14	82.4%	59	51	86.4%	83	70	84.3%	159	135	84.9%
夏五 汇总					86	76	88.4%	205	183	89.3%	308	269	87.3%	599	528	88.1%
夏六	连体										3	3	100.0%	3	3	100.0%
	内搭										2	2	100.0%	2	2	100.0%
	下装										3	3	100.0%	3	3	100.0%
夏六 汇总											8	8	100.0%	8	8	100.0%
总计		1420	1318	92.8%	2800	2631	94.0%	2951	2742	92.9%	3512	3218	91.6%	10683	9909	92.8%

图 6-5 商品动销率监控表

（二）订单商品分析

1. 订单商品品类分析

品类分析是对商家自身经营商品整体结构的分析。只有通过品类分析，才能获知当前所经营的商品结构是否合理，针对存在的问题进行产品结构优化调整以提升企业的经济收益。

一般情况下，商品会根据销售情况分为爆款与长尾款。对商家利润的贡献一般按照 2/8 法则体现，也可以使用帕累托图进行数据可视化分析。爆款是店铺售卖商品的数量级主导部分，往往占据了店铺 80% 以上的销售量。但这部分的商品类型可能不到 20%。也就是说，20% 的品类贡献了 80% 的销售量，而 80% 的品类只贡献了 20% 的销售量。品类分析对库存准备、发货准备、物流方式、销售规划、利润计划等方面都具有非常重要的意义。一般会从销售数量和销售金额出发进行分析，以期获取每个单品对总销量的贡献率，并且分析其原因，从而引导对未来销售计划的制订。

1）以数量为单位进行分析

进行以数量为单位的分析时，需要确定好商品的计量单位，有些商品的计量单位有多个，此时需要对其进行确定，并在整体统计中保持恒定，不能随意更改。

2）以金额为单位进行分析

按照金额为单位进行分析，主要是针对销售订单总额进行计量，相对比较简单，但需要界定好相关的计量时间段，不能有错位。

图 6-6 显示出户外服装类和军迷用品类相关商品销售较为旺盛。在环形饼图和图 6-7 所示的数据表格中均有所体现，其中户外服装与军迷用品两类商品，无论是销售数量还是销售金额，均排名靠前，商家可以依据此结果对比自身制定的销售计划，查看是否达到预期效果。

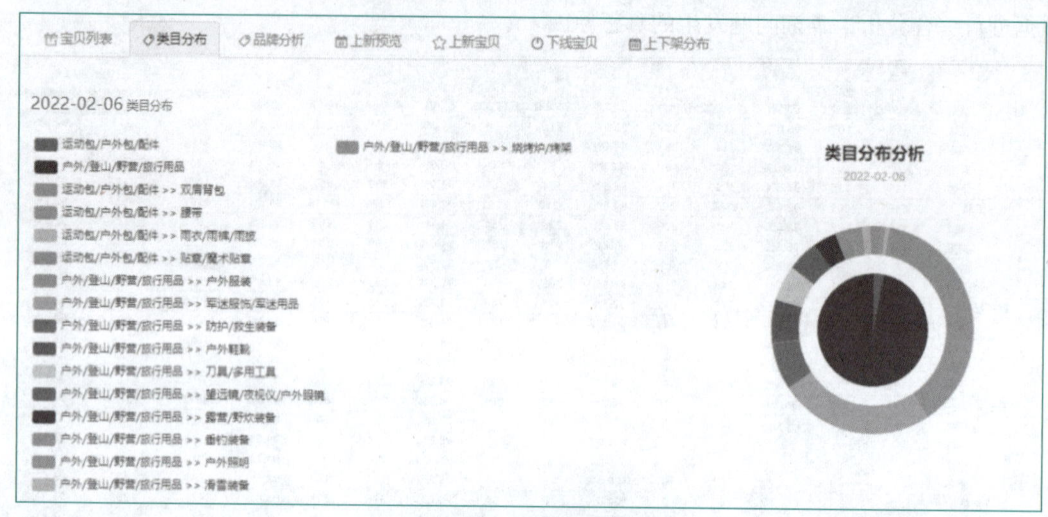

图 6-6　商品类目分布情况

一级类目　二级类目

	二级类目	宝贝数(个)	销量(件)	销售额(元)
1.	户外/登山/野营/旅行用品 >> 户外服装	61	20	¥2618.23
2.	户外/登山/野营/旅行用品 >> 军迷服饰/军迷用品	40	13	¥2125.0
3.	户外/登山/野营/旅行用品 >> 防护/救生装备	12	1	¥88.0
4.	户外/登山/野营/旅行用品 >> 户外鞋靴	11	4	¥1459.5
5.	户外/登山/野营/旅行用品 >> 刀具/多用工具	9	8	¥744.0
6.	户外/登山/野营/旅行用品 >> 望远镜/夜视仪/户外眼镜	8	1	¥99.0
7.	户外/登山/野营/旅行用品 >> 露营/野炊装备	6	0	¥0
8.	户外/登山/野营/旅行用品 >> 垂钓装备	4	0	¥0
9.	户外/登山/野营/旅行用品 >> 户外照明	3	0	¥0
10.	户外/登山/野营/旅行用品 >> 滑雪装备	2	0	¥0
11.	运动包/户外包/配件 >> 双肩背包	2	0	¥0
12.	运动包/户外包/配件 >> 腰带	1	0	¥0
13.	户外/登山/野营/旅行用品 >> 烧烤炉/烤架	1	0	¥0
14.	运动包/户外包/配件 >> 雨衣/雨裤/雨披	1	0	¥0
15.	运动包/户外包/配件 >> 贴章/魔术贴章	1	1	¥40.0

图 6-7　商品二级类目分布情况

2. 订单商品偏好分析

同一种商品往往会通过颜色、数量搭配、尺码等属性区分为不同的 SKU 子商品。客户产品偏好，不仅仅包括在不同商品之间进行偏好选择，也包括在同一商品内不同 SKU 子商品间的选择。通过探查客户对不同商品的偏好分析，可以更加细致地掌握目标消费者的消费偏好，商家可以依据此类数据，调整自身的商品供给进货以及仓储的货品安排。

对竞争商家的商品偏好进行分析，可以帮助企业掌握整个市场的销售情况，从中发现销售问题和发展机会，但这些均需建立在对多家主要竞争对手的产品偏好分析上。因此，做好日常的产品偏好分析很重要。

图 6-8 主要针对商品的 SKU 子项进行分析。从中可以发现，黑色 L 码的抓绒上衣受消费者偏爱较多，可以考虑此类商品的相关补货准备。在后续供应商产品生产时，也可以作为商品生产计划制定的依据，有效针对市场需求进行商品生产，防止无效的生产资源浪费。

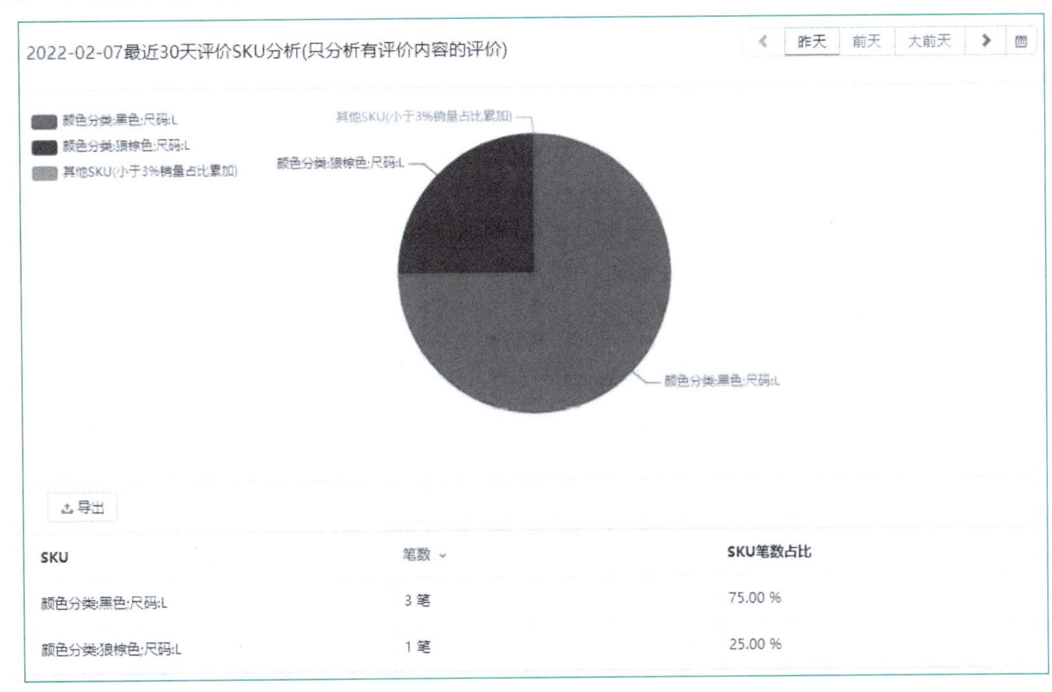

SKU	笔数	SKU笔数占比
颜色分类:黑色;尺码:L	3 笔	75.00 %
颜色分类:狼棕色;尺码:L	1 笔	25.00 %

图 6-8 商品 SKU 评价

二、商品交易分析

商品交易分析主要是针对客户最终确定商品购买、对商品订单的标的货款进行结算、支付金额的过程。在整个过程中，由于支付方式、支付渠道、支付时间等因素的不同，从侧面可以反映出消费者额外的消费习惯信息，也可以为商家提供更多有关提升客户消费体验的参考信息，帮助商家全面做好消费者购买商品的全程购物体验。

（一）支付率分析

商品交易的核心是以支付为衡量节点的，因此，一切未支付的订单都不能视为有效订单，在客户进行商品购买的整个过程中，存在交易的很多节点，其中，支付是最后促使交易完成的最终节点。而在支付前所做的所有工作，如果不能促进客户进行最终的货款结算，都不能认定是成功的。支付率分析的研究意义就在于认定有多少订单能够最终达成交易。支付率的公式如下：

$$支付率 = 支付金额 / 加购物车金额 \times 100\%$$

支付率分析的核心在于通过多种分析方式获知影响订单结算支付的因素都有哪些，以及如何进行相关调整能够刺激影响客户的积极支付心态。

通常影响支付率的因素有以下几种：

（1）额外的附加费用：是否免邮，境外商品是否免税。

（2）物流效率：物流配送的时间和货品的配送服务质量。

（3）购物过程的顺畅：相关购物平台访问是否卡顿，购物界面设计是否便于操作，商品搜索比较是否方便，客服响应时长是否及时，等等。

（4）商品本身因素：通过同类商品对比后是否优势明显。

（5）订单货款支付便利性。

在对支付率结果进行评价时，应该根据环境变化进行适时调整，争取找到影响支付率的潜在问题。

（二）价格分析

价格是非常具有商业意义的一个指标，从原始社会时期的原始商品交易开始，价格就是一个关键因素。价格的衡量计算，不能简单以货币形式进行。

另一方面，进行价格分析时，不能简单查看价格单方面指数，必须将价格与对应的商品和服务，以及其背后隐藏的交易成本进行综合性考量。有时还需要与企业的长期发展规划或中期的市场营销策略相结合。有些时候看似价格低廉，进行商品交易给企业带来亏损，但是从长期来看，可以扩大商品销量，对于企业占有市场上的有力态势具有积极作用。因此，价格分析必须建立在一个综合分析的基础上。

图 6-9 所示，影响定价的因素主要有市场需求、产品成本、产品生命周期、竞争和其他潜在因素。

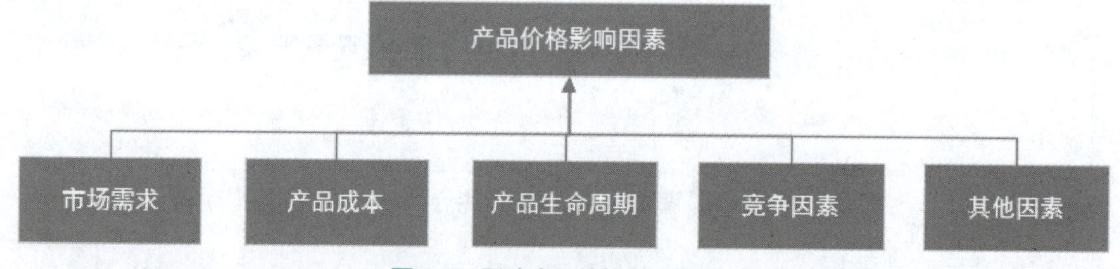

图 6-9　影响产品价格各项因素

因此，进行价格分析，主要着眼点在于：

1. 制定何种价格策略更有助于企业提升整体收益

实现整体利益最大化，店铺需要在价格和商品搭配之间找到一个平衡点。由于最终收益受到多方面因素影响，因此价格的制定是一个不断尝试调整的过程，而不是一个步骤就决定的动作。

通过图 6-10 可以看到，由于定价时受到的影响因素较多。因此需要制定一个定价的操作流程，其中，在最后定价阶段，需要有多次的价格实验，找到合理的搭配区间后，才可最终定价。

图 6-10 展示了新产品进入市场时的定价决策过程。

2. 什么样的价格更有利于企业整体发展

对于很多商家而言，进行商品售价的制定并非仅仅寻求利益最大化，往往从中长期考虑可能会牺牲掉部分眼前的短期利益。产品的主要市场价格策略有以下几种：

- 以低价扩大市场占有率。
- 提升产品及品牌形象。
- 与竞争对手进行市场竞争活动。

在这些目的驱动下，收益最大化有可能不是首要的考虑因素，因此我们便会看到部分企业进行低于成本价的网上产品销售，其目的往往会着眼于企业的中长期发展。

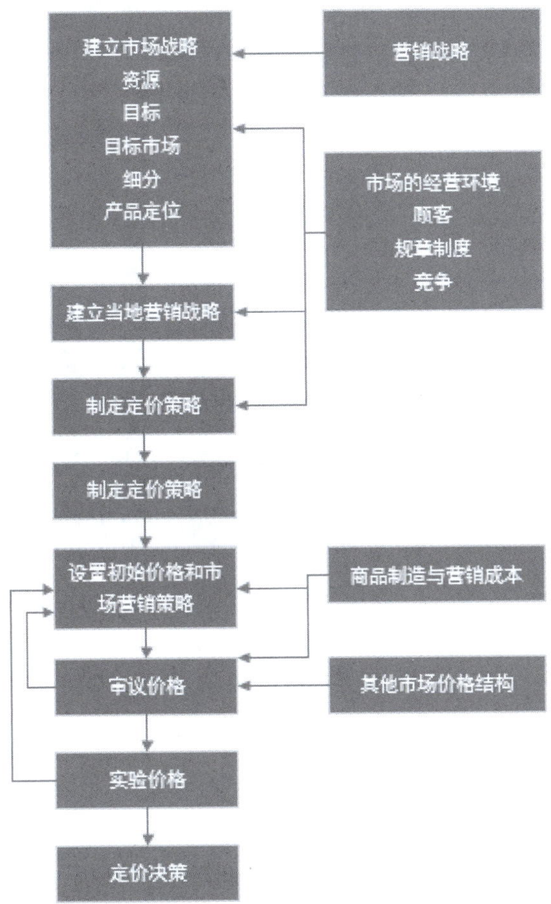

图 6-10　制定市场价格流程

（三）成本分析

成本的核算对于企业发展有着非常重要的作用。我们有时也会看到，有部分企业平时销售业绩喜人，但不久后经营发生困难。关键原因就是财务状况堪忧，其中最主要的就是去除成本后的净利润无法支撑企业的日常商务运营。因此成本对企业的作用非常重要。一些大中企业，为此还会专门设置成本会计的职位来对成本支出与优化进行精细计算和统计。

在此方面，电商的交易成本包括但不限于产品或服务的生产成本、物流仓储成本、包装成本、行政成本、市场成本、其他成本等。

成本分析是在各类成本相加的基础上，与实际销售价格对比。成本分析往往是结合销售价格进行总体回顾，在这里引入了毛利率的概念，其公式为，

毛利率 =（销售金额 – 各项成本）/ 销售金额

一个店铺或者商家要生存，毛利率必须要达到一定的水平。图 6-11、图 6-12 展示了产品

生产成本的各种关键因素占比。

项目		1月	2月	3月	4月	5月	6月	7月	8月	9月	10月	11月	12月	合计
金额	直接材料	125	212	200	341	300	307	554	547	599	112	145	135	3577
	直接人工	122	223	102	232	240	224	557	567	420	110	97	87	2981
	制造费用	213	145	204	222	197	154	412	412	452	99	85	73	2668
	其他	22	47	55	100	59	55	114	78	77	24	14	15	660
	合计	482	627	561	895	796	740	1637	1604	1548	345	341	310	9886
比例	直接材料	25.93%	33.81%	35.65%	38.10%	37.69%	41.49%	33.84%	34.10%	38.70%	32.46%	42.52%	43.55%	36.18%
	直接人工	25.31%	35.57%	18.18%	25.92%	30.15%	30.27%	34.03%	35.35%	27.13%	31.88%	28.45%	28.06%	30.15%
	制造费用	44.19%	23.13%	36.36%	24.80%	24.75%	20.81%	25.17%	25.69%	29.20%	28.70%	24.93%	23.55%	26.99%
	其他	4.56%	7.50%	9.80%	11.17%	7.41%	7.43%	6.96%	4.86%	4.97%	6.96%	4.11%	4.84%	6.68%
	合计	100.00%	100.00%	100.00%	100.00%	100.00%	100.00%	100.00%	100.00%	100.00%	100.00%	100.00%	100.00%	100.00%

图 6-11　各种成本占比情况

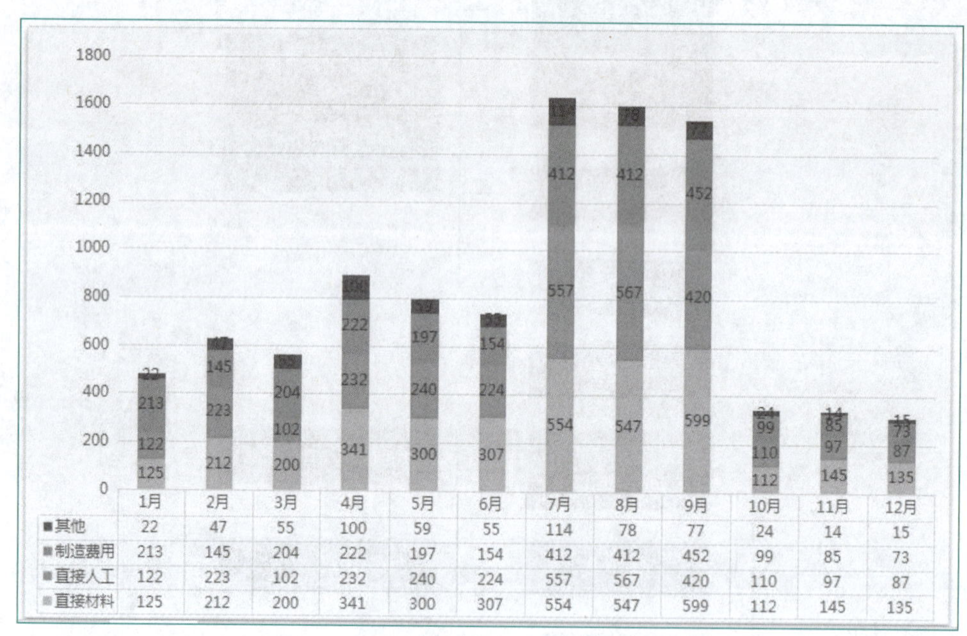

图 6-12　生产成本分析表

（四）支付金额分析

支付金额是交易分析中最关键的部分，但因为和商品订单结合度非常紧密，因此往往归入订单分析中，如果需要单独进行订单支付金额核算，可以在进行订单分析时，将相关的订单支付金额部分独立复制出来，然后与财务交易模块进行综合分析。此部分内容可以参考商品订单分析相关内容。

（五）支付渠道分析

支付渠道也称为支付方式，受到支付技术条件的影响，当前的支付渠道有多种方式。比较常用的是线上的移动支付。在线上移动支付中，既有传统的银行支付，也有微信支付宝等第三方支付平台。近期出台的数字人民币，更将移动支付推向了一个新的层级。

通过研究消费者的支付方式，可以更加精准地掌握消费者的消费习惯，商家也可以有目的地与相关支付渠道服务方进行业务合作，进一步制定便利于用户进行货款支付的市场营销策略。

扩展知识：数字人民币

数字人民币（英文简称 e-CNY）是由中国人民银行发行的数字形式的法定货币，由指定运营机构参与运营并向公众兑换。截至 2021 年 11 月 30 日，运营机构已由 6 家增加到 9 家。使用数字人民币的特点主要有：支付更快捷，只存在付款方和收款方，不经过第三方平台；无须网络，收付款双方无须网络也可以完成支付；隐私性好，商户和第三方平台无权获取消费者的身份信息和支付数据；权威性强，全面推广后任何商家都不能拒收数字人民币。

任 务 Power BI 可视化显示控件应用

通过更加形象的显示控件，帮助用户更快捷地掌握卖家数量在各个地区的分布情况。

任务目标

◎掌握 Power BI 的地图显示组件。

◎掌握 Power BI 的卡片图显示组件。

◎掌握 Power BI 的热力面积图（树状图）显示组件。

◎掌握 Power BI 插入外部显示组件方法。

◎掌握 Power BI 的数据下钻和上卷操作。

视频资源

6-1 Power BI深入应用

任务实施

1. 分析目标

通过数据文件建立一整套可视化图形显示体系，为后续创建数据大屏进行系统化可视信息展示做准备。

2. 分析原理

导入相关数据文件，通过 Power BI 中的 Power Query 首先进行数据的初步处理和清洗，然后通过 Power BI 的可视化组件，创建可视化页面进行信息综合展示。

3. 实施准备

准备好需要进行分析的数据文件。

4. 实施过程

在上一模块的基础上，通过更多扩展的可视化组件进行相关卖家数量的显示。相关组件实施操作过程如下：

（1）地图组件。为了更好地显示相关的卖家数在全国各不同省份的分布情况，特选择地图可视化组件进行显示。相比其他组件，地图组件更能从地理位置上展现相关的卖家数在全国境内的分布情况。在可视化组件图框中选择“地图”组件，如图 6-13 所示。

图 6-13 地图可视化控件

在选中地图组件后，拖动数据信息表中的“省份”到“位置”，拖动“卖家数”到“大小”，如图 6-14 所示。因为想要在地图组件中以卖家数为基准，展现各个不同地区的数量对比情况，所以“卖家数”直接影响了各个不同地区的气泡大小。

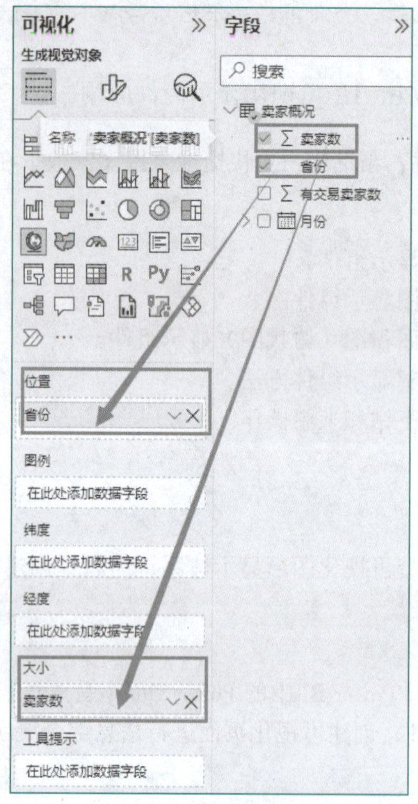

图 6-14　拖动数据字段创建图表

通过地图浏览可以清晰地看到相关数据的对比情况，图示效果（略）。

（2）卡片图。卡片图主要是将相关数据以标签的方式进行展示。相关标签内的数据，会随着其他可视组件内相关数据的变化而进行联动变化。

单击可视化组件图框中的“卡片图”图标按钮，将“卡片图”添加到主页面中，如图 6-15 所示。

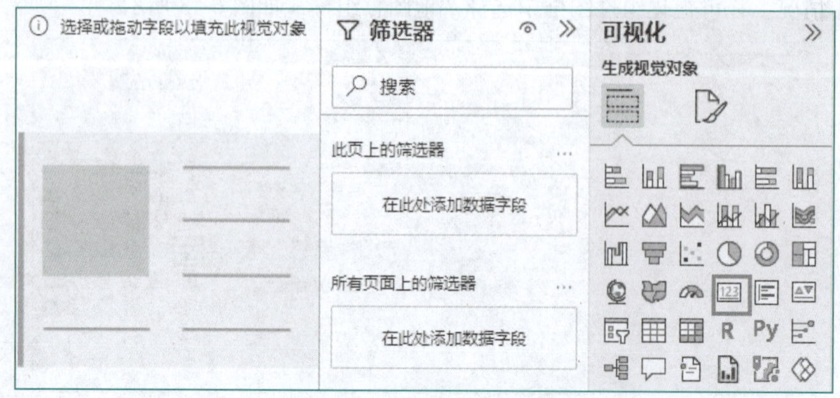

图 6-15　筛选器可视化控件

本次需要显示年度全国所有“卖家数”的合计数量。所以在选中“卡片图”组件后，将数据表中的“卖家数”拖动到“字段”中，如图 6-16 所示。为了排除重复计算的问题，本次将要计算在某个时间段内，拥有最多卖家数的省份其拥有的卖家具体数量。在“字段”下的“卖家数”上单击向下拉箭头，在下拉菜单中选择“最大值”，如图 6-17 所示。

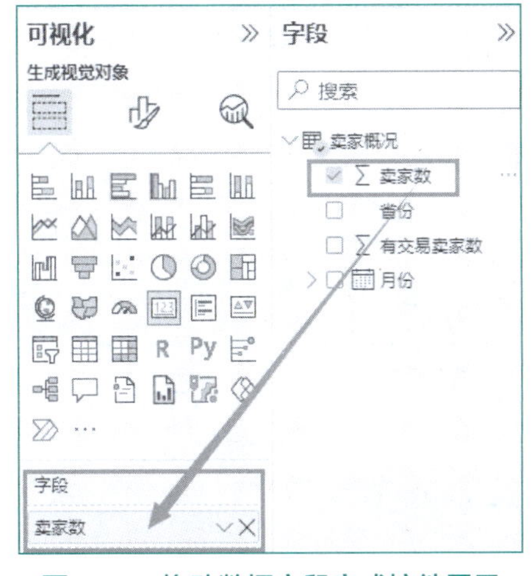

图 6-16　拖动数据字段完成控件展示

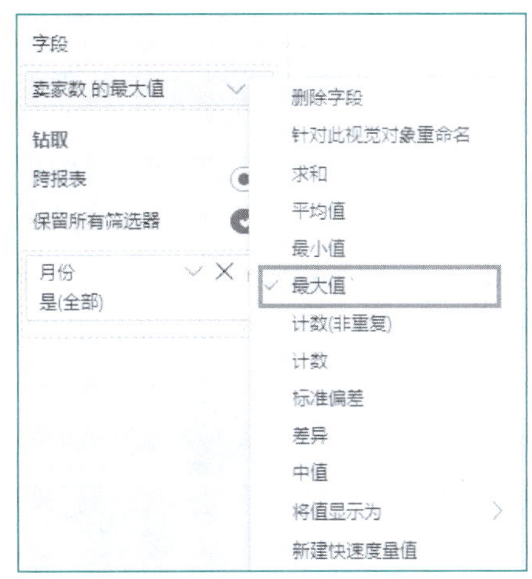

图 6-17　筛选最大卖家数

此时，“卡片图”会显示所有省份中的拥有最多卖家数为“48 千”，此数据是与相关的计算年份相对应的。此时可以看到，在上一个模块中的“切片器”有关年份时间选择的视图中，相关的年份并没有任何选定，也就是说“48 千”是 2018 年和 2019 年两年中针对所有省份统计出的省份拥有卖家数的最高记录，如图 6-18 所示。

图 6-18　控件显示结果

当选择不同年份后，可以看到相关的“卡片图”的卖家数发生变化，如图 6-19 所示。相关的“地图”组件上的气泡大小也会在不同省份有所变化（上面的年份切片器和柱状图是上一个模块中已经创建好的）。

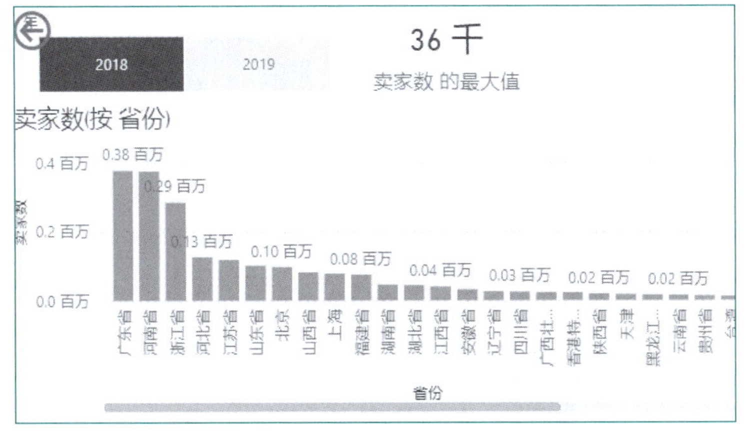

图 6-19　控件结果显示

添加“有交易卖家数”，依据上面的操作方法，再次添加一个“卡片图”到主页面，并拖动“有交易卖家数”到相关“字段”位置上，如图 6-20 所示。

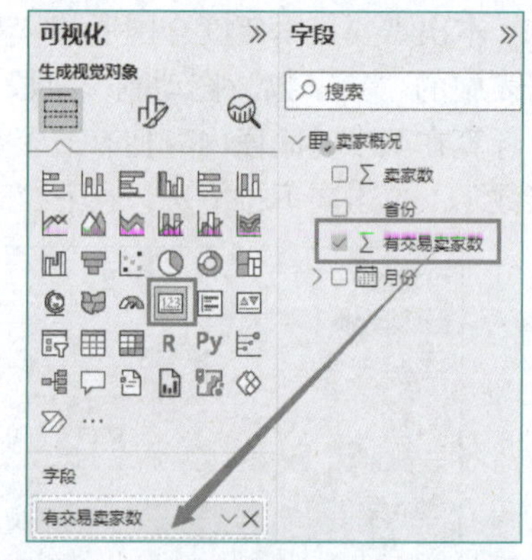

图 6-20　有交易卖家数量进行控件显示

此时也计算最大的有交易卖家数量，整体信息显示状态如图 6-21 所示。

（3）热力面积图（树状图）。有时需要通过面积大小看到相关的数据在整体中的所占比，此时使用热力面积图，也称之为“树状图”。在可视化组件图框中选择“树状图”，如图 6-22 所示。

将“省份”拖动到“组”，将“卖家数”拖动到“值”相关位置，如图 6-23 所示。

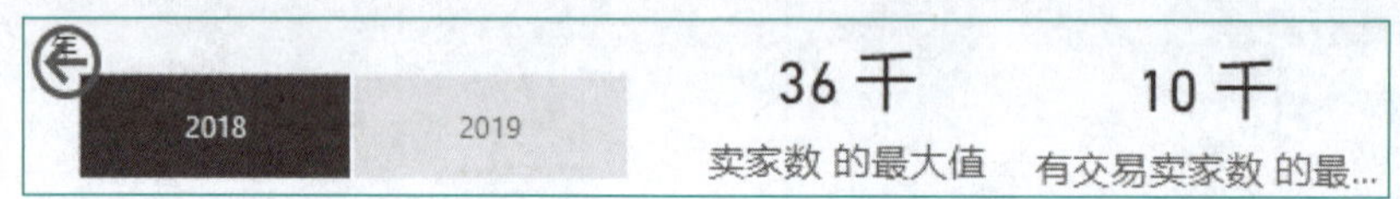

图 6-21　具体年份的相关数据显示

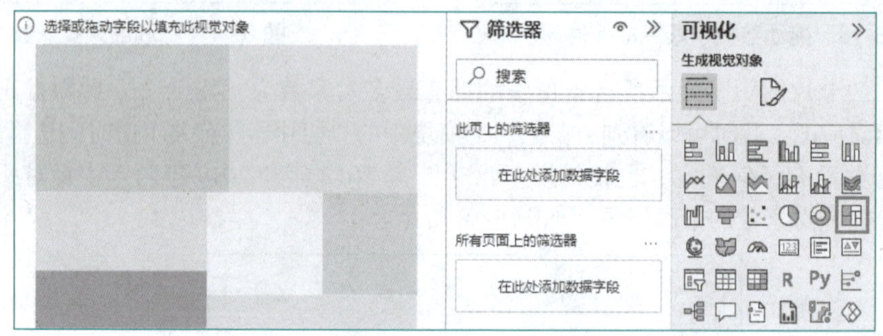

图 6-22　树状图控件

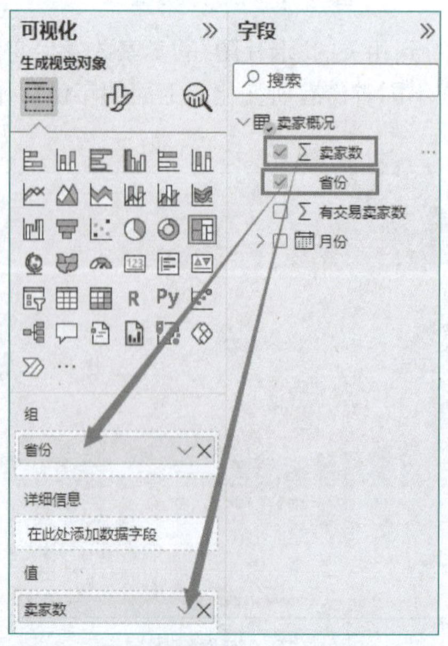

图 6-23　拖动数据字段完成控件显示

显示的相关结果图形如图 6-24 所示，从中可以看到，第一和第二位的省份所占比例较大，且有一定差距。江苏、北京、山东为一组，河北、福建、上海为一组，湖北、湖南、江西、山西为一组，卖家数量相差不大，在进行相关业务发展时，可以考虑此种状况进行计划设定。

（4）词云图（外部引入）。词云图，在 Web 应用中经常会看到，但是在 Power BI 中没有默认提供相关的插件，因此，需要从外部进行导入。在可视化组件图框中，单击最后的“...”按钮，在弹出的图框中选择“从文件导入视觉对象”，如图 6-25 所示。

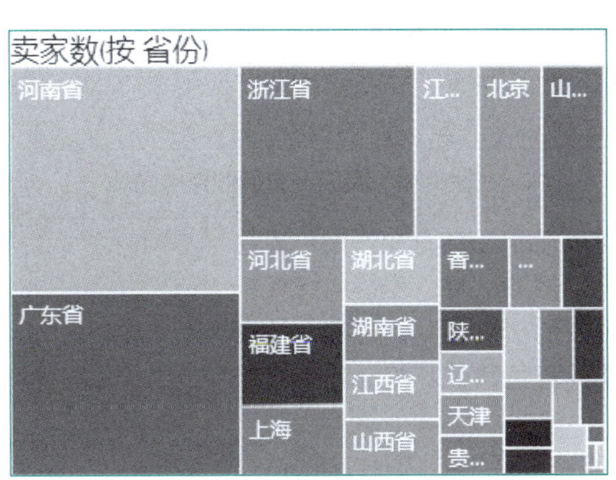

图 6-24　完成树状图控件显示

图 6-25　从外部导入视觉对象

在打开的文件选取对话框中，选择相关的文件。在可视化组件图框中会出现刚才选择的组件的图标，如图 6-26 所示。

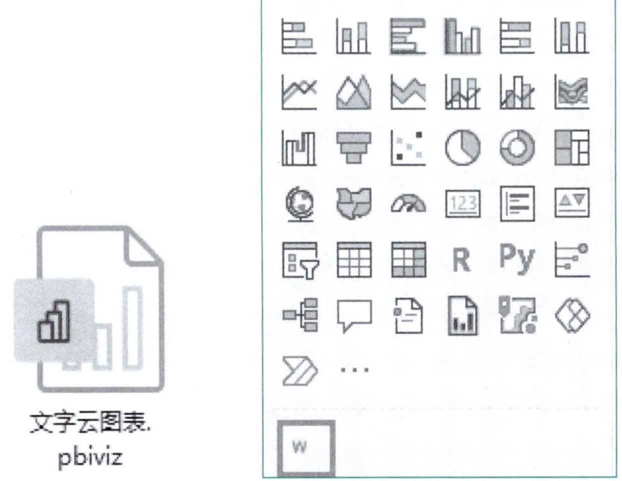

图 6-26　引入外部视觉对象后界面

拖动数据表中的“省份”到“类别”中，拖动“卖家数”到“值”中，如图 6-27 所示，显示结果如图 6-28 所示。

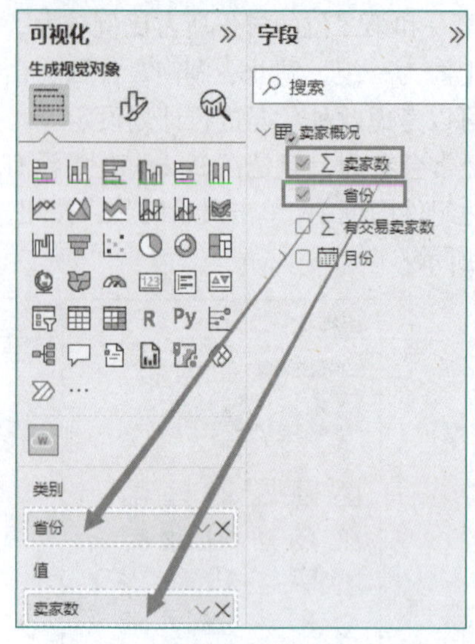

图 6-27　拖动字段完成控件设置

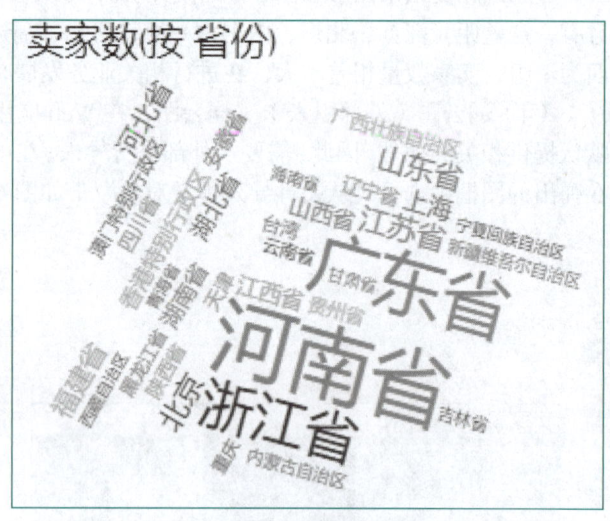

图 6-28　完成设置后的控件显示

（5）数据的下钻与上钻。数据的“钻取”功能，就是允许用户通过一个入口，逐步进入其子类别查看相关数据。例如，对于疫情的统计，可以通过单击“国家”，然后进入其国家下属的“省份”，再进入其省份下属的“市县”，一层一层查看不同范围的疫情状况。相反的操作就是“上钻”。

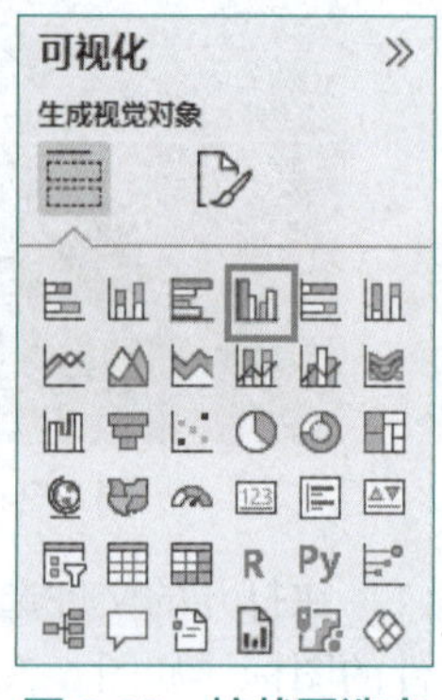

图 6-29　柱状图选定

进行数据下钻一般会选择使用“柱状图”，为了和普通柱状图进行对比，本次在可视化组件图框中选择“簇状柱形图”，如图 6-29 所示。

如图 6-30 所示，拖动“月份”到“轴”，拖动“卖家数”到“值”，因为 2017 年与 2020 年没有整年的信息，因此将这两年的信息排除掉。操作后的效果如图 6-31 所示。

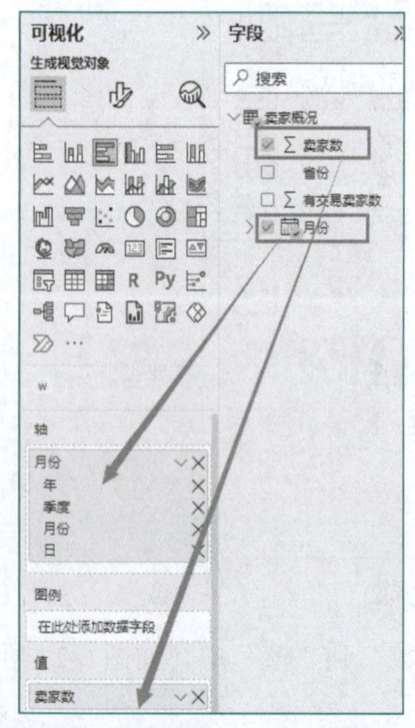

图 6-30　拖动数据字段完成控件设置

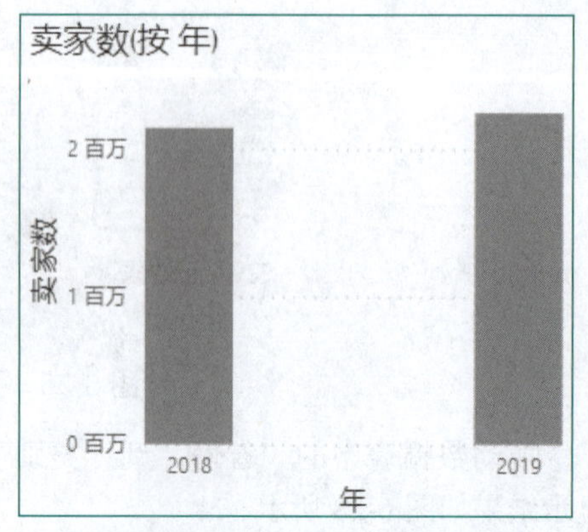

图 6-31　操作前柱状图状态

因为相关的“月份”时间信息带有层级数据信息，也就是“年”–“月”–“日”，可以进行“下钻”操作，所以可以在相关组件选中后，在组件右上角看到多出来的下钻图标，如图 6-32 所示。

如果是普通的柱状图，无法进行下钻操作的，将无法看到多出的下钻图标，如图 6-33 所示。

图 6-32　下钻相关图标显示　　图 6-33　普通柱状图图标

数据钻取的设置：将“月份”拖动到“钻取”处，如图 6-34 所示。在图表中，激活相关的下钻按钮，如图 6-35 所示。

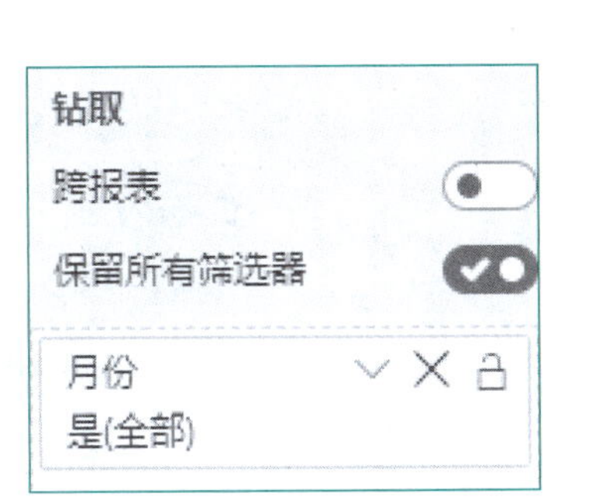

图 6-34　数据钻取设置

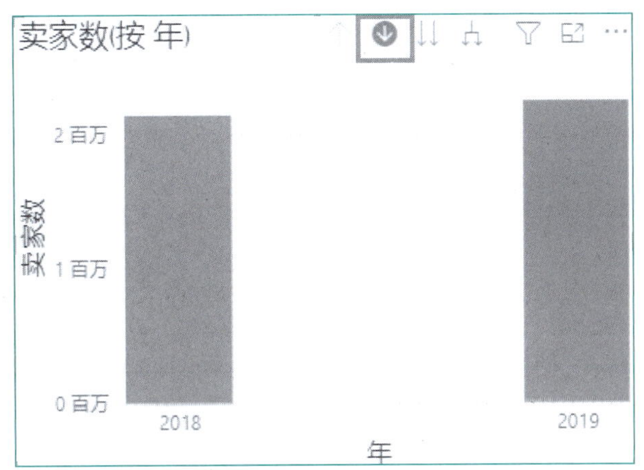

图 6-35　下钻图标按钮

这样，当单击相关年份的信息条的时候，就可以向下看到下一层级的数据，如图 6-36 所示。

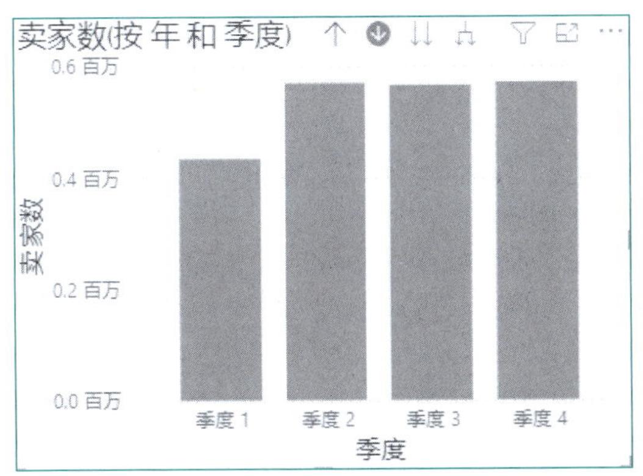

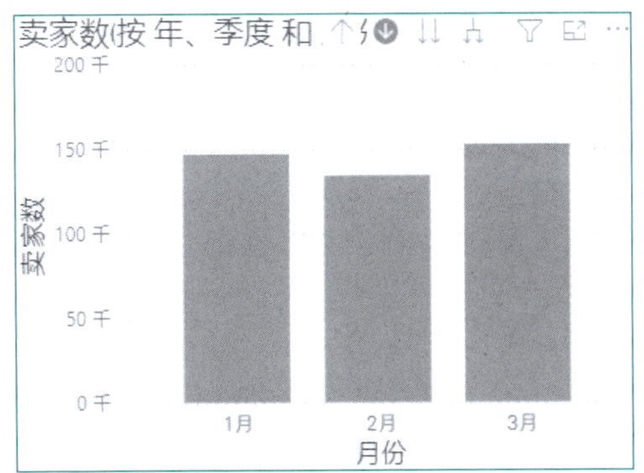

图 6-36　下钻后的下级时间单位信息显示

5. 数据可视化展现

经过设置后的各显示组件总体展示图，分别在单击“年份”后，显示“季度”的数据信息，单击“季度”后，显示“月份”相关信息。同时也可以单击向上箭头，进行“上钻”，获取更高层级范围的数据信息。

此时，相关的“卡片图”数据信息也会进行同步更新显示，如图 6-37 所示。

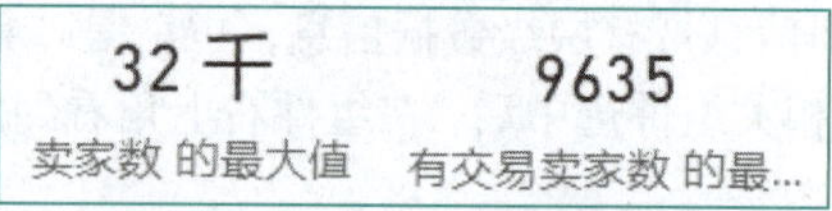

图 6-37　同步更新的卡片图数据

最终处理后的结果如图 6-38 所示。

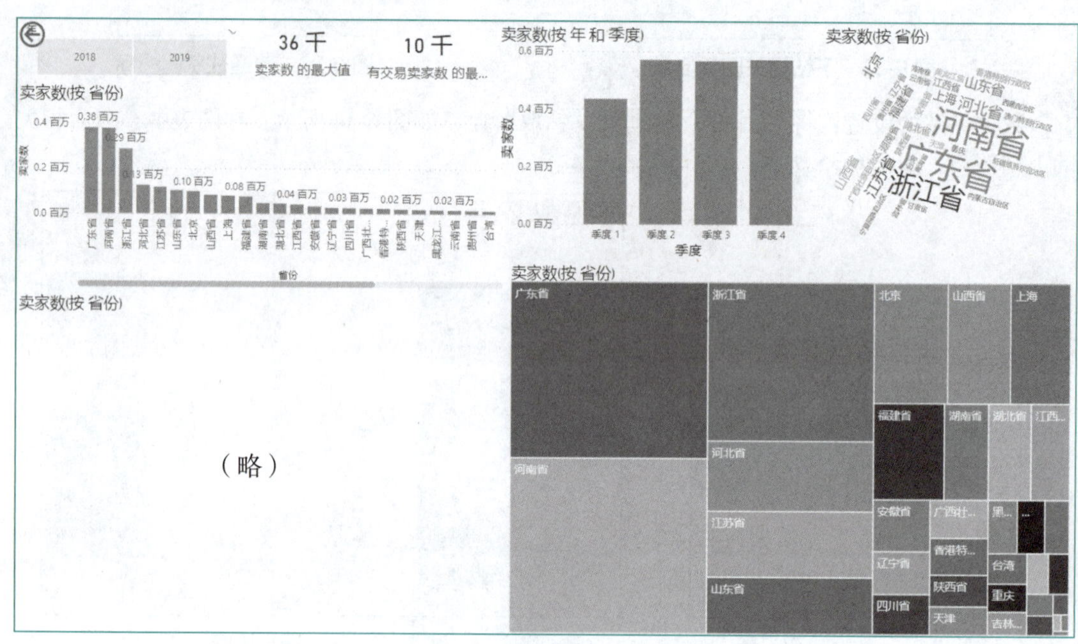

图 6-38　最终处理后显示图表整体

6. 分析结果

通过可视化图表所示，可以看到企业相关经销终端，主要集中于东南沿海与京津冀地区，河南是个特例，需要进行重点研究。

同步训练

依据以上内容，请在自己计算机上复盘制作以上图表。

能力检测

一、单选题

1. 以下选项中，对商品进行分仓分析的原因不包括（　　）。
   A. 为了提升客户购物体验同时减少商家相关物流配送和管理成本
   B. 为了适应中国的地理特点
   C. 为了降低管理复杂度
   D. 为了获取竞争优势
2. 不同时段，相关消费订单的数量是不一致的，不会对其产生影响的因素是（　　）。
   A. 促销活动　　B. 消费习惯　　C. 重大节日　　D. 商品类型
3. 有关客单价描述正确的是（　　）。
   A. 客单价计算不需要限定时间
   B. 客单价计算可以按照用户昵称为标准计算

C. 客单价不需要明确是针对哪些商品进行计算衡量

D. 可以依据不同时间单元分段进行平均客单价计算

4. 有关动销率描述不正确的是（　　）。

A. 动销率指的是实际销售的数量与准备的库存之间的比例

B. 商品动销率 =（动销品种数 / 仓库总品种数）× 100%

C. 店铺动销率越高，那么就说明店铺权重可能较低

D. 通过对动销率的分析可以挖掘单独门店或分仓商品管理策略

5. 对商品爆款与长尾款描述错误的是（　　）。

A. 只能从销售数量出发对二者进行分析

B. 二者一般按照 2/8 法则体现

C. 对爆款和长尾款可以使用帕累托图进行数据可视化分析

D. 以数量单位分析时，需要确定好商品的计量单位

二、判断题

1. 客户产品偏好，不仅仅包括在不同商品之间进行偏好选择，也包括在同一商品内、不同 SKU 子商品间的选择。（　　）

2. 客户只要下了订单，就可以认为是有效订单。（　　）

3. 物流效率不会对支付率造成影响。（　　）

4. 进行价格分析时，不能简单以价格单方面指数进行查看。（　　）

5. 以低价扩大市场占有率是一种主要市场价格策略。（　　）

行业观察：2022 年十大数字科技应用趋势

数字科技正前所未有地渗透到经济社会的方方面面，一个更加智能泛在、虚实共生的时空正在全面展开。

腾讯于 2020 年发起了《数字科技前沿应用趋势》研究项目，其中的很多预判已成为行业热点，人工智能等数字技术在医疗、自动驾驶、安全等领域的应用深入开展，沉浸式媒体、数字虚拟人、虚实集成打开了全真数字世界的大门。

2022 年，腾讯继续聚焦未来有望落地的科技趋势，凝练出三大类、十个重点方向：云原生、人工智能、未来网络、云安全、量子计算等领域的新变革有望重塑信息基础设施；空天科技、能源互联网、复杂任务服务机器人与信息技术的融合正迸发出强劲的跨界创新势能；万物孪生、扩展现实将进一步连通虚实世界，为人们创造全新的体验和数字生产力，让虚拟世界更真实、让真实世界更丰富。

- 趋势 1：云原生加速 IT 体系迈进全云时代。
- 趋势 2：量子计算 NISQ 时期仍将持续。
- 趋势 3：人工智能迈向普适化和工业化新阶段。
- 趋势 4：云网融合构建“连接升维”。
- 趋势 5：疫后新需求按下云原生安全发展快进键。
- 趋势 6：多路径并行演进推动万物孪生。
- 趋势 7：硬件迭代驱动扩展现实（XR）产业拐点到来。
- 趋势 8：多模态融合驱动复杂任务服务机器人进入家庭生活。
- 趋势 9：双碳目标促进能源互联网加快发展。

- 趋势10：星地协同智能化开启“大航天”时代。

（资料来源：腾讯研究院）

直通职场：新业态孕育新职业

生活服务业新职业，多产生于伴数字经济而生或数字经济与传统经济结合而形成的新业态和新模式中。生活服务业新职业的涌现，背后是数字经济发展带来的变革与机遇：一方面，数字化创造了新消费需求，拓展了服务消费边界，促进了新业态的发展；另一方面，数字化新业态创造了新职业和新工种。创造了新的就业机会，而新职业人才的发展也会反哺地方的经济发展，对增强地方经济活力产生极而深远的影响。

素质园地：两弹一星元勋，誓死保护国家数据安全

郭永怀是我国著名的力学家和应用数学家、空气动力研究开拓者，为我国原子弹、氢弹的研制以及核武器事业的发展做出了不朽的贡献，1999年在庆祝中华人民共和国成立五十周年之际，以烈士身份被追授“两弹一星”功勋奖章。

1968年12月4日，在青海基地呆了两个多月的郭永怀，在试验中发现了一个重要线索。他要急着赶回北京，就争分夺秒地要人抓紧联系飞机。他匆匆地从青海基地赶到兰州，在兰州换乘飞机的间隙里，还认真地听取了课题组人员的情况汇报。当夜幕降临的时候，郭永怀拖着疲惫的身体登上了赶赴北京的飞机。5日凌晨，飞机在首都机场徐徐降落。在离地面400多米的时候，飞机突然失去了平衡，坠毁在1千米以外的玉米地里。同行的14人，除一人重伤被救治成功外，其余全部罹难。

救援人员赶到时，现场早已是一片狼藉。因为爆炸的巨大冲击力，尸体已是支离破碎，可就在这些烧焦的尸体之中，有两具却是紧紧相拥的。救援人员竭尽全力将尸身分开后，赫然发现，在两具尸身之间是郭永怀刚刚发现的氢弹数据。

我们并不知晓在生命的尽头，这些科学家、科研人员之间的对话，但我们能够知道的是在这份紧紧相拥背后，是他们的赤子之心。

（资料来源：根据网络资料整理）

学习笔记

任务评价

班级：________________ 小组：________________

姓名：__________ 学号：______________ 综合评分：__________

序号	任务内容	实施结果自评	小组互评
1	正确使用地图组件显示卖家分布		
2	添加新的切片器并调整显示		
3	调整布局同上个任务，进行整合显示		
4	使用树状图		
5	使用外部词云控件		
6	实现数据下钻与上钻		

学习小结：

教师评语：

评量标准

项　目	1～4分	5～7分	8～10分
任务完成度	仅能部分完成任务内容，或任务内容完成有缺陷	可以基本完成任务规定内容，没有个人见解和活用效果	全面完成任务，并且有个人见解，能够举一反三
语言表达	语言不连贯，无法对完成内容进行清晰说明。仅可对部分任务内容进行性说明	能够对完成任务进行全部内容说明，语言表达基本连贯清晰	能够对完成内容进行非常流利的表述，并能够联系其他关联知识进行说明
学习态度	仅能保证基本到场参与，与同学和老师沟通交流少，缺乏学习积极性	能够保证课堂上与同学和老师互动，可以完成老师课堂布置的相关任务	积极参与课堂活动，并能够主动帮助同学解决学习问题，帮助老师进行教学活动

总结反思

1. 如何做好商品订单分析？

2. 通过订单商品偏好分析可以对企业的产品研发起到什么作用？

3. 如何提升商品支付率？

4. 制订什么样的价格策略会有助于推动商品销售？

模块七
营销活动数据分析

模块导读

营销活动是实现企业营销计划的主要表现形式，本模块主要从营销活动本身、相关的营销推广渠道，以及内容运营三个方面展开数据分析活动。由此可以做好相关营销活动的各项复盘反思工作，对后续提升营销活动质量、降低营销活动成本都有积极作用。

学习目标

【知识传递】

◎掌握营销活动流量、转化、拉新、留存等相关数据信息分析技巧。

◎掌握营销渠道中免费、付费、精准投放等不同类型的数据分析。

◎掌握短视频平台的内容运营分析。

◎掌握社交类平台的内容运营分析。

【能力培养】

掌握 Python 的基本使用。

【价值引领】

通过数据信息展示，感受中国传统文化在现代社会的积极体现。

思维导图

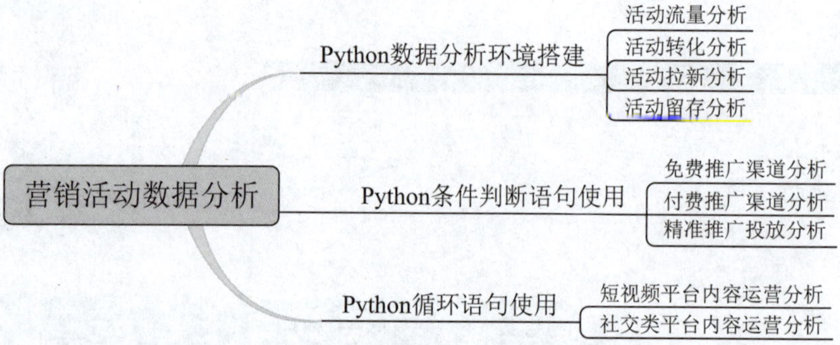

营销活动数据分析

- Python数据分析环境搭建
  - 活动流量分析
  - 活动转化分析
  - 活动拉新分析
  - 活动留存分析
- Python条件判断语句使用
  - 免费推广渠道分析
  - 付费推广渠道分析
  - 精准推广投放分析
- Python循环语句使用
  - 短视频平台内容运营分析
  - 社交类平台内容运营分析

引入案例 短期损失带来长期收益

某房地产资源提供商在进行市场推广活动时，选用电子邮件发送广告信息。与传统的邮件发送不同，在近期的活动中，公司通过数据分析对电子邮件推广活动进行了重新调整，最终增加了流量。

该公司工程副总裁说，他们每天都会发送许多电子邮件，由于部分邮件用户不感兴趣，导致取消订阅邮件数量的客户增加。通过数据分析后，公司改变了邮件发送方法，将电子邮件进行整合，每天只发送一封电子邮件。

起初，公司的用户参与度有所下降，因此又取消了这一新方法。但是，该公司随后决定对这种新方式延长测试时间，最后看到了较好的结果，改变了早期惨淡的状况，在这个案例中，一周内的数据显示其流量是在下降的。但是，通过更长时间的测试证明情况正好相反。

（资料来源：小象数据分析师事务所）

问题引导：

1. 通过上述案例，请说明通过数据分析进行的邮件发送策略调整是否成功了，为什么？

2. 通过上述案例，你可以得出哪些启示？

知识准备

一、营销活动数据分析维度

营销活动在企业的日常运营中是非常重要的一项工作。企业经过现实的市场调研、市场营销计划制定，之后就是相关的营销活动的实施。

通过营销活动，是否实现了既定的营销计划目标，是否符合活动预期，对于后续企业进行相关商务运作有着非常重要的参考作用。企业按照既定的营销计划和方略执行营销活动并获得活动结果，需要获取可以量化的活动指标结果，如果结果不能量化，就无法进行有效的效果评估，无法精准实现营销目的。而为了达到量化的结果管控，就需要在事先的营销计划中注入相应的模块设置，在营销活动过程中，通过计划中规划的方式方法进行信息收集，最后通过标准模式进行有效数据收集。一般情况下，衡量营销活动效果的指标通常有活动流量、活动转化、活动拉新、活动留存等。

（一）活动流量分析

商家需要通过营销活动来活跃店铺，吸引更多的消费者来店消费。在进行营销活动分析中，活动流量是进行相关数据分析的最重要的指标，但是在实际应用统计中，很难完全区分仅仅受到营销活动影响而进入店铺进行商品采购的消费者与普通消费者，一名消费者进行商品购买是受到很多因素影响的，不好界定当前消费者的消费行为与其他因素无关而仅仅是营销活动的作用。因此在进行营销活动分析时，需要多频率、在一个较长周期内进行多次尝试，通过整体的流量分析和综合比对，从而得出针对营销活动的相对准确的评定记录。

进行活动流量分析时，可以借助京东商智和生意参谋等多种数据工具进行，进入相关图形界面后，可以直接在相关界面上进行数据浏览，也可以将相关数据导出，自行通过软件进行数据整理，最终形成相关的可视化图形。具体操作方式和流程可以依据本书之前的数据分析流程进行。

图 7-1 显示出，在通过营销活动带来的流量来源上，站内其他、类目浏览和直接访问占据主导地位。在流量流出上，退出本店占据大比重。因此需要在引流的同时，加强商铺对客户的黏性吸引度。

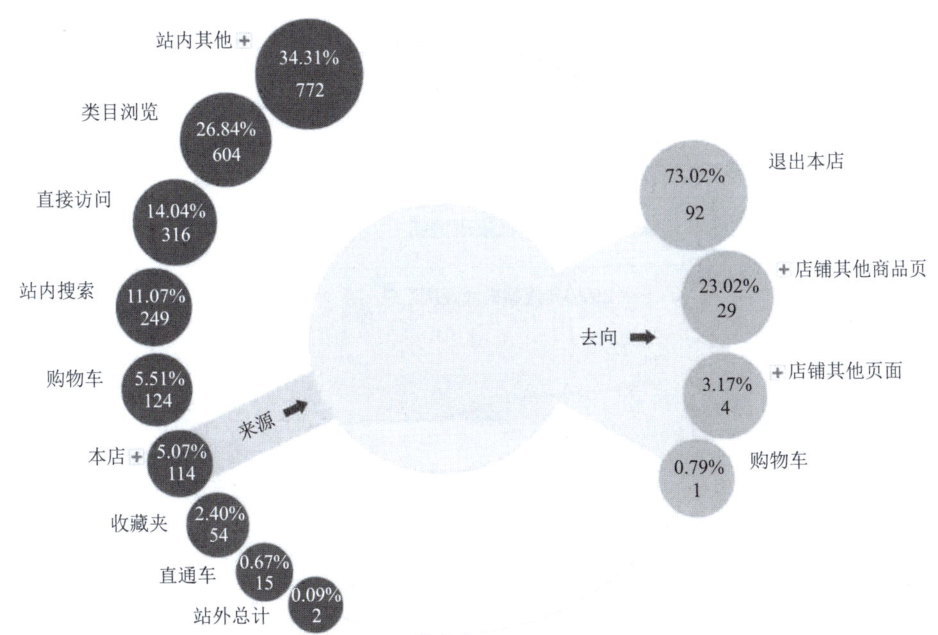

图 7-1　某商品营销活动流量来源分析

由图 7-2 可以看到，首先通过京东商智的流量监控模块进行数据信息导出，然后对导出的数据进行汇总，最后通过软件进行数据可视化图表的制作。在图表中可以看到京东商智后台报表中心数据，如图 7-3 和图 7-4 所示。

时间	所属品牌	所属一级类目	所属二级类目	所属三级类目	经营模式	浏览量	访客数	人均浏览量	平均停留时长	成交人数	成交转化率	成交单量	成交商品件数	成交金额	成交客单价
2020-01-3	新虹宝（	生鲜	海鲜水产	虾类	自营	189	116	1	30	7	6.03%	9	11	935	133.61
2020-01-3	新虹宝（	生鲜	海鲜水产	虾类	自营	451	268	1	26	14	5.22%	14	17	1151	82.23
2020-01-2	新虹宝（	生鲜	海鲜水产	虾类	自营	242	130	1	29	8	6.15%	8	15	1018	127.27
2020-01-2	新虹宝（	生鲜	海鲜水产	虾类	自营	232	123	1	30	16	13.01%	16	25	1395	87.17
2020-01-2	新虹宝（	生鲜	海鲜水产	虾类	自营	907	571	1	20	20	3.5%	21	31	2464	123.20
2020-01-2	新虹宝（	生鲜	海鲜水产	虾类	自营	360	218	1	19	12	5.5%	12	20	1176	97.97
2020-01-2	新虹宝（	生鲜	海鲜水产	虾类	自营	153	71	2	27	3	4.23%	3	4	181	60.49
2020-01-2	新虹宝（	生鲜	海鲜水产	虾类	自营	171	89	1	49	0	0.0%	0	0	0	0.00
2020-01-2	新虹宝（	生鲜	海鲜水产	虾类	自营	319	160	1	24	5	3.13%	5	6	336	67.22
2020-01-2	新虹宝（	生鲜	海鲜水产	虾类	自营	288	144	2	48	13	9.03%	13	18	1167	89.76
2020-01-2	新虹宝（	生鲜	海鲜水产	虾类	自营	423	200	2	32	17	8.5%	17	24	2265	133.23
2020-01-2	新虹宝（	生鲜	海鲜水产	虾类	自营	360	180	2	28	12	6.67%	13	24	1637	136.43
2020-01-1	新虹宝（	生鲜	海鲜水产	虾类	自营	526	214	2	41	15	7.01%	17	25	1905	127.00
2020-01-1	新虹宝（	生鲜	海鲜水产	虾类	自营	834	417	2	38	48	11.51%	50	74	4011	83.56
2020-01-1	新虹宝（	生鲜	海鲜水产	虾类	自营	1106	437	2	52	71	16.25%	79	121	9305	131.06
2020-01-1	新虹宝（	生鲜	海鲜水产	虾类	自营	551	285	1	37	14	4.91%	15	21	2183	155.94
2020-01-1	新虹宝（	生鲜	海鲜水产	虾类	自营	2546	1188	2	45	128	10.77%	143	232	16867	131.77
2020-01-1	新虹宝（	生鲜	海鲜水产	虾类	自营	547	291	1	35	11	3.78%	11	14	1234	112.20
2020-01-1	新虹宝（	生鲜	海鲜水产	虾类	自营	733	407	1	28	12	2.95%	14	19	1619	134.93
2020-01-1	新虹宝（	生鲜	海鲜水产	虾类	自营	689	411	1	29	8	1.95%	11	14	910	113.71
2020-01-1	新虹宝（	生鲜	海鲜水产	虾类	自营	3759	1538	2	46	149	9.69%	189	456	30467	204.47
2020-01-1	新虹宝（	生鲜	海鲜水产	虾类	自营	1852	1152	1	26	42	3.65%	128	210	14015	333.69
2020-01-0	新虹宝（	生鲜	海鲜水产	虾类	自营	824	522	1	27	16	3.07%	17	28	1849	115.56
2020-01-0	新虹宝（	生鲜	海鲜水产	虾类	自营	3612	1061	3	56	261	24.6%	288	589	34270	131.30
2020-01-0	新虹宝（	生鲜	海鲜水产	虾类	自营	1119	645	1	35	8	1.24%	9	13	480	59.96
2020-01-0	新虹宝（	生鲜	海鲜水产	虾类	自营	920	562	1	30	13	2.31%	16	25	2100	161.54
2020-01-0	新虹宝（	生鲜	海鲜水产	虾类	自营	491	316	1	31	7	2.22%	12	13	950	135.70
2020-01-0	新虹宝（	生鲜	海鲜水产	虾类	自营	1529	896	1	34	34	3.79%	40	89	5106	150.17

经营状况-品牌类目月报

图 7-2　流量监控流水数据

排名	访客数	频次	加购人数	频次	成交金额	频次	成交转化率	频次
1	活动会场	12	订单中心	12	订单中心	12	购物车	12
2	订单中心	11	购物车	12	购物车	12	优惠券	11
3	优惠券	11	搜索	12	搜索	12	店铺	10
4	搜索	11	优惠券	12	优惠券	12	扫啊扫	10
5	商品详情	11	活动会场	12	商品详情	12	京东问答	9
6	购物车	10	商品详情	11	下单和支付	12	订单中心	8
7	店铺	7	京挑客	10	店铺	11	外部引荐	8
8	秒杀	7	促销	8	京挑客	11	下单和支付	7
9	京挑客	6	下单和支付	8	活动会场	8	促销	7
10	促销	5	店铺	7	促销	7	京挑客	6

图 7-3　2020 年整体流量来源排名及权重分析①

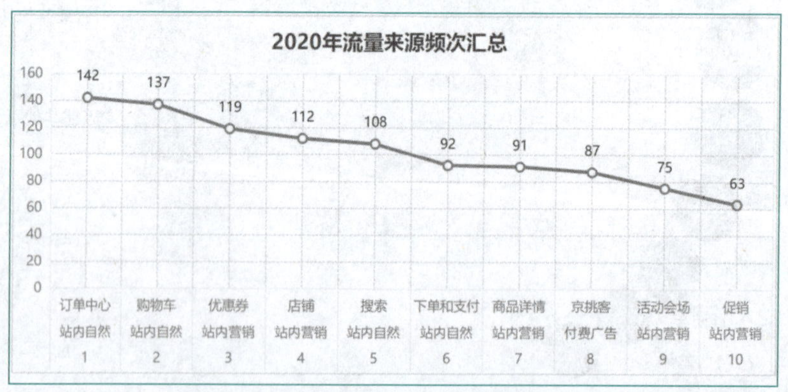

图 7-4　2020 年流量来源频次汇总

① 在统计“访客数”方面，通过“活动会场”激发访客数频次为 12；在统计“加购人数”方面，通过“订单中心”激发加购行为频次为 12；在统计“成交金额”方面，通过“订单中心”激发支付金额频次为 12；依此类推。

（二）活动转化分析

流量获取之后，对于商家来说，最重要的就是转化率的提升。获取流量关注仅仅是市场营销的开始，如果转化率不高，就无法带来实际的经济收入，同时也意味着前期进行大量的引流活动变为无用功，由此付出的成本和资源也会造成浪费。

在进行转化分析时，往往会有多种指标，比如加入购物车比率、加入收藏夹比率、点击关注比率等，都可视为一定的转化的征兆。因为有此举动的客户，往往进行后期购买的概率也会比较高。因此我们经常会看到，在进行网上购物的时候，有很多店铺的客户希望我们能够对店铺进行关注，希望对相关商品进行收藏。

在数据可视化方面，一般都会使用漏斗图，随着商品购买流程的深入，相关客户群体数量是逐步递减的。图 7-5 展现了在商品购买时相关的点击转化率和支付转化率都低于同行业的平均值，因此在数据分析平台上，系统会通过数据对比智能地对数据分析人员进行提示。

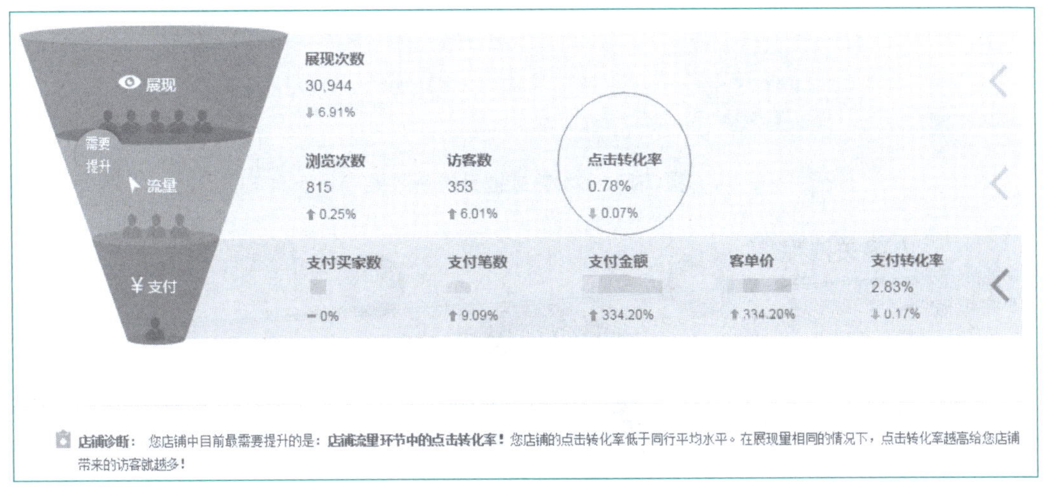

图 7-5 转化率分析

（三）活动拉新分析

进行拉新是营销活动的另一个主要目的。消费者是企业经济收入的主要来源，不断增加的新客户可以进一步扩大企业收入，增加市场占有率。但在销售市场饱和的今天，拉新活动需要耗费巨大的成本。一些线上外卖平台和打车软件，对于首单的新客户往往会给予大量的优惠券，实际上也是企业让利的一种表现。目的就是为了能够提升平台的吸引力，从而为后续的营销活动做好铺垫。

进行拉新的具体活动，可以从三方面入手，可参考图 7-6。

- 产品广度拓展，主要在商品的类目规模上依据市场状况进行适当拓展。
- 产品深度拓展，主要从商品的垂直角度出发进行拓展，包括对商品的附带消耗品，以及商品自身功能的深入挖掘和优化。
- 运营拓展，主要用来拓展与经营商品相关的各项服务性功能，比如物流、售后等项目服务。

拉新活动除了需要进行相关活动操作方式进行分析以外，还可以针对拉新的各项渠道进行分析，从中找到最优化渠道，便于日后进行持续使用或排列后重新进行组合使用，可参考图 7-7。

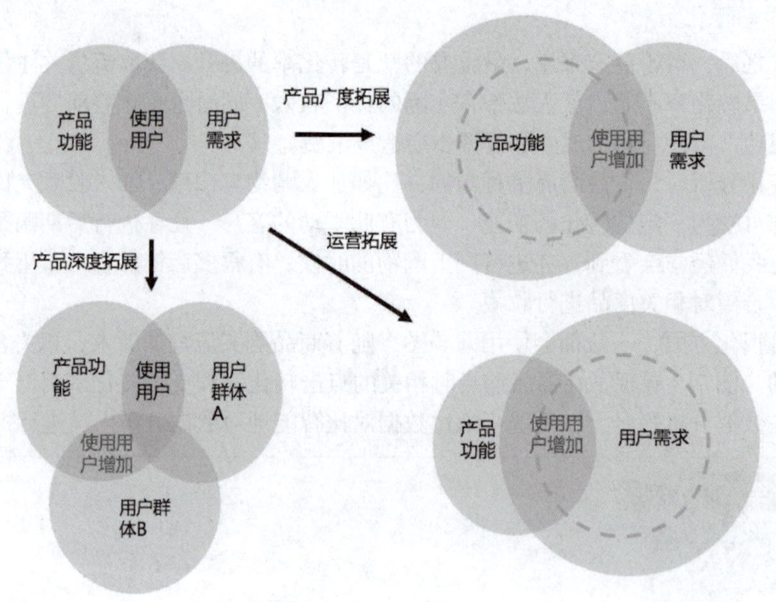

图 7-6　多种方式提升拉新效果

图 7-7　各种拉新活动

（四）活动留存分析

拉新活动后的关键是能够保有多少客户留存，能持续在商家平台上进行消费，也可以称之为提升平台的消费黏性。如果拉新活动后，相关客户流失率较高，就需要通过数据分析探究相关问题发生原因，以便后续活动进行调整。

留存统计与转化统计的理念类似，都是在某次活动后，能够带来实际经济收益的指标统计，因此经常会和转化率等指标综合到一起使用，比如我们经常见到的收藏转化率、加购转化率、交易转化率等数据。

客户留存后，相关的身份就已经从一名新客户转化为老客户，针对这部分客户的营销应对方式也要进行相关转换，特别是重复购买次数较多的客户。

在进行实际统计时，往往会计算相关客户的复购次数、复购时间、复购频率、复购金额等，也就是使用 RFM 方式进行相关的计算分析。

二、营销渠道推广分析

营销渠道推广，在互联网还不发达的时期，就是做广告，营销渠道有电台、电视台、公交车、各种户外墙体广告等。进入互联网时代后，由于技术的发展，商家进行营销广告投放的模式和载体增多了，相互之间进行综合搭配进行整合立体式营销的方式也增多了。

营销活动推广的渠道有很多种，比较常见的包括钻石展位直通车等。这当中有一部分推广渠道是平台对商家免费开放的，商家不需要付出额外的成本，就可以获得这部分流量和转化。当然这种渠道资源的转化效率通常会相对较低。有另一部分推广渠道是需要额外付出费用才可以获得相应的流量和转化。这类推广渠道通常转化率相对较高，但其中一部分具有进入门槛。

随着营销活动的不断发展，还出现了精准投放。这类渠道推广资源是基于用户画像的基础，针对不同的用户投放不同的广告，从而达到推广精准化、高效化的目的。例如淘宝首页的千人千面，再如微信朋友圈推广中的部分，都是针对某个群体的广告宣传和促销活动。

图 7-8 所示为某电商全年流量来源统计表。

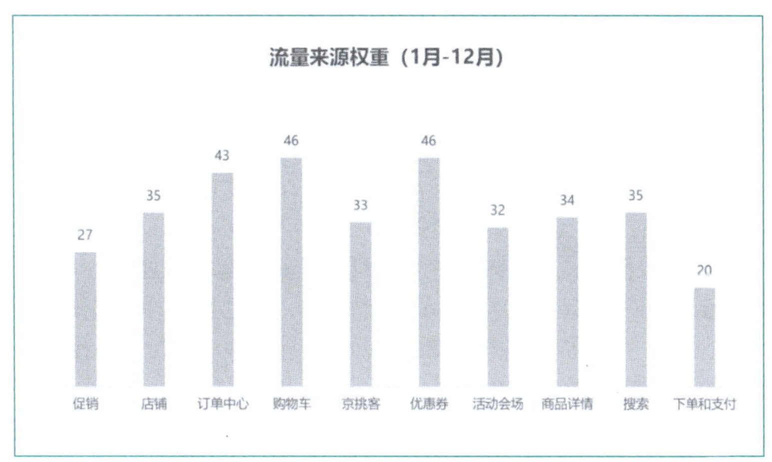

图 7-8 某电商全年流量来源统计图表

（一）免费推广渠道分析

免费推广渠道作为入门级的推广渠道，使用频率是最高的，但有部分免费推广渠道是需要时间的积累，如果不注意日常维护，相关的效果并不理想。

另外，对于推广渠道的选择，要关注最终的推广效果，至于是免费还是收费只是中间的过程，有时免费营销推广渠道也同样会带来较好的销售成果，成效并不比收费的差。

如图 7-9 所示，从淘宝免费推广渠道中可以发现，有些免费的推广渠道是需要挖掘的，比如淘宝社区、店铺 VIP 会员等；另一方面，有些免费的推广并不是绝对的免费，例如友情链接，是需要花费一些非物质资源与其他合作方进行合作交换的。

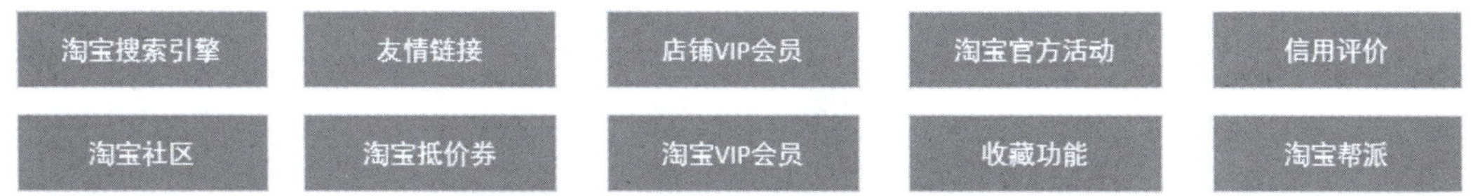

图 7-9 淘宝网免费推广渠道

（二）付费推广渠道分析

付费的推广渠道，可以简单看作是花钱进行的广告宣传活动。由于有相关资源的投入，相关成效的获取一般会比免费的更有成效。因为在进行付费推广时，有时投入的资金在经营成本中所占比例会较大，所以一般情况下都会在投入推广后及时进行相关的推广效果的评定。并且会考察相关的推广效果与商家的资金投入是否成正比，这也就是平常我们所说的投资回报率（ROI），以下是费比和ROI的计算公式：

费比 = 投入费用 / 销售金额 ×100%

ROI = 销售金额 / 投入费用 ×100%

淘宝网的付费推广渠道主要有：淘宝直通车、钻展、淘宝客、淘宝直播。其他平台也有自身的付费推广渠道，商家在进行付费推广渠道时，一方面需要认真考察相关平台所针对的用户是否是自身的目标客户群，另一方面需要对平台的收费详情，以及自身的实力状况做好客观的评价，在认真分析的基础上做出自己最合适的投资选择。

（三）精准推广投放分析

精准推广渠道是付费推广渠道的延伸。由于其推广的精准性以及可以带来较高的转化率等特点，相关的收费也是最高的。虽然精准推广渠道的重点在于其精准程度上，但最后的效果并不能保证必然带来高回报率和高支付率。整个商品营销过程是复杂的，在进行精准推广渠道选择应用后，还需要结合其他营销数据进行综合性分析，如果发现无法带来持续性的经营收益，就需要及时做出相应调整，进行推广渠道的更换。

淘宝网的个性化投放渠道：每日好店、猜你喜欢、必买清单，如图7-10 ~ 图7-12所示。此类模式一般都会依据用户浏览、购买商品的日常活动，经过大量的数据分析，通过权重值排序刻画出智能用户画像。然后根据用户画像的特点，有针对性地进行商品推荐，也可算为一种精准推广的营销方式。现在已经普遍在大多数电商平台上进行应用。

图7-10 淘宝网的“每日好店”

图 7-11 淘宝网的“猜你喜欢”

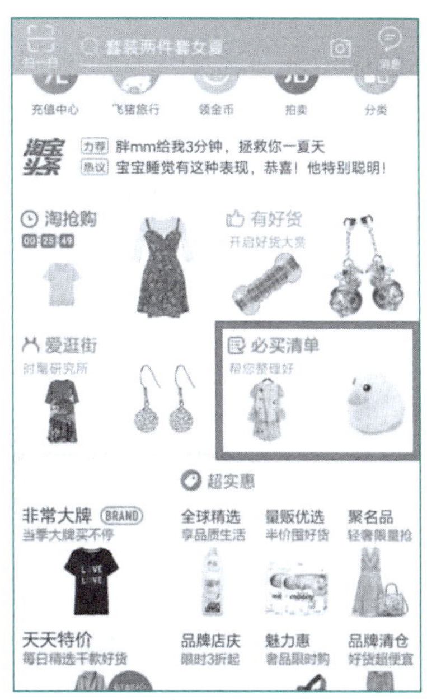

图 7-12 淘宝网的“必买清单”

三、内容运营分析

当前，互联网行业一般将运营分为四大部分——内容运营、用户运营、活动运营、产品运营，其中，内容运营是比较重要的。

内容运营核心要解决的问题是：以内容的生产和消费为中心，持续提升各类与内容相关的数据。比如，内容数量、点击量、浏览量、互动频率、转发传播数量等。

在进行内容设置时需要关注发布的内容基础属性是什么、内容如何组织和展现、如何能够更容易被用户高频率的浏览、如何更好地引导用户与发布的内容进行互动并进行转发传播。

以下依据具体的社交传播平台说明如何做好企业的内容运营。

（一）短视频平台内容运营分析

当前的一般做法是一次制作，多个不同平台同时发布。作为新媒体营销的主阵地，短视频平台发挥了很大的作用。可参考图 7-13。当前在业内活跃的短视频平台很多，大家较为熟知的抖音、快手、小红书、B 站等，各自都有自身的特点。市面上有关短视频内容运营方面的材料和书籍也是不少。相关短视频拍摄、制作的技巧在网络上也是有大把的内容可以参考。如何能够在短视频上做好自己的内容运营，需要注意以下几点：

（1）需要明确各自短视频平台的特点、相关的计分排序的算法，掌握抖音平台的运行规则。各大短视频平台之所以可以共存并百花齐放，就是因为其各自具有自身的优势特点，在进行视频信息发布的时候，要充分考虑到这点，对视频内容和拍摄技巧等不能一刀切，需要依据各大短视频平台的不同特点分别应对。

（2）需要认清并明确自身的目的诉求、相关的目标客户群体特点、用户画像，有针对性地进行视频内容发布。而不是一次制作，到处发布。

（3）在各个平台上，做好每日、每阶段、每个战略年份的总结工作，及时发现问题并解决。

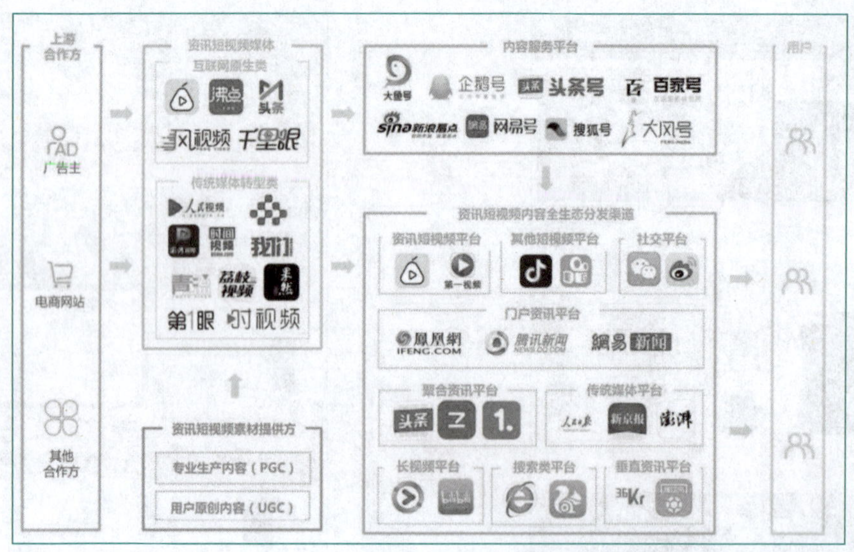

图 7-13　中国资讯短视频产业链图谱

（二）社交类平台内容运营分析

社交类平台一般主要是以微信、QQ、微博等以社交为主的平台。社交平台强调人员之间的互动，虽然其内容也包括短视频，但更强调组织成员之间作为一个“团体”进行互动的要素。因此，在这方面还可以进行“社群营销”操作。

不同社交平台有不同的目标用户以及技术特点，我们在内容运营的时候需要依据平台特色进行有区分的信息发布。

微博是内容运营平台中存在时间相对比较长的一个平台。相比微信，微博更加强调信息传播，而不是像微信一样较为注重人的关系连接。图 7-14 所示为 2021 年东京奥运期间微博内容的运营价值分析。微博的信息面向所有“粉丝”覆盖，传播是开放性的，黏性不如微信。

但无论是微信还是微博，相关分析的维度无外乎是：浏览量、转发评论量、引流人数、交易人数等。

图 7-14　2021 年东京奥运期间微博内容的运营价值分析

任务 Python技术初探

任务目标

◎使用 Anaconda 集成安装包，配置 Python 运行环境。
◎掌握 Python 变量。
◎掌握 Python 方法。
◎掌握 Python 条件判断语句。
◎掌握 Python 循环语句。

任务实施

1. 分析目标

有了 Excel 和 Power BI 等工具后，为什么还需要 Python？虽然使用 Excel 和 Power BI 可以对数据，甚至是大数据进行分析，但是在以下几个方面存在短板：

（1）相关数据分析受到软件功能限制，一些希望自己定义的内容受制于软件的功能限制，无法完全自定义实现。

（2）相关分析的数据信息内容，当发生变化后，必须手动进行数据更新，无法达到与数据自动同步。

（3）数据分析结果在进行共享和展示时无法充分利用 Web 资源根据不同身份权限进行显示。

（4）数据分析结果一旦形成，无法实时通过与第三方用户的互动进行个性化显示。需要重新制作调整。

2. 分析原理

使用 Python 进行数据分析，需要编程，Python 是一种编程语言，通过一定的编程环境运行程序，通过自己编写的程序对数据进行分析。这与 Excel 和 Power BI 有很大不同，其中一个比较明显的地方就是没有明显的数据分析操作界面，需要编写程序代码进行工作实施。比起可以拖动的可视化界面来说，更多的是进行代码编写的编辑界面。因此，Python 虽然在使用界面友好程度上不及 Excel 与 Power BI，但是在相关的实现效果和功能上却大大超过前者，因此对于一些专业数据分析人员来说，Python 已经是首选工具。

下载并安装 Anaconda 集成包，创建 Python 编程环境，运用程序运行机制，将日常数据化解为程序可分析的基本要素，通过 Python 的各种方法和语句流获取数据分析结果。

3. 实施准备

进行软件编程的首要工作就是设置编程环境的，具体设置方法如下：

（1）使用 Anaconda 进行环境设置。如果不使用 Anaconda 也可以，但是却面临着很多需要自定义安装主程序和插件的复杂问题，为了达到一步到位的目标，可以选择使用 Anaconda。Anaconda 是一个开源的 Python 发行版本，包含了 Conda、Python 等 180 多个科学包及其依赖项。只需要一次安装，就可以保证将 Python 程序开发的几乎所有内容设置完毕。

（2）Anaconda 具体安装流程：

① 进入到 Anaconda 官网，选择 Products，并在下拉列表中选择“Individual Edition”（个人版）进行安装，如图 7-15 所示。

图 7-15　Anaconda 官网首页

② 软件安装。打开下载的安装文件进行安装。安装过程比较简单，进入安装界面后，如图 7-16 所示，直接单击“Next”按钮安装即可。后面几个步骤直接按默认设置执行即可。

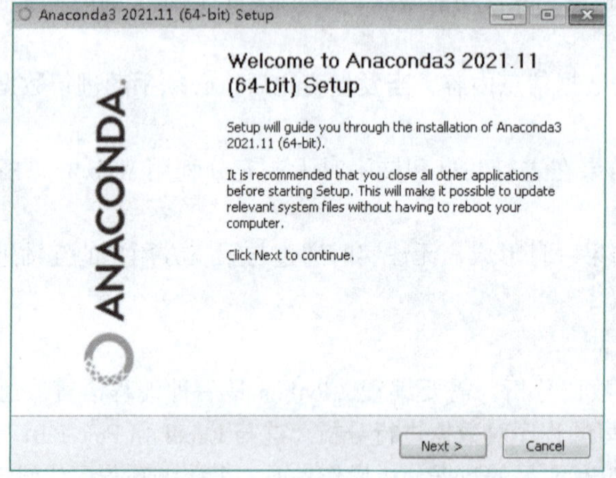

图 7-16　软件安装初始界面

此处是设置安装位置，如果没有特殊需求可以不更改，仍旧按照默认设置安装即可，如图 7-17 所示。

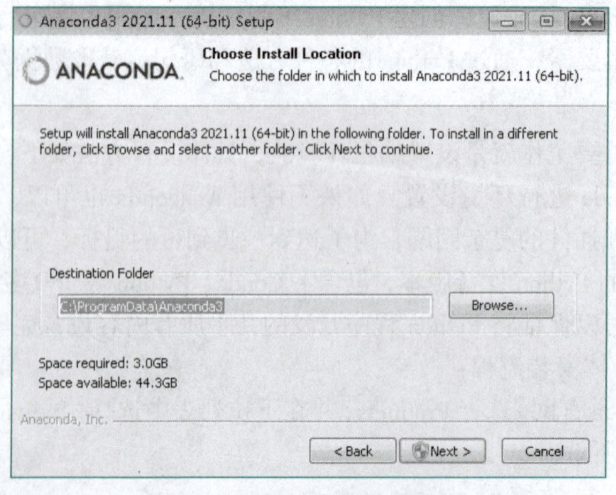

图 7-17　软件安装过程界面

安装完成后，单击“Finish”按钮完成。

（3）验证安装成功。单击 Windows 的“开始”按钮，然后在菜单中选择“Anaconda Prompt（Anaconda3）”即可，如图 7-18 所示。此时会开启一个黑色背景的控制台窗口。

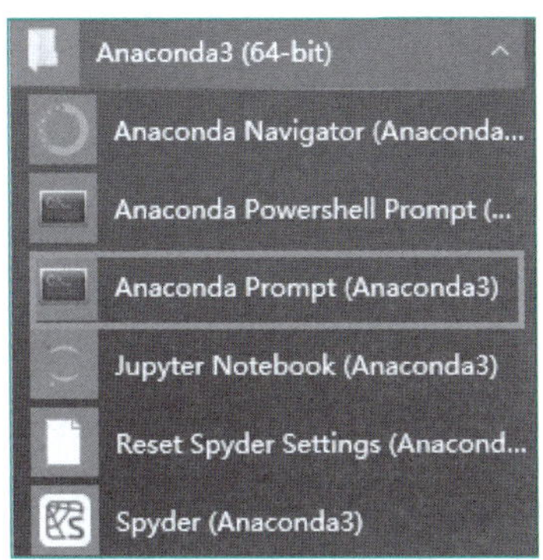

图 7-18　启动菜单选择

在控制台窗口中输入“python”，如果可以看到以下信息证明安装设置成功，如图 7-19 所示。

```
管理员: Anaconda Prompt (Anaconda3) - python
(base) C:\Users\Administrator>python
Python 3.9.7 (default, Sep 16 2021, 16:59:28) [MSC v.1916 64 bit (AMD64)] :: Anaconda, Inc. on win32
Type "help", "copyright", "credits" or "license" for more information.
>>>
```

图 7-19　具体执行界面

4. 实施过程——Python 基础程序编写

（1）变量：变量是存放数据值的容器。在这个容器里可以放置数字和字符串。在控制台上输入 x = 10 或 y ="China" 然后通过 print() 方法进行打印输出，如图 7-20 所示。

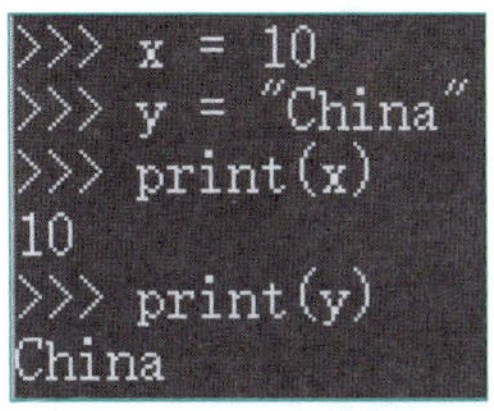

图 7-20　设置变量

视频资源

7-1　Python 基础应用

可以看到保存在容器里的信息被输出到控制台上。

（2）方法：又称“函数”，是组织好的，可重复使用的，用来实现单一或相关联功能的代码段。

函数能提高应用的模块性和代码的重复利用率。Python 提供了许多内置函数，比如 print()（表示将信息输出到控制台）。函数的具体作用和含义可以在互联网上进行查询。用户也可以自己创建函数，称作用户自定义函数。

（3）条件判断语句。Python 条件语句是通过一条或多条语句的执行结果（True 或者 False）来决定执行的代码块，执行过程可参考图 7-21。

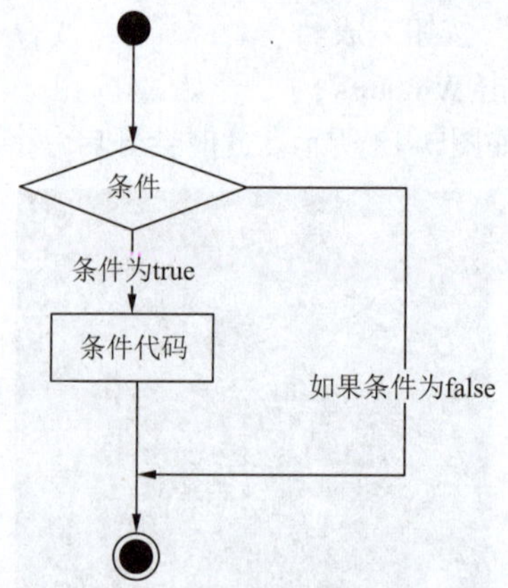

图 7-21　条件判断语句执行流程图

① Python 编程中 if 语句用于控制程序的执行，基本形式为：

```
if 判断条件:
    执行语句……
else:
    执行语句……
```

其中，"判断条件"成立时（非零），则执行后面的语句，而执行内容可以多行，以缩进来区分表示同一范围，使用空格来定义代码中的范围。其他编程语言通常使用花括号来实现此目的。没有缩进的 If 语句会引发错误。else 为可选语句，当需要在条件不成立时执行内容，则可以执行相关语句。

例如：

```
name = 'Mike'
if name == 'python':                    # 判断变量是否为 python
    print 'welcome boss'                # 并输出欢迎信息
else:
    print name                          # 条件不成立时输出变量名称
```

实际运行结果如图 7-22 所示。

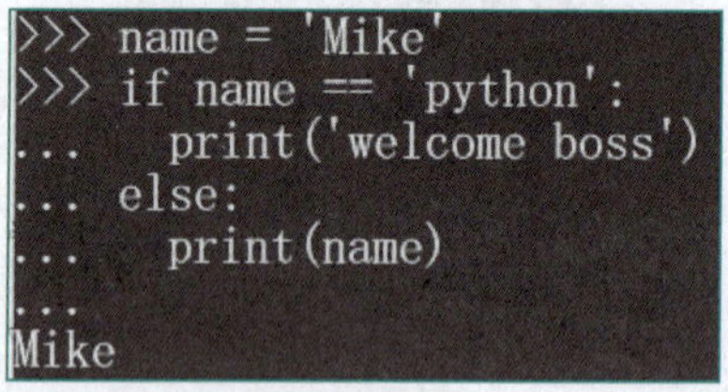

```
>>> name = 'Mike'
>>> if name == 'python':
...     print('welcome boss')
... else:
...     print(name)
...
Mike
```

图 7-22　运行结果

程序解析：

本例中，因为 name 被定义为 'Mike' 与判定的 'python' 并不相同，因此最后直接打印输出最原始的名字内容。

② if 语句的判断条件可以用 >（大于）、<(小于)、==（等于）、>=（大于或等于）、<=（小于或等于）来表示其关系。elif 关键字是 Python 对"如果之前的条件不正确，那么试试这个条件"的表达方式。当判断条件为多个值时，可以使用以下形式：

```
if 判断条件 1:
```

```
    执行语句 1……
elif 判断条件 2:
    执行语句 2……
elif 判断条件 3:
    执行语句 3……
else:
    执行语句 4……
```

例如:

```
num = 85
if num >= 90:                  # 判断 num 的值
    print('成绩优秀')
elif num >= 80:
    print('成绩良好')
elif num >= 60:
    print('成绩合格')
else:
print('成绩不合格')
```

本例子最后执行结果为“成绩良好”。

程序解析:

变量值首先和 90 进行比对，发现不满足条件，因此开始执行下面的 elif 语句。发现满足条件大于或等于 80，所以执行后续的程序，将文字信息打印出来。因为已经满足条件，所以后续的 elif 和 else 语句都不会参与执行。

③ 如果多个条件需同时判断，可以使用 or（或）表示两个条件有一个成立时判断条件成立；使用 and（与）时，表示只有两个条件同时成立的情况下，判断条件才成立。当 if 有多个条件时，可使用括号来区分判断的先后顺序，括号中的判断优先执行，此外，and 和 or 的优先级低于 >（大于）、<（小于）等判断符号，即大于和小于在没有括号的情况下会比 and、or 要优先判断。

例如，if 语句有多个条件

```
num = 85
if num >= 80 and num <90:              # 判断值是否在 80~90 之间
    print('成绩良好')
# 输出结果：成绩良好

num = 80
if num < 60 or num > 100:
    print('成绩需要重点关注')          # 判断值是否小于 60 或者大于 100
else:
    print('成绩在正常范围')
# 输出结果：成绩在正常范围

num = 75
# 判断值是否在 0~59 或者 80~100 之间
if (num >= 0 and num < 60) or (num >= 90 and num <= 100):
    print('重点关注')
else:
    print('日常维持')
# 输出结果：日常维持
```

④ 也可以在同一行的位置上使用 if 条件判断语句，如：

```
score = 91
if ( score >= 90 ) : print('成绩优秀')
print('成绩等级判定')
```

⑤ 嵌套 if，即可以在 if 语句中包含 if 语句，这称为嵌套 if 语句。

例如：

```
x = 95
if x >= 60:
  print("考核通过")
  if x >= 90:
    print("成绩优秀！")
  else:
    print("成绩一般.")
# 输出结果：考核通过  成绩优秀
```

程序解析：

首先判断 x 是否大于或等于 60，发现满足，就向下继续执行程序，打印信息“考核通过”。继续向下执行，比对条件是否大于或等于 90，发现也满足，就向下继续执行程序，打印信息“成绩优秀”，因为满足了 if 的条件，因此，else 内的语句就不参与执行了。程序执行结束。

（4）循环语句，允许执行一个语句或语句组多次。

① for 循环。Python 的 for 循环可以遍历任何序列的项目，如一个列表或者一个字符串。图 7-23 所示为循环语句的执行过程。

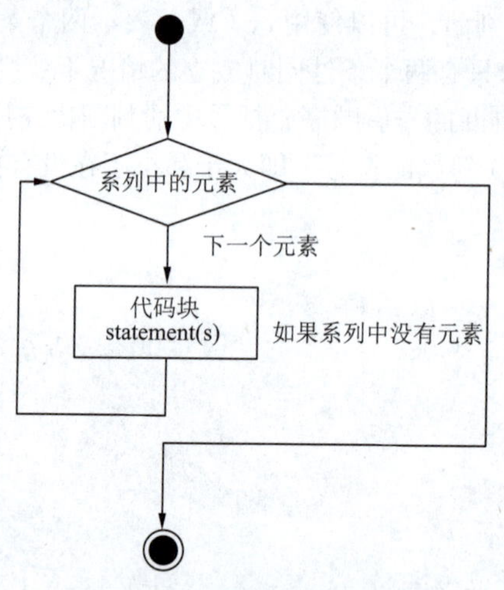

图 7-23　循环执行流程图

for 循环的语法格式如下：

```
for iterating_var in sequence:
  statements(s)
```

例如：

```
for letter in '商务数据分析与应用':        # 第一个实例
  print("当前文字：" + letter)
```

运行结果如图 7-24 所示。

```
>>> for letter in '商务数据分析与应用':
...     print('当前文字是: ' + letter)
...
当前文字是: 商
当前文字是: 务
当前文字是: 数
当前文字是: 据
当前文字是: 分
当前文字是: 析
当前文字是: 与
当前文字是: 应
当前文字是: 用
```

图 7-24　运行结果

程序解析：

将 letter 作为迭代因子置入到“商务数据分析与应用”的字符串中，每次“提取”一个文字，循环往复，直到所有文字被提取完毕。

② while 循环。while 语句用于循环执行程序，即在满足某个条件下，循环执行某段程序，以处理需要重复处理的相同任务。其基本形式为：

```
while 判断条件 (condition):
    执行语句 (statements)……
```

执行语句可以是单个语句或语句块。判断条件可以是任何表达式，任何非零、或非空（null）的值均为 true。当判断条件为 false 时，循环结束。执行流程图 7-25 所示。

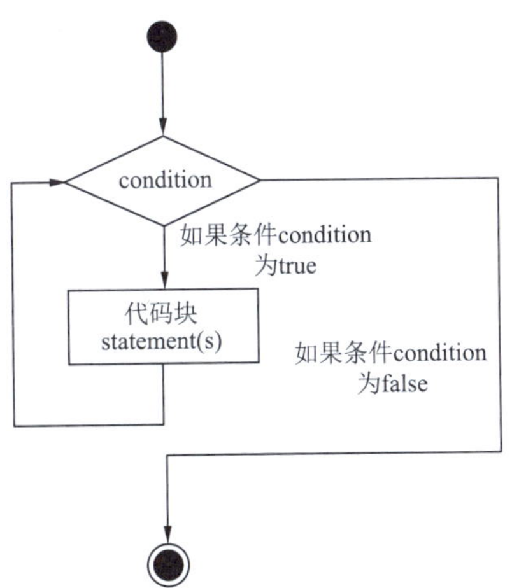

图 7-25　while 循环执行流程图

例如：

```
count = 1
while (count <=5):
   print '当前数字为：', count
count = count + 1
```

执行结果为：

```
当前数字为：1
当前数字为：2
当前数字为：3
当前数字为：4
当前数字为：5
```

程序解析：

设置变量 count 的初始值为 1，第一次进入 while 循环的时候，与设定的条件是否小于或等于 5 进行比较，发现符合条件，就进入循环中进行程序执行，然后打印相关的数字。打印输出完成后，将 count 变量增加 1。

第二次进入 while 循环的时候，count 因为在上次循环时已经自增 1，此时为 2，仍然满足相关条件，打印相关数字，并且 count 变量增加 1。

以此类推，当 count 作为 5 进入循环，并打印输出后，在后续的语句中，变量 count 增加 1，变为 6，当再次进入 while 循环时，发现已经不满足条件，因此退出循环，程序执行结束。

（5）条件判断语句与循环语句的联合使用。

for … else 语句含义：for 中的语句和普通的没有区别，else 中的语句会在循环正常执行完（即 for 不是通过 break 跳出而中断的）的情况下执行，while … else 也是一样。

例如：

```
for num in range(10,20):                              # 迭代 10 到 20 之间的数字
    for i in range(2,num):                            # 根据因子迭代
        if num % i == 0:                              # 确定第一个因子
            j=num/i                                   # 计算第二个因子
            print ('%d 等于 %d * %d' % (num,i,j))
            break                                     # 跳出当前循环
    else:                                             # 循环的 else 部分
        print ('%d 是一个质数 ' % num)
```

程序执行后输出结果：

```
10 等于 2 * 5
11 是一个质数
12 等于 2 * 6
13 是一个质数
14 等于 2 * 7
15 等于 3 * 5
16 等于 2 * 8
17 是一个质数
18 等于 2 * 9
19 是一个质数
```

程序解析：

判定自然数 10 到 20 之间的数字是否为素数。

整体思路是，每次从这 10 个数字中提取一个，并通过与比其小的数字进行除法计算，看是否能够被整除，如果能够被整除，就不是素数，将相关的因数显示出来，否则就是素数，将最后结果打印出来。

5. 分析结果

通过相关编程实际操作可以发现，运用编程处理方式，可以针对各种数据进行更加灵活的处理，相关处理速度也会得到提升，并且分析数据功能可以模块化，便于日后重复使用，可以极大提升数据分析效率。

同步训练

依据以上内容介绍，制作一个小程序，用来计算从 1 到 100 的自然数叠加的和。

能力检测

一、单选题

1. 下列关于活动流量分析描述中错误的是（　　）。
   A. 商家需要通过营销活动来活跃店铺，吸引更多的消费者来店进行消费
   B. 在进行营销活动分析中，活动流量是进行相关数据分析的最重要的指标
   C. 可以很清晰地区分受到营销活动影响而进入店铺进行商品采购的消费者与普通消费者的区别
   D. 进行活动流量分析时，可以借助京东商智和生意参谋等多种数据工具进行
2. 在进行活动转化分析时，一般经常使用的图表是（　　）。
   A. 柱形图　　B. 饼状图　　C. 漏斗图　　D. 雷达图
3. 在进行拉新的具体互动时，我们可以从（　　）方面入手。
   A. 产品广度、产品深度、企业运营
   B. 产品广度、产品新颖度、企业运营
   C. 产品广度、产品深度、企业竞争力
   D. 产品研发、产品深度、企业运营
4. 关于营销渠道推广分析，描述正确的是（　　）。
   A. 进行营销渠道推广就是做广告
   B. 进行营销渠道推广必须花钱，没有免费午餐
   C. 精准投放的特点是基于用户画像，针对不同的用户投放不同的广告
   D. 进入互联网时代后，营销渠道推广只能在网上进行
5. 以下关于投资回报率公式正确的是（　　）。
   A. ROI= 销售数量 / 投入费用 ×100%
   B. ROI= 净收入 / 投入费用 ×100%
   C. ROI= 销售成本 / 投入费用 ×100%
   D. ROI= 销售金额 / 投入费用 ×100%

二、判断题

1. 留存统计一般经常会和转化率等指标综合到一起使用。（　　）
2. 通过精准推广渠道，必然带来高回馈和高支付率。（　　）
3. 短视频制作完成后，最好只在一个平台上发布。（　　）
4. 社交平台强调组织成员之间作为一个“团体”进行互动。（　　）
5. 营销渠道推广，在互联网还不发达的时期，就是做广告。（　　）

行业观察：“东数西算”工程全面实施 构建新型算力体系

国家发改委、中央网信办、工信部和国家能源局于 2022 年 2 月底联合印发通知，全面实施“东数西算”工程。“东数西算”中的“数”，指的是数据，“算”指的是算力，即对数据的处理能力。算力，如同农业时代的水利、工业时代的电力，已成为数字经济发展的核心生产力，是国民经济发展的重要基础设施。我国西部地区资源充裕，特别是可再生能源丰富，具备发展数据中心、承接东部算力需求的潜力。实施“东数西算”工程，可以像“南水北调”“西电东送”一样，从全国角度一体化布局，优化资源配置，提升资源使用效率。

四部门批复的“东数西算”规划了八个国家算力枢纽节点。其中四个分布在京津冀、长三角、粤港澳、成渝等算力需求较大的地区；另外四个分布在贵州、内蒙古、甘肃、宁夏等可再生能源丰富的地区，与这八大算力枢纽节点配套的还有分布在这些节点上的十个国家数据中心集群。

专家指出，之所以要启动“东数西算”，是因为我国数据中心大多分布在东部，大规模数据中心需要充足的土地资源，并消耗大量电力，而且东部数据中心已接近饱和，发展成本高；相比之下，西部地区在气候、土地资源、可再生能源等方面具有天然优势。

国内新的大规模数据中心增量将重点布局在这八大算力枢纽节点。数据中心布局要同时考虑网络时延的要求，对于自动驾驶、远程控制等网络时延要求高的业务要就近建设，存储备份、离线分析等对时延要求不高的业务可以率先转移到西部算力枢纽节点。

1. 各地加快布局“东数西算”建设投资

在江苏汾湖高新技术产业开发区，长三角规模最大的数据中心二期工程正在紧张施工，该项目于 2022 年 3 月份投入实际运营，届时将成为江苏吴江助力“东数西算”长三角一体化示范区数据中心集群建设的重要应用场景。

贵州是“东数西算”的八大算力枢纽节点之一，也是全国第一个国家大数据综合试验区。2022 年上半年建成 17 条直连网络，届时，17 个省份与贵州之间的数据传输将实现极低的网络时延。其中，贵州到长三角枢纽网速单向时延将缩短到 15 毫秒以内，比国家整体方案要求的指标还要快 5 毫秒。这样的省际直连线路将保证数据在传输过程中没有任何停顿中转，无论是存储在贵阳本地还是广东深圳，都能瞬间读取调用。

同为西部地区算力网络国家枢纽节点的甘肃庆阳，也承担了东数西算甘肃大数据中心核心集群的建设任务。已经启动了 1.4 万亩的国家数据中心集群“东数西算”产业园的规划，庆阳到西安的直连链路已经建成使用。

京津冀、粤港澳、成渝、内蒙古、宁夏五大国家算力枢纽节点也在积极引进超大型数据中心，并在电价、资金、税费减免等方面给予支持，打造数据中心产业集群，加快新型算力基础设施布局。

2. 提高算力，加速促进经济增长

据了解，“东数西算”工程全面开启，将大幅提升我国的总体投资水平，预计每年带动社会投资超过 4 000 亿元。专家指出，一个国家的经济水平已经与 IT（信息技术）能力和计算资源紧密相关，算力的提高会加速促进 GDP 的增长。

除了对数字经济的直接带动以外，“东数西算”构建的新型算力网络体系还将推进新基建领域的节能降碳。超大型数据中心的年耗电量通常会达到上亿度（kW·h）。西部地区气温较低，有利于数据中心提高能效，作为“东数西算”骨干力量的电信运营商已经开始按照“东数西算”规划积极调整数据中心的布局了。

据测算，年耗电量 1 亿度的数据中心如果建设在西部，每年可节省电量 1 400 多万度。这样的数据中心如果 50% 使用绿色能源，则每年可再减少碳排放量 2.5 万吨，相当于 1 万多个家庭一年产生的碳排放量。

（资料来源：央视新闻客户端）

直通职场：灵活用工市场发展现状

遵循劳动群体金字塔模式划分，由下向上逐步渗透。围绕城市建设、企业发展及人民生活服务，各行诞生出不同类型的岗位。这些需求岗位量大，时间固定，易标准化培训上岗。灵活用工有效解决企业需求不确等问题。目前市场涉及的位主要聚焦在生活类、职能和专业类，服务岗位居多，涵盖的人群按照劳动体金字塔模型可划分为蓝领、白领。其中蓝领群体量更大，主要是因为在近年来城市服务业快速发展，围绕消费者生活起居、衣食住行等岗位的用工需求增加。同时，在企业发展过程中，对专类人才如律师、IT 人才的需求也在增加。因此，灵活用工自蓝领生活服务业向白领服务业逐渐渗透。

图 7-26 所示为灵活用工市场岗位划分及覆盖劳动群体分布。

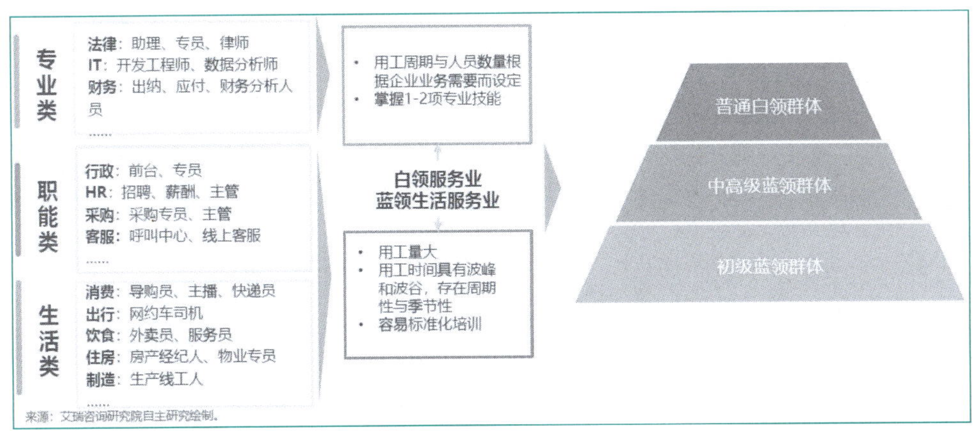

图 7-26　灵活用工市场岗位划分及覆盖劳动群体分布

素质园地：大数据里话新年，远方寄来的“孝心订单”串起最浓年味

不能回家过年的人有很多。虽然回不了家，但他们给亲人的礼物却已经早早到家了。他们是如何为父母和家人送去温暖的呢？春节临近，线上、线下的消费热情又在哪里凸显呢？大数据带你一起来看一看。

春节前夕，很多选择异地过年的子女，通过网购给远在家乡的父母送去孝心，仅一家电商平台就销售近万副春联，满载孝心寄到了父母家。

而这样的“孝心订单”是从 2021 年以来就已经出现的新特点，数据分析发现，12 月份的订单量规模比年初增长了 17.5 倍。

孝心订单打破了地域限制。这一年，四川大凉山收到了数千只东部沿海的大闸蟹，而东北铁岭也收到了数百束产自云南的康乃馨，沉甸甸的孝心通过线上消费穿山越海。

这当中，乡村消费市场复苏势头强劲，如今，县域农村成为适老产品的最大市场。2021 年，电商平台上超过三分之一的适老产品是卖给农村的老年人。

（资料来源：央视新闻客户端）

学习笔记

学习笔记

任务评价

班级：______________________________小组：______________________________

姓名：____________学号：________________________综合评分：_______________

序号	任务内容	实施结果自评	小组互评
1	在计算机上设置 Python 环境		
2	确认环境正常使用		
3	掌握条件判断语句		
4	掌握 for 循环语句		
5	掌握 while 循环语句		

学习小结：

教师评语：

评量标准

项　目	1～4分	5～7分	8～10分
任务完成度	仅能部分完成任务内容，或任务内容完成有缺陷	可以基本完成任务规定内容，没有个人见解和活用效果	全面完成任务，并且有个人见解，能够举一反三
语言表达	语言不连贯，无法对完成内容进行清晰说明。仅可对部分任务内容进行性说明	能够对完成任务进行全部内容说明，语言表达基本连贯清晰	能够对完成内容进行非常流利的表述，并能够联系其他关联知识进行说明
学习态度	仅能保证基本到场参与，与同学和老师沟通交流少，缺乏学习积极性	能够保证课堂上与同学和老师互动，可以完成老师课堂布置的相关任务	积极参与课堂活动，并能够主动帮助同学解决学习问题，帮助老师进行教学活动

总结反思

1. 请简要说明如何做好活动转化分析。

2. 请简要说明如何做好老客户的留存活动。

3. 在多个不同的推广渠道中，企业如何做好相关渠道选择？

4. 企业如何利用短视频和社交媒体做好市场营销活动？

模块八
商务活动服务分析

模块导读

本模块主要针对日常运营中容易被忽视的"服务"内容进行分析解读。通过对售前和售后服务的精细化数据分析运作，可以进一步提升企业的整体形象，完善客户的整体商品购买体验，有助于企业的长期健康发展。

学习目标

【知识传递】

◎能够通过业绩和服务指标，掌握售前服务活动各项要素。

◎了解影响顾客购买商品的各项因素。

◎可以通过客户评价查找企业运用中存在的短板，并加以改良。

◎能够进行合理的退款活动。

【能力培养】

能够使用 Python 编程进行简单 Excel 文件解析。

【价值引领】

了解我国数据安全法基本内容。

思维导图

商务活动服务分析
- 使用pandas读取数据文件
  - 业绩指标分析
  - 服务指标分析
- 使用Python进行数据可视化显示
  - 影响商品体验的因素
  - 客户对商品的评价
  - 退款

引入案例 用数字科技“点亮”乡村

数据显示：截至2022年6月底，5G网络已覆盖92%的乡镇镇区。各种“互联网＋农业”应用遍布田间地头，也改变着传统的农业生产方式。在江西赣州的脐橙主产区，果农们现在种脐橙要天天和各种数据打交道。

眼下正值脐橙秋梢抽生和果实膨大期，是防治病虫害、加强肥水管理的关键阶段，但安远县镇岗乡涌水村脐橙基地却几乎看不到人。以前，打药防虫都是在果园里东奔西跑，现在靠果园里的高清摄像头和传感设备，通过计算机、手机就能随时了解果树的情况。

据果农介绍，温度、土壤的湿度，还有降雨量，它们都从数据上体现出来，通过这些数据就可以预判出最近可能会发生的一些病虫害。通过监控屏幕，可以发现部分果树有卷叶枯萎现象，有些叶片上出现了黄斑。

遇到一些解决不了的问题，果农会拍图片传送到赣南脐橙大数据中心去。大数据中心是以大数据、区块链技术为依托的赣南脐橙智慧大数据平台。平台集数据采集、监测、分析决策为一体，为果农提供全方位咨询指导。大数据平台反馈，如果脐橙需要补水、增加镁硼等微量元素，果农在计算机上就能完成这一系列操作。果农卢红梅说：“现在种橙子就跟搞会计一样，每天都跟数据打交道。”

据了解，安远是赣南脐橙主产区。目前已经建成9个像涌水村脐橙基地这样的智慧果园，2022年总产量预计突破15万吨。

（资料来源：央视新闻客户端）

问题引导：

1. 脐橙基地现在的果园管理方式与以前有什么不同？

2. 数据在脐橙种植过程中发挥了什么作用？

知识准备

一、售前服务活动数据分析

（一）业绩指标分析

这里的业绩指标主要针对电商客服通过自身的服务所获得的产品销售业绩的汇总。主要通过目标完成率来衡量。

在目标完成率中，又分为团队业绩目标和个人业绩目标。在进行业绩目标完成率考核时，主要从以下几个指标入手：

1. 询单转化率

询单转化率主要是指相关客户在购买商品之前，通过与商家客服联系，通过客服的沟通服务，从而下单并支付货款的人数占整个咨询人数的比例，计算公式：

$$询单转化率 = 询单并下单付款人数 \div 总询单人数$$

2. 客单价

客单价主要是指在周期时间内，单独唯一客户下单购买商品的金额总数。一般分为平均客单价和最高、最低客单价。

可以提升客单价的主要方式有：满送、满减、热卖推荐、搭配套餐等。

3. 客件数

客件数与客单价有一定关联，主要是指在周期时间内，单独唯一客户下单购买商品的数量。可以提升客件数的主要方式有：买二送一、满件包邮、满件送礼、关联销售。

4. 咨询量

咨询量是商家引流、提升营销收益的一种方式。经常会在商品详情介绍页面中鼓励客户通过客户资源软件与客服进行沟通。

通过客服的咨询沟通，往往会提升客户转化率和客单价等关键指标，有利于扩大商家商品销售数量和销售金额。

$$销售额 = 咨询量 \times 询单转化率 \times 平均客单价$$

图 8-1 与图 8-2 展示通过淘宝的生意参谋，分别从不同界面上展示了商铺客服的工作效率，包括销售情况、转换情况等，商家可以依据相关数据信息对本企业的运营状况从整体上进行把控。

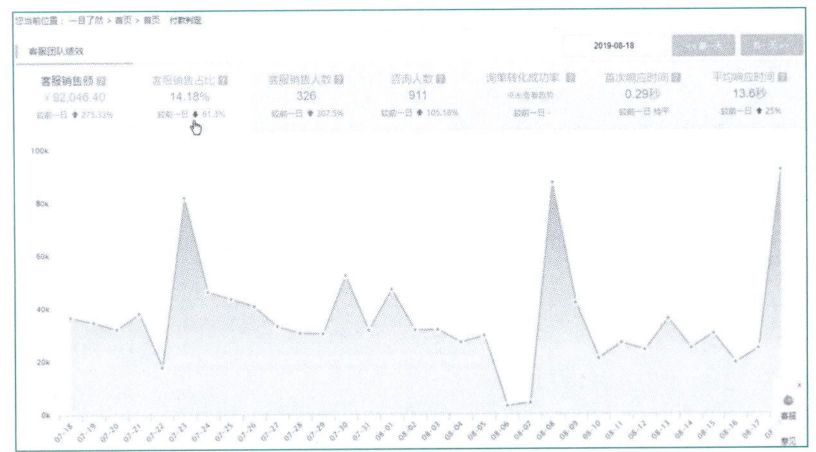

图 8-1 客服团队绩效

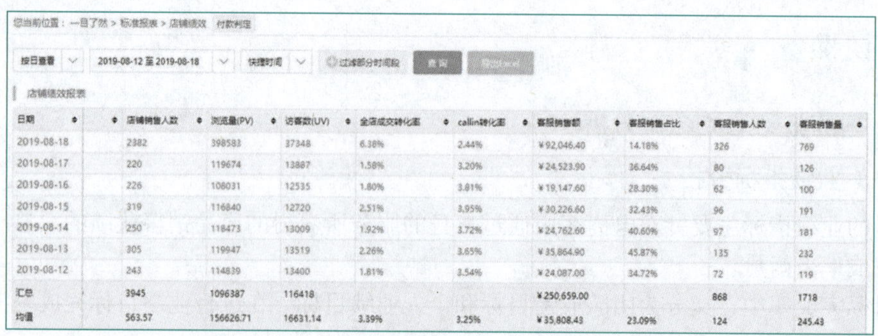

您当前位置：一目了然 > 标准报表 > 店铺绩效 付款判定

按日查看 2019-08-12 至 2019-08-18 快捷时间 过滤部分时间段 查询

店铺绩效报表

日期	店铺销售人数	浏览量(PV)	访客数(UV)	全店成交转化率	callin转化率	客服销售额	客服销售占比	客服销售人数	客服销售量
2019-08-18	2382	398583	37348	6.38%	2.44%	¥92,046.40	14.18%	326	769
2019-08-17	220	119674	13887	1.58%	3.20%	¥24,523.90	36.64%	80	126
2019-08-16	226	108031	12535	1.80%	3.81%	¥19,147.60	28.30%	62	100
2019-08-15	319	116840	12720	2.51%	3.95%	¥30,226.60	32.43%	96	191
2019-08-14	250	118473	13009	1.92%	3.72%	¥24,762.60	40.60%	97	181
2019-08-13	305	119947	13519	2.26%	3.65%	¥35,864.90	45.87%	135	232
2019-08-12	243	114839	13400	1.81%	3.54%	¥24,087.00	34.72%	72	119
汇总	3945	1096387	116418			¥250,659.00		868	1718
均值	563.57	156626.71	16631.14	3.39%	3.25%	¥35,808.43	23.09%	124	245.43

图 8-2　店铺绩效信息时间段展示

（二）服务指标分析

1. 响应速度

响应速度与客户满意度直接挂钩，客户进入商家店铺后，如果遇到问题，往往希望能够尽快得到回复，相关的指标主要分为以下两部分：

1）首次响应时间

现实商务运营过程中，由于接待客户和其他原因，人工客服往往不能保证在第一时间内回复客户，此时，可以考虑利用电商平台提供的特色功能性服务，设置智能机器人回复。以达到秒回的效果。

进行机器人设置，往往是针对一些模式化的内容，比如进行店内新品广告宣传，或者是某项重要公告，或者是商家的物流政策等，为真正的人工客服争取时间。有时，智能机器人客服也可以对客户的咨询内容进行初步的筛选，为后续的人工客服做好相关的前期铺垫。

2）平均响应时间

平均响应时间显示了某段时间内，商家整体或客服人员个体响应状况，主要便于从整体上对不同客服人员进行客服工作响应状况的比较。通过对平均响应时间的分析，并附加参考最快与最慢响应时间，可帮助企业从整体上对整体客服工作做出相应调整。

通过图 8-3 的信息对比，可以对单位内多名客服人员的工作绩效做出合理的评定。可以看到响应时间较长的员工，相关的销售占比和销售量都不高，需要进行调整。图 8-4 展示了客服人员接待压力分布情况，图 8-5 展示具体客服接待时间分布。

您当前位置：一目了然 > 标准报表 > 客服对比 付款判定

按月查看 2019-07 至 2019-08 查询

旺旺分组：全部

客服对比报表

旺旺	咨询人数	询单转化成功率	首次响应(秒)	平均响应(秒)	销售额	个人销售占比	销售量	销售人数	客单价	退款金额	退款件数
静静	6382	41.05%	0.3	12.49	¥403,595.67	20.02%	2531	1327	¥304.14	¥133,693.96	767
小霄	6005	41.81%	0.8	22.54	¥372,225.81	18.47%	2156	1231	¥302.38	¥103,887.14	576
榛果	5516	39.63%	0.42	15.52	¥382,594.00	18.98%	2356	1110	¥344.68	¥117,016.37	658
琴琴	4285	41.42%	0.31	11.74	¥267,114.83	13.25%	1513	885	¥301.82	¥88,111.20	466
YY	4083	41.00%	0.36	10.69	¥232,319.38	11.53%	1415	810	¥286.81	¥65,924.91	371
珍珍	3804	39.01%	0.69	13.68	¥205,948.78	10.22%	1334	755	¥272.78	¥56,262.56	338
清清	1438	36.81%	0.46	58.54	¥78,313.83	3.89%	399	270	¥290.05	¥19,938.11	103
蕾蕾	943	35.66%	0.27	29.29	¥53,656.40	2.66%	261	179	¥299.76	¥12,148.55	59
倩倩	1044	33.85%	0.27	23.97	¥10,970.91	0.54%	84	45	¥243.80	¥3,479.92	15
丁丁	833	37.63%	0.25	43.15	¥8,951.80	0.44%	60	34	¥263.29	¥2,207.58	15
小威	86	0.00%	1	1	¥0.00	0.00%	0	0	¥0.00	¥15,015.78	74
polo	0	0.00%	0	0	¥0.00	0.00%	0	0	¥0.00	¥0.00	0
汇总	34419				¥2,015,691.41		12109	6646		¥617,686.08	3442
均值	2868.25	40.30%	0.47	18.12	¥167,974.28	8.33%	1009.08	553.83	¥303.29	¥51,473.84	286

图 8-3　企业客服人员工作情况展示

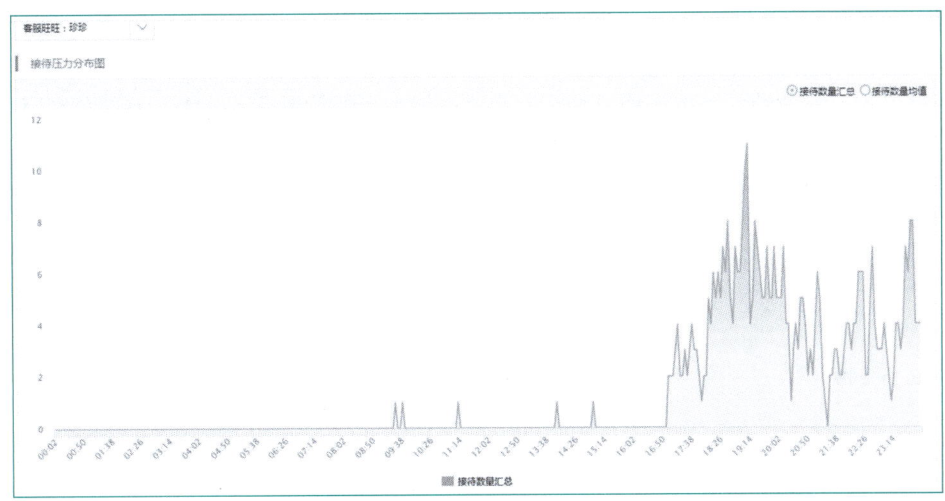

图 8-4　某位客服人员接待压力分布图

您当前位置：绩效明细 > 接待 > 旺旺接待记录

2019-07-25 至 2019-07-25　快捷时间　查询

旺旺分组：全部　客服旺旺：请选择

买家旺旺：　状态：全部

旺旺接待列表　共590条记录

日期	开始时间	结束时间	[illegible]	客服旺旺	接待类型	状态	详情
2019-07-25	00:28:29	00:28:30	66		直接接待	落实下单 落实付款	详情 在线
2019-07-25	08:12:00	15:57:28	06		直接接待	待定	详情 在线
2019-07-25	08:15:44	18:32:29	事事		直接接待	落实下单 落实付款	详情 在线
2019-07-25	08:19:09	11:41:42	键		直接接待	待定	详情 在线
2019-07-25	08:37:18	08:37:24	44_2011		直接接待	待定	详情 在线
2019-07-25	08:40:25	11:58:55	09574		直接接待	待定	详情 在线
2019-07-25	08:56:30	08:56:37	63		直接接待	待定	详情 在线
2019-07-25	08:59:42	17:26:48	06517368_0662		直接接待	待定	详情 在线
2019-07-25	08:59:54	09:21:08			直接接待	落实下单 落实付款	详情 在线
2019-07-25	09:02:07	09:06:07	是个酱油男		直接接待	落实下单 落实付款	详情 在线
2019-07-25	09:02:35	09:14:44	35		直接接待	待定	详情 在线
2019-07-25	09:04:58	23:04:21	的滋慧同学		直接接待	待定	详情 在线
2019-07-25	09:05:47	09:16:04	913		直接接待	待定	详情 在线
2019-07-25	09:06:04	09:06:54	6310		直接接待	待定	详情 在线

图 8-5　旺旺接待记录

2. 个性化服务

所谓个性化服务，主要是指在与客户进行沟通的时候，可以直接用客户的姓氏等进行沟通，并且能够准确说出先前的商品购买经历。让客户感觉自己接受的服务与众不同。能够使用户体会到被重视的感觉，从而可以触发客户对商家的好感，有利于与客服之间的沟通。对于增强客户的忠诚度、提升客单价有非常重要的促进作用。相关个性化服务的基础是商家在进行客服活动时，通过淘宝等提供的沟通平台，可以查看当前客户的等级状况，以及先前的商品购买历史记录。根据获取的这些客户信息，商家就可以针对不同客户提供有针对性的服务。

3. 回复率

回复率尽可能确保 100%。借助当前平台的非人工的智能机器人功能，只要在相关平台上进行设置就可以立即使用。

当然，人工服务是必须的，只有在时间和服务客户数量过大时，才会考虑使用智能机器人进行辅助操作。只要有可能，尽量还是使用人工客服比较合适。但是对于一些模式化的内容，使用智能机器人进行操作效果很好。

另外，需要注意的是，由于商家的客服都会被纳入到绩效考核系统中，有部分客服会在与客户沟通过程中主动向客户索要好评，此种操作往往会给客户带来不必要的反感，并且影响客服的公平公正的绩效考评，因此在日常管理中，商家的管理层需要防止此项内容发生。图 8-6 展示了商家实时客服状况。

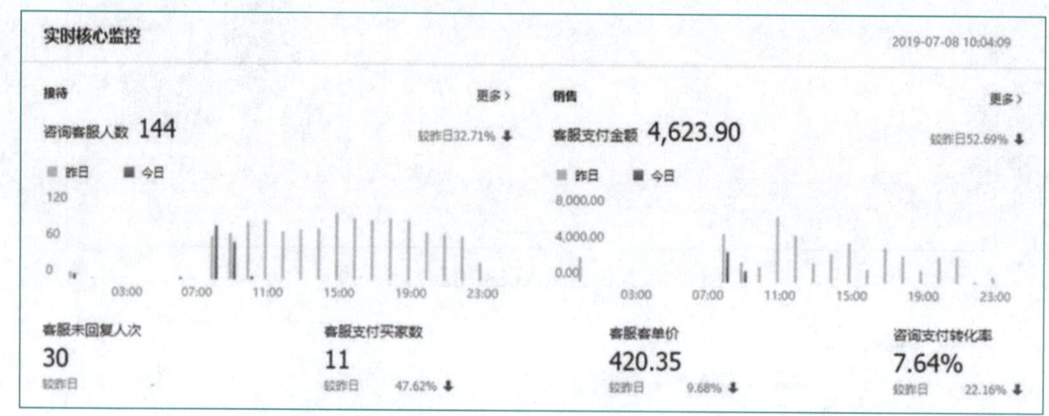

图 8-6　商家实时客服状况

二、售后服务综合数据分析

自 2019 年 1 月 1 日起，天猫部分类目采用基础服务考核分作为服务考核指标，且该指标采取月度考核模式，各类目每月需达到一定的基础服务考核分分值。

生效后，商家需符合所在主营类目的基础服务考核分要求，才能报名参与天猫、淘宝网官方组织的营销活动。基础服务考核分不低于天猫《2019 年度各类目年费软件服务费一览表》中各类目基础服务考核分的值。图 8-7 和图 8-8 展示了具体条款要求。

天猫消费体验指标　综合体验星级考核指标　基础服务考核指标

重要通知与说明：

1.基础服务考核分计算说明 请点此查看

2.营销准入考核：自2018年7月27日起，商家须符合所在主营类目的基础服务考核分要求才能报名参与天猫、淘宝网官方组织的各类营销活动。考核标准点此查看

注：指标看板数据可能存在延迟，最终能否报名活动，以活动页面展示结果为准。

3.天猫商家考核：自2019年1月1日起，天猫部分类目采用基础服务考核分作为服务考核指标，且该指标采取月度考核模式，即考核期内累计多次不达标的，商家将不能在平台继续经营。各类目每月需达到的基础服务考核分分值、累计不达标上限等具体要求 请点此查看

注：请筛选每月最后一天的数据查看。

基础服务考核综合分	商品体验 2	物流体验 2	售后体验 0.136		纠纷投诉 0	咨询体验 4
1.627 营销准入要求 基础服务考核综合分 >= 2.7	商品评价	物流评价	仅退款自主完结时长	退货退款自主完结时长	纠纷退款率	旺旺回复率
	4.691	4.559	2.435天	5.175天	0.021%	95.983%
	4分标准值 4.929	4分标准值 4.889	4分标准值 0.551天	4分标准值 4.759天	4分标准值 0.002%	4分标准值 94.009%

图 8-7　天猫针对电商出台的《基础服务考核指标》

天猫消费体验指标　　综合体验星级考核指标　　基础服务考核指标

重要通知与说明：

1.综合体验星级分为3星－4.5星，星级认证有效期：每月1号和16号为认证日（请查看每月最后一天和15号数据表现），综合体验星级划分标准详情查看

2.综合体验星级考核指标详细说明，点此查看

3.综合体验星级考核大促调整方案公告，点此查看

综合体验星级 3星	商品体验 入围	物流体验 未入围	售后体验 入围		纠纷投诉 未入围	咨询体验 入围	特色服务 入围	成交能力 入围
	3	2	0.139		0	4		
综合体验总分	商品体验退款率	物流评价	仅退款自主完结时长	退货退款自主完结时长	纠纷退款率	旺旺回复率	服务达标成交占比	入围标准
1.828	0.576%	4.56	2.473天	5.143天	0.021%	95.695%	100%	80%
总分达标标准	入围标准	入围标准	入围标准	入围标准	入围标准	入围标准	入围标准	
4	3.75%	4.889	3.18天	8.26天	0.006%	83.35%	50%	
综合体验星级判定标准								

图 8-8　天猫针对电商出台的《综合体验量级考核指标》

（一）影响商品购买体验的因素

影响客户商品购买体验的原因，一般主要包括以下几个方面：

1. 供货商产品

- 商品在设计上是否符合人体工学设计，在设计风格上是否新颖、大方。
- 在产品制作生产上，相关厂商是否能够保证商品的生产工艺先进、严谨，是否具有较为严格的质量监督规范。
- 对商品描述是否与实际不相符或者描述不清晰、不全面。
- 在商家客服过程中，是否存在客服对产品不熟悉的问题，与客户沟通是否存在障碍。

2. 仓储物流

在产品存放上，是否进行了妥善的保管。在仓库管理中，仓储企业是否有完善稳定的管理系统。在物流运输上，是否对商品事先进行了良好的包装，并且中途运输中没有进行暴力运输。

3. 快递

快递服务人员在进行货品揽收时能否保证高效，并且在快递配送时能否保证良好的服务态度。

4. 客户自身

部分较差体验来自于客户自身，例如，在产品购买前没有能够对相关规格和尺码进行认真核定；自己对商品的期望值过高，非常在意其他人评价等。

（二）客户对商品的评价

评价是客户购买商品后将自己的购物体验和使用感受记录到商品页面的一种活动。评价会对店铺产生的巨大影响，主要体现在以下几个方面：

- 店铺评价权重下降，商品搜索排名靠后。
- 不良评语内容会降低进店访客的转化率。
- 直通车 ROI 降低，商品质量得分差，投入产出比拉低。
- 好评率降低，无法参与报名官方活动。

造成负面评价的原因有多种，主要是最终的商品购买体验差所导致的。比如：在仓储物流上由于快递暴力运输导致商品有破损，快递员没有服务意识，服务质量差；商家产品质量不过关，存在虚假宣传和违背承诺现象；还有客户自身对产品期望值过高，与想象不一样，并且与商家协商不一致等。详情如图 8-9 所示。

商家可以通过数据分析平台收集数据，然后通过分析找出中差评的主要分布点，如图 8-10 ~图 8-15 所示，并对相关发生原因进行分析，然后有针对性地解决问题。

差评类型	差评数量	占比	差评类型	差评数量	占比
尺码偏大	4701	28.81%	与图片差异	276	1.69%
面料差	3790	23.23%	降价（含活动）	256	1.57%
版型&款式差	2171	13.31%	包装破损	215	1.32%
尺码偏小	1595	9.78%	颜色-色差大	173	1.06%
掉色，染色	657	4.03%	配件质量差	75	0.46%
做工问题	483	2.96%	发货速度慢	61	0.37%
破损、脏损	394	2.41%	无赠品	55	0.34%
起球，掉毛，粘毛	379	2.32%	服务态度	30	0.18%
颜色-其他的情况	343	2.10%	回复速度慢	16	0.10%
快递服务差	320	1.96%	少件/错发	7	0.04%
异味	313	1.92%	与描述差异	5	0.03%

图 8-9　手工整理的差评类型分析

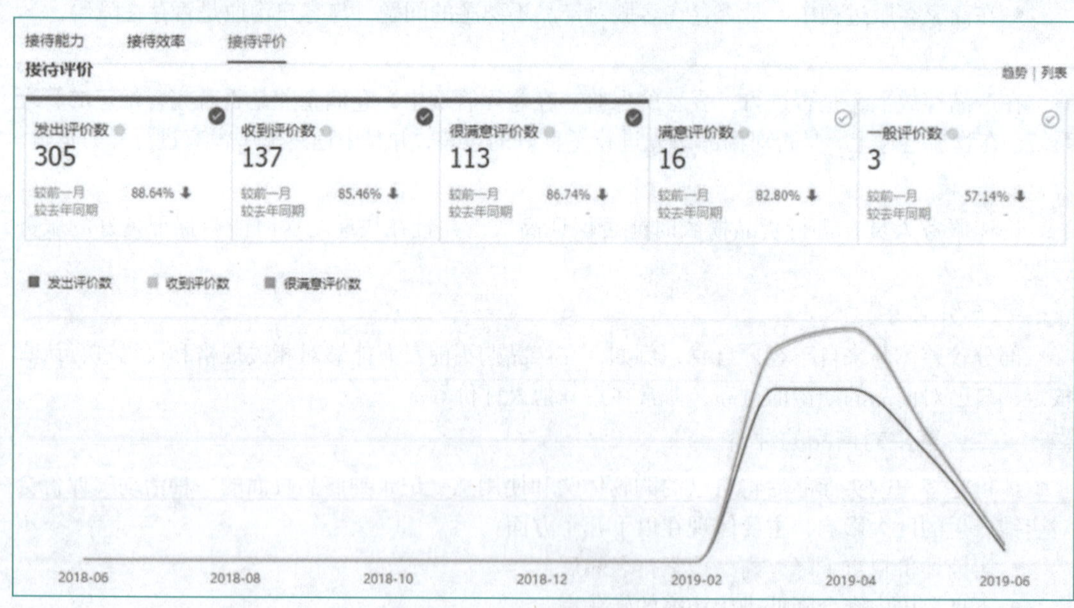

图 8-10　评价信息综合分析

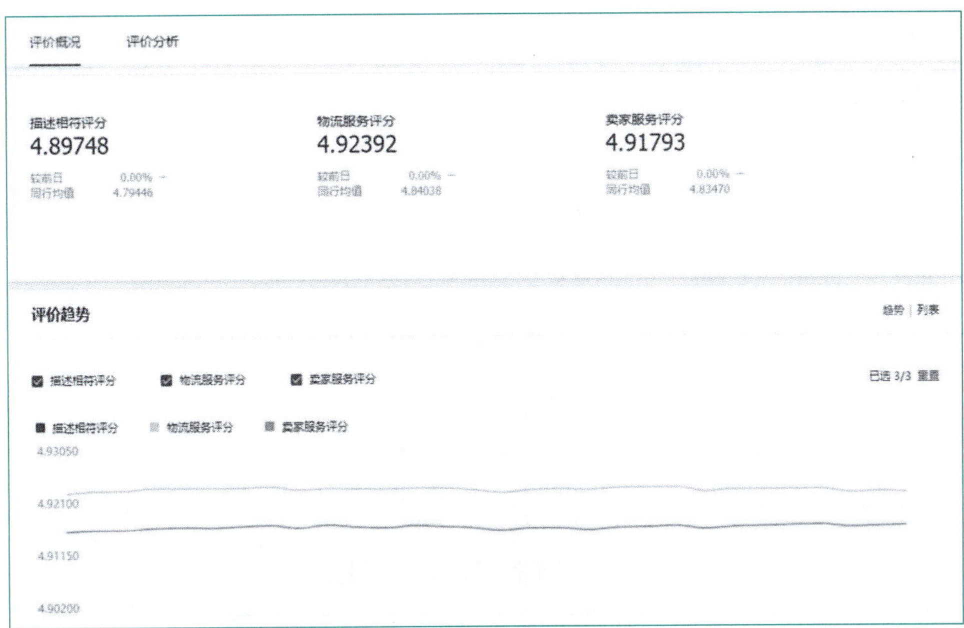

图 8-11　整体评价概况展示

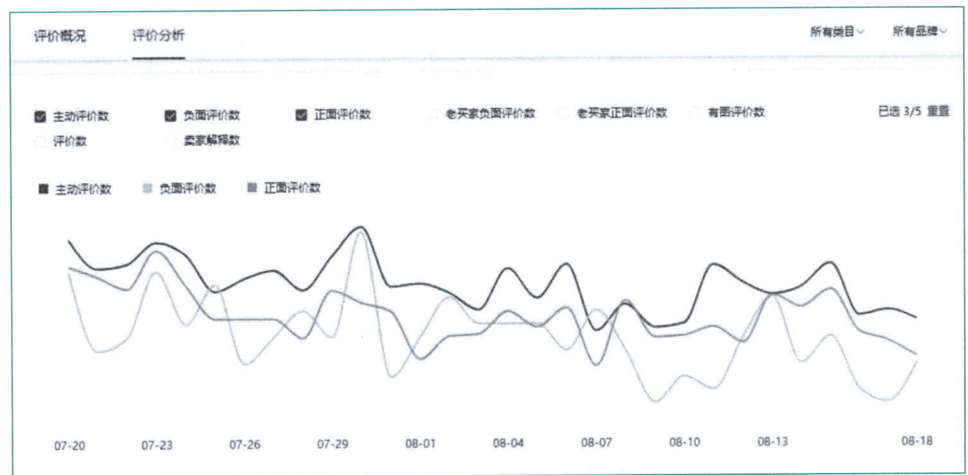

图 8-12　分类别展示评价效果

评价内容分析　正面评价　负面评价

评价内容	评价条数	占比	评价关键词	
性价比相关评价	44	8.75%	物美价廉(7)　物超所值(5)　物有所值(4)　性价比高(3)　价格实惠(3)　活动价性价比也高(1)	更多
商品相关评价	418	83.10%	整体不错(253)　质量很好(26)　质量好(18)　质量不错(15)　尺码推荐(12)　好看(10)	更多
包装相关评价	6	1.19%	包装精美(2)　物流包装严实无破损(1)　包装的也很好(1)　包装很严实(1)　包装到位(1)	
服务相关评价	17	3.38%	服务态度好(6)　值得信赖(3)　按客服推荐的L码正合适(1)　店老板服务态度也很好(1)	更多
物流相关评价	18	3.58%	物流很快(4)　发货速度快(2)　发货也很快(2)　物流也很快(2)　物流也快(2)　快递给力(2)	更多

图 8-13　对商家的正面评价统计分析

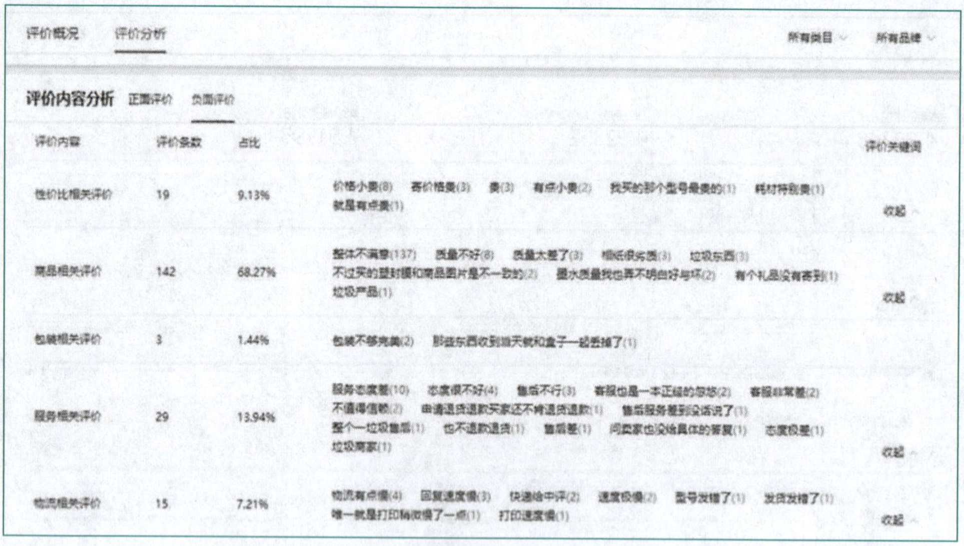

评价概况　评价分析　　所有类目　所有品牌

评价内容分析　正面评价　负面评价

评价内容	评价条数	占比	评价关键词
性价比相关评价	19	9.13%	价格小贵(8)　寄价格贵(3)　贵(3)　有点小贵(2)　我买的那个型号最贵的(1)　耗材特别贵(1)　就是有点贵(1)　收起
商品相关评价	142	68.27%	整体不满意(137)　质量不好(8)　质量太差了(3)　相纸很劣质(3)　垃圾东西(3)　不过买的塑封膜和商品图片是不一致的(2)　墨水质量我也弄不明白好与坏(2)　有个礼品没有寄到(1)　垃圾产品(1)　收起
包装相关评价	3	1.44%	包装不够完美(2)　那些东西收到当天就和盒子一起丢掉了(1)
服务相关评价	29	13.94%	服务态度差(10)　态度很不好(4)　售后不行(3)　客服也是一本正经的忽悠(2)　客服非常差(2)　不值得信赖(2)　申请退货退款卖家还不肯退货退款(1)　售后服务差到没话说了(1)　整个一垃圾售后(1)　也不退款退货(1)　售后差(1)　问卖家也没给具体的答复(1)　态度极差(1)　垃圾商家(1)　收起
物流相关评价	15	7.21%	物流有点慢(4)　回复速度慢(3)　快递给中评(2)　速度极慢(2)　型号发错了(1)　发货发错了(1)　唯一就是打印稍微慢了一点(1)　打印速度慢(1)　收起

图 8-14　对商家的负面评价统计分析

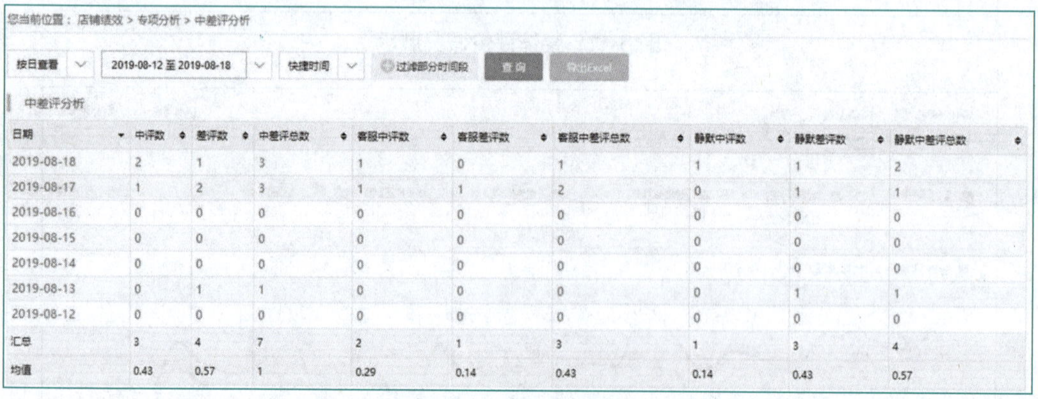

您当前位置：店铺绩效 > 专项分析 > 中差评分析

按日查看　2019-08-12 至 2019-08-18　快捷时间　过滤部分时间段　查询　导出Excel

中差评分析

日期	中评数	差评数	中差评总数	客服中评数	客服差评数	客服中差评总数	静默中评数	静默差评数	静默中差评总数
2019-08-18	2	1	3	1	0	1	1	1	2
2019-08-17	1	2	3	1	1	2	0	1	1
2019-08-16	0	0	0	0	0	0	0	0	0
2019-08-15	0	0	0	0	0	0	0	0	0
2019-08-14	0	0	0	0	0	0	0	0	0
2019-08-13	0	1	1	0	0	0	0	1	1
2019-08-12	0	0	0	0	0	0	0	0	0
汇总	3	4	7	2	1	3	1	3	4
均值	0.43	0.57	1	0.29	0.14	0.43	0.14	0.43	0.57

图 8-15　中差评信息统计

面对负面评价，商家需要积极面对，寻求正面解决问题，对于负面评价可以采取的处理方式：

1. 联系客户，查明原因

分析引起问题的主要原因，是否是产品、服务、物流或者买家原因。

2. 安抚道歉，认真倾听

表明自身希望解决问题的真诚态度，认真倾听客户对退款情况的描述说明。

3. 协商解决

进行退换货、部分退款、送优惠券、送礼物解决问题，并做好坏账损失准备。

4. 跟进处理

充分协商后，在后续问题的处理上，需要积极主动进行跟进，特别是关注客户对评价结果的更改。

5. 注意事项

- 不可辱骂客户，不可恶意骚扰客户。
- 评价解释属于公开信息展示。

- 文字要多才能引起他人注意。
- 人性化的方案才能让顾客满意。
- 大度谦和，要勇于承担责任。

扩展知识：什么样的评价会排名靠前

- 评价字数越多，排名越靠前。
- 评价时间越近，排名越靠前。
- 买家账号等级越高，排名越靠前。
- 评价有晒图的比没晒图的靠前。
- 其他买家点击“有用”次数多的靠前。
- 含有商品关键词的评价内容，比不含有的更靠前。
- 拍多单对多个产品同时评价时，采用复制粘贴同样内容的评价不会靠前。

（三）退款

退款行为主要分为商品未发货仅退款和退货退款。这标志着相关商品交易失败，是商家不愿意看到的情况。图 8-16 展示店铺退款情况。

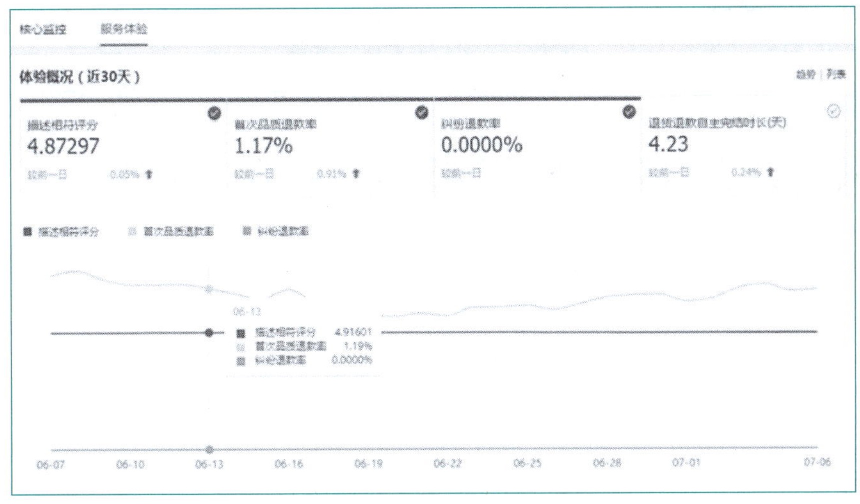

图 8-16　退款和纠纷近 30 天内状况统计

但客户退款并不意味着商品交易活动的结束，相反，从一个较长时期来看，如果能够妥善处理好客户的退款活动，往往可以带来潜在的回访购买行为以及良好的口碑效果。如果商家仅仅将退款看作商品交易的一次短期的决定性行为，往往会在退款过程中与客户发生不愉快的言语冲突。

退款时客服处理的一般步骤为：

（1）联系买家。

（2）核实情况。

（3）安抚致歉。

（4）协调方案。

（5）跟进处理。

（6）备案登记。

备案登记是对退款信息进行最终记录的行为，有时是通过系统自动记录，有时是通过客服人员进行。商家需要定期对相关的退款记录进行整理和统计，如图 8-17 和图 8-18 所示。

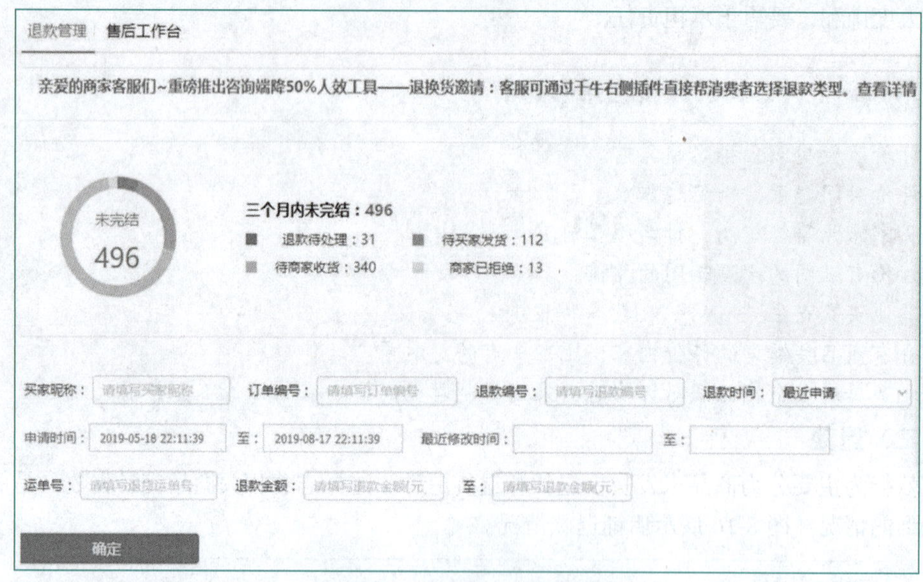

图 8-17　进行退款操作界面

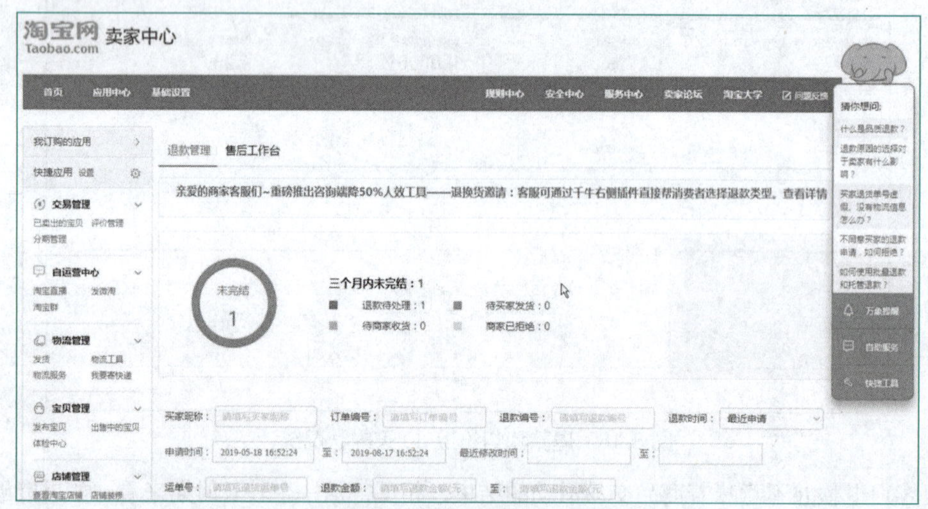

图 8-18　淘宝后台对退款进行管理操作界面

商家通过对某段时间周期内退款情况的统计分析，可以获知相关退款的主要理由以及相应产品类型，从而为后续的商品结构调整做好铺垫。

通过收集退款信息，对顾客退换货的原因做整理分类，将其反馈到对应部门。一般按照如下内容进行信息推送：

- 产品问题：采购部。
- 漏发错发：仓储部。
- 顾客投诉服务差：客服部。
- 物流速度慢：仓储部。
- 描述不符：运营部。

扩展知识：如何进行自动退款

商品未发货仅退款，现在可以使用千牛数据平台工具进行自动化退款处理。

大部分商家会在大促期间雇佣更多的售后客服人员来处理随之而来的售后退款高峰，这不仅需要商家花费精力进行人员组织和培训，同时可能还会因为临时客服人员的操作失误造成不必要的消费纠纷，影响客户服务评分。为了解决这个问题，现在商家只要在千牛售后服务平台中设置自动化退款策略，就可以利用系统快速高效地自动处理售后退款任务。尤其大促期间，商家不必额外调配更多的人力在售后环节，安全平稳渡过大促售后高峰，不再担忧客户服务评分下降。

任务 Python 技术进阶

通过 Python 对商务数据文件进行分析。通过比较，权衡不同流量来源对商品销售的影响，作为后期营销渠道和推广手段选择的决策依据。

视频资源

8-1 pandas 应用

技术要点

◎掌握 pandas 扩展包的使用。

◎掌握 Excel 文件的读取。

◎掌握针对分组数据的最大、最小值的获取。

◎熟悉对 Excel 数据的过滤。

◎掌握通过 Python 绘制统计图形。

任务实施

1. 分析目标

（1）获取各个付费流量来源的最高与最低转化率商品。

（2）获取包括所有流量来源在内的最高与最低转化率商品。

（3）获取访客数、支付转化率、平均客单价均高于平均数的商品。

（4）绘制“不同流量来源访客总数对比”图形。

2. 分析原理

通过程序对数据文件进行读取，依据分析目标，对数据结合程序代码进行结果计算，最后通过引入的扩展程序包对相关数据结果进行图形化显示。

3. 实施准备

准备好采集的数据，同时确保编程环境支持代码编写工作。

4. 实施过程

（1）Python 数据分析依赖库的认知。Python 进行数据分析主要依赖于 pandas 库。pandas 是 Python 语言的一个扩展程序库，用于数据分析，可以提供高性能、易于使用的数据结构和数据分析工具。它是一个强大的分析结构化数据的工具集，基础是 Numpy（提供高性能的矩阵运算）。可以从各种文件格式如 CSV、JSON、SQL、Microsoft Excel 导入数据，并对这些数据进行运算操作，比如归并、再成形、选择，还有数据清洗和数据加工功能。Pandas 广泛应用在学术、金融、统计学等各个数据分析领域。

如果采用 Anaconda 进行 Python 环境安装，相关的 pandas 库可以不必额外安装，它已经被 Anaconda 集成到一起，在安装的时候一并设置好了，在使用的时候只要引入即可。

（2）数据源文件结构分析。对源文件数据信息内容进行初步查看，如图 8-19 所示。

- 指标：流量来源、来源明细、访客数、支付转化率、平均客单价。
- 数据：某时间周期内收集整理的记录数据。

流量来源	来源明细	访客数	支付转化率	平均客单价
付费流量	户外战术工装裤	35188	0.0998	254.3
付费流量	户外双面抓绒衣	28467	0.1127	299.93
付费流量	户外修身软壳冲锋衣	13747	0.0254	200.08
付费流量	冲锋衣内胆	5183	0.0247	237.15
付费流量	纯棉弹力休闲裤	4361	0.0431	291.73
付费流量	迷彩抓绒裤	4063	0.1157	265.09
付费流量	防水户外登山训练风衣	2122	0.1027	286.45
付费流量	战术迷彩抓绒外套	2041	0.0706	244.07
付费流量	防水耐磨修身训练服	1991	0.1652	304.57
付费流量	防风抓绒加厚冲锋裤	1981	0.0575	275.93
付费流量	户外训练防水冲锋衣	1958	0.1471	285.03
付费流量	百搭工装裤	1780	0.1315	298.87
免费流量	运动长裤	1447	0.0104	280.07
免费流量	T恤短袖速干衣	39048	0.116	291.91
免费流量	超薄透气皮肤衣	3316	0.0709	266.28
活动流量	春秋款运动休闲外套	2043	0.0504	241.91
活动流量	夏季弹力速干T恤	23140	0.0969	283.75
其他流量	春秋防水运动外套	14813	0.0114	282.97
其他流量	百搭工装裤	216	0.0185	294.25
其他流量	迷彩抓绒裤	31	0	NaN
其他流量	冲锋衣内胆	17	0	NaN
其他流量	户外修身软壳冲锋衣	3	0	NaN

图 8-19　数据源文件内容

（3）分析步骤：

① 引入 pandas 程序包：

```
import pandas as pd
```

代码说明：

import：表示将要导入一个 Python 扩展程序包。

pandas：导入的扩展程序包名称。

as：为扩展程序包起一个别名。

pd：针对 pandas 的别名名称。以后就可以直接使用 pd 替代 pandas 进行程序编写。

② 读取数据文件：

```
df = pd.read_excel('data/new_data2.xlsx')
```

代码说明：

df：变量名称，作为一个容器，用来保存从磁盘上读取的数据文件，将其引入到程序中。

read_excel()：pd 扩展程序包内置的一个方法，专门用来从不同位置引入 Excel 文件。

data/new_data2.xlsx：表示要进行处理的 Excel 现在保存在与当前执行程序在同级目录下的子文件夹 data 目录下，并且文件名为 new_data2.xlsx。

③ 测试查看相关的数据是否可以正常读取，可以直接打印输出：

```
print(df)
```

显示结果如图 8-20 所示。

```
   流量来源        来源明细     访客数   支付转化率   平均客单价
0  付费流量     户外战术工装裤   35188  0.0998  254.30
1  付费流量     户外双面抓绒衣   28467  0.1127  299.93
2  付费流量   户外修身软壳冲锋衣   13747  0.0254  200.08
3  付费流量       冲锋衣内胆    5183  0.0247  237.15
4  付费流量     纯棉弹力休闲裤    4361  0.0431  291.73
5  付费流量       迷彩抓绒裤    4063  0.1157  265.09
6  付费流量  防水户外登山训练风衣    2122  0.1027  286.45
7  付费流量     战术迷彩抓绒外套    2041  0.0706  244.07
8  付费流量    防水耐磨修身训练服    1991  0.1652  304.57
9  付费流量    防风抓绒加厚冲锋裤    1981  0.0575  275.93
10 付费流量    户外训练防水冲锋衣    1958  0.1471  285.03
11 付费流量       百搭工装裤    1780  0.1315  298.87
12 免费流量        运动长裤    1447  0.0104  280.07
13 免费流量      T恤短袖速干衣   39048  0.1160  291.91
14 免费流量     超薄透气皮肤衣    3316  0.0709  266.28
15 活动流量    春秋款运动休闲外套    2043  0.0504  241.91
16 活动流量      夏季弹力速干T恤   23140  0.0969  283.75
17 其他流量     春秋防水运动外套   14813  0.0114  282.97
18 其他流量       百搭工装裤     216  0.0185  294.25
19 其他流量       迷彩抓绒裤      31  0.0000     NaN
20 其他流量       冲锋衣内胆      17  0.0000     NaN
21 其他流量   户外修身软壳冲锋衣       3  0.0000     NaN
```

图 8-20 代码执行结果

代码说明：

print()：Python 内置方法，表示将相关内容打印输出到控制台。在这里表示将读取到的数据文件信息内容打印出来。

④ 获取包括所有流量来源在内的最高与最低转化率商品。

```
# 获取付费流量最高转化率
print('全体商品中支付转化率最高商品是：')
maxprod = df['支付转化率'].max()
print(df.loc[df['支付转化率']==maxprod])
# 获取付费流量最低转化率
print('全体商品中支付转化率最低商品是：')
minprod = df['支付转化率'].min()
print(df.loc[df['支付转化率']== minprod])
```

程序说明：

df['支付转化率'].max()：表示获取查询数据集 df 中，支付转化率的最大值，最大值的求取使用 max() 方法。

同样，最小值的求取使用 min() 方法。

df.loc[df['支付转化率']==maxprod]：loc 表示在 df 数据集中进行数据定位，也就是通过什么样的条件进行信息筛选。

其中参数：df['支付转化率']==maxprod 表示筛选出数据集中支付转化率等于最大值的那条数据。

执行结果如图 8-21 所示。

```
全体商品中支付转化率最高商品是:
   流量来源        来源明细     访客数   支付转化率   平均客单价
8  付费流量  防水耐磨修身训练服  1991   0.1652   304.57
全体商品中支付转化率最低商品是:
    流量来源         来源明细    访客数   支付转化率   平均客单价
19  其他流量        迷彩抓绒裤     31     0.0      NaN
20  其他流量        冲锋衣内胆     17     0.0      NaN
21  其他流量   户外修身软壳冲锋衣     3     0.0      NaN
```

图 8-21　程序执行结果

⑤ 获取付费流量来源的最高与最低转化率商品。

```
df1 = df.loc[df['流量来源']=='付费流量']
print('付费流量支付转化率最高商品是:')
# 获取付费流量最高转化率
maxprod = df1['支付转化率'].max()
print(df1.loc[df1['支付转化率']==maxprod])
# 获取付费流量低高转化率
minprod = df1['支付转化率'].min()
print('付费流量支付转化率最低商品是:')
print(df1.loc[df1['支付转化率']== minprod])
```

程序说明:

与上一步的操作基本一致，但因为仅仅针对“付费流量”来进行调查，因此，事先需要将所有“付费流量”来源的信息筛选出来。

df.loc 表示通过条件进行数据筛选，这个条件是：df['流量来源']=='付费流量'

执行结果如图 8-22 所示。

```
付费流量支付转化率最高商品是:
   流量来源       来源明细      访客数   支付转化率   平均客单价
8  付费流量  防水耐磨修身训练服  1991   0.1652   304.57
付费流量支付转化率最低商品是:
   流量来源   来源明细    访客数   支付转化率   平均客单价
3  付费流量  冲锋衣内胆   5183   0.0247   237.15
```

图 8-22　程序执行结果

⑥ 获取访客数、支付转化率、平均客单价均高于平均数的商品。

```
# 第一部分：获取各个不同流量来源的数据集
df1 = df.loc[df['流量来源']=='付费流量',:]
df2 = df.loc[df['流量来源']=='免费流量',:]
df3 = df.loc[df['流量来源']=='活动流量',:]
df4 = df.loc[df['流量来源']=='其他流量',:]
# 第二部分，获取不同的平均数
# 访客数的平均数
mean1 = df['访客数'].mean()
# 支付转化率的平均数
mean2 = df['支付转化率'].mean()
# 平均客单价的平均数
```

```
mean3 = df['平均客单价'].mean()
# 第三部分，获取符合条件的结果集
print(df.loc[(df['访客数'] > mean1)
             & (df['支付转化率'] > mean2)
             & (df['平均客单价'] > mean3)])
```

程序说明：

第一部分，获取各个不同流量来源的数据集，具体操作方式和上一步类似，只不过是扩展到其他的流量来源上。

第二部分，获取不同指标的平均数，与刚开始的步骤内容类似，刚开始的部分是获取最大值和最小值，这里是获取平均值，因此将关键方法名替换为 mean。

第三部分，根据条件筛选数据。里面有多个“&”符号，表示需要同时满足三个条件，也就是在“访客数”“支付转化率”“平均客单价”方面，均需要超过全体商品的平均值。

执行结果如图 8-23 所示。

	流量来源	来源明细	访客数	支付转化率	平均客单价
1	付费流量	户外双面抓绒衣	28467	0.1127	299.93
13	免费流量	T恤短袖速干衣	39048	0.1160	291.91
16	活动流量	夏季弹力速干T恤	23140	0.0969	283.75

图 8-23　程序执行结果

5. 数据可视化

绘制“不同流量来源访客总数对比”图形。

（1）导入扩展程序包：

```
import matplotlib.pyplot as plt
```

程序说明：

绘制可视化图形需要 matplotlib 扩展程序包，因此需要在程序执行之前导入，具体方式与先前导入 pandas 包类似。

（2）显示图形程序编写：

```
x = ["付费流量", "免费流量", "活动流量", "其他流量"]
y = [df1['访客数'].sum(), df2['访客数'].sum(), df3['访客数'].sum(), df4['访客数'].sum()]

# 正常显示中文
plt.rcParams['font.sans-serif'] = ['SimHei']
plt.rcParams['axes.unicode_minus'] = False

fig, ax = plt.subplots(figsize=(10, 7))
ax.bar(x=x, height=y)
ax.set_title("不同流量访客总数对比", fontsize=15)
plt.show()
```

程序说明：

```
x = ["付费流量", "免费流量", "活动流量", "其他流量"]
y = [df1['访客数'].sum(), df2['访客数'].sum(), df3['访客数'].sum(), df4['访客数'].sum()]
```

设置需要在横轴（X轴）上将要显示的信息内容，因为这里需要显示所有流量来源的访客总数统计对比情况，因此在X轴上，设置所有的四个不同流量来源。

Y轴上，主要是相关的访客总数对比，因此使用sum()来计算相应流量来源的访客总数，这里的df1，df2，df3，df4，是在之前的程序部分已经通过条件筛选出来的各个不同流量来源数据集信息。

```
plt.rcParams['font.sans-serif'] = ['SimHei']
plt.rcParams['axes.unicode_minus'] = False
```

是为了保证中文能够正常显示而设置的字体内容。

```
fig, ax = plt.subplots(figsize=(10, 7))
ax.bar(x=x, height=y)
```

设置将要显示图形的大小，以及横轴纵轴的对应关系。

ax.set_title(" 不同流量访客总数对比 ", fontsize=15)，表示设置图形的标题，以及标题文字大小。

plt.show()，最后将图形显示出来。

执行结果如图 8-24 所示。

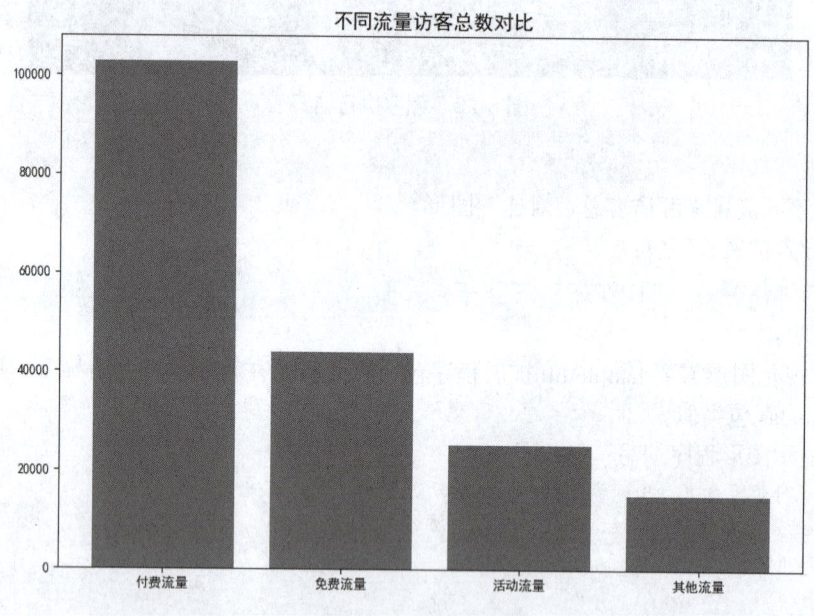

图 8-24　程序执行结果

6. 结果分析

通过相关分析可以发现，虽然付费流量需要付出一定成本，但是其带来的收益也是显著的，后续可以在具体付费投入到哪些部分进行进一步地细致分析。

同步训练

依据以上内容，对不同流量来源的平均转化率进行图形化显示，并评价结果。

能力检测

一、单选题

1. 对客户服务的响应时间进行分析时一般会考虑（　　）。

A. 最长响应时间　B. 平均响应时间　C. 最短响应时间　D. 个人响应时间

2. 以下针对个性化服务描述错误的是（　　）。

A. 所谓个性化服务，主要是指在与客户进行沟通的时候，可以直接用客户的姓氏等进行沟通

B. 提供个性化服务时，应该能够准确说出先前的商品购买经历

C. 应该让客户感觉自己接受到的服务与众不同

D. 客户的个人信息是保密的，客服人员一般看不到

3. 有关回复率的描述，正确的是（　　）。

A. 100% 回复率是达不到的

B. 有智能机器人回复就可以了，不需要人工服务

C. 只要有可能，尽量还是使用人工客服比较合适。

D. 服务提供的好，可以跟客户索要好评

4. 对于影响商品购买体验的说法，错误的是（　　）。

A. 供货商产品的设计会影响购买体验

B. 产品仓储物流会影响购买体验

C. 快递人员的服务态度不会影响购买体验

D. 客户自身也会对购物体验造成影响

5. 客户购买商品后的评价对店铺的影响，说法错误的是（　　）。

A. 店铺评价权重下降，宝贝搜索排名靠后

B. 不良评语内容会降低进店访客的转化率

C. 直通车 ROI 降低，宝贝质量得分差，投入产出比拉低

D. 好评率降低，但不影响参与报名官方活动

二、判断题

1. 造成负面评价的原因有多种，主要是最终的商品购买体验差所导致的。（　　）
2. 面对负面评价，商家需要尽量回避，寻求通过“特殊手段”解决问题。（　　）
3. 备案登记是对退款信息进行最终记录的行为。（　　）
4. 对于客户的询问，要尽量简单回答。（　　）
5. 进行客服应答时，对于一些固定模式化的内容，使用智能机器人进行操作效果很好。（　　）

行业观察：6 方面 24 条举措！深圳：放宽数据要素交易等相关领域市场准入

作为全国创新要素的重要集聚地，深圳拥有丰富的数据资源，如何更好地盘活这些资源？《关于深圳建设中国特色社会主义先行示范区放宽市场准入若干特别措施的意见》（以下简称《特别措施》）中明确提出要放宽数据要素交易和跨境数据业务等相关领域市场准入。

特别措施提出了包括科技领域、金融领域、医疗领域、教育领域、交通领域以及其他领域的 6 个方面 24 条具体举措。

数据显示，深圳的数字经济规模占到全国的 1/6、全世界的 1/10 左右，放宽数据要素交易和跨境数据业务准入，不光是对深圳、对中国，乃至对全世界未来数据要素市场的发展都具有非常重大的战略意义。此次放宽准入最大的亮点就是要联动推进境内、跨境、离岸三个数据要素市场准入放开。

《特别措施》明确放宽数据要素市场准入，要以人民币结算为主。专家对此表示，这是把数据要素和资本要素做了一个有机的衔接，既推动了数据要素市场的形成，又推动了数字人民币国际化的步伐。

国家信息中心大数据发展部主任说，进行数据的跨境流通、融合，这是一个非常大的突破，来推动数据在国内外的流通。这个方面的突破如果能够确实落实的话，会带动包括跨国企业，包括中国的企业走出去、外国的企业走进来，以及相关的数据的贸易、数据的服务，对整个产业的形成是极为重要的。

（资料来源：央视新闻客户端）

直通职场：新职业从业者的特征

在能力、专业性、从业伙伴和政策的多方催化下，新职业从业者对职业的认同感大大加深，超过七成的从业者长期看好新职业，愿意长期从事新职业。

自 2019 年 1 月以来，国家已先后公布三批共 38 个新职业，包括网约配送员、互联网营销师等，让新职业从业者获得了更多的职业和社会认同，极大振奋了新职业从业者的从业信心。问卷调查显示，84.5% 的新职业从业者愿意向别人推荐新职业岗位。90% 的新职业从业者得到家人支持，较 2019 年、2018 年均有大幅提升。以在线学习服务师为例，2020 年被纳入官方认定的新职业后，根据智联招聘公布的数据。2020 年上半年招聘职位数同比增长 9.5%。

素质园地：《中华人民共和国数据安全法》实施

《中华人民共和国数据安全法》（以下简称《数据安全法》）已由中华人民共和国第十三届全国人民代表大会常务委员会第二十九次会议于 2021 年 6 月 10 日通过，自 2021 年 9 月 1 日起施行。

“从将个人、企业和公共机构的数据安全纳入保障体系，到规范行业组织和科研机构等主体的数据安全保护义务，《数据安全法》确立了对数据领域的全方位监管、治理和保护。”中国人民大学法学院副教授说。

《数据安全法》明确规定，任何组织、个人收集数据，应当采取合法、正当的方式，不得窃取或者以其他非法方式获取数据。

“数据安全法对个人信息数据的收集、存储、使用、提供等进行全链条、全流程监管。”公安部第三研究所网络安全法律研究中心主任说，《数据安全法》为公安机关全链条打击、惩治侵犯公民个人信息、倒卖个人数据等违法犯罪行为提供了重要法律保障，将更加有利于落实网络安全等级保护制度，全方位保护个人信息安全。

（资料来源：根据相关资料整理）

学习笔记

任务评价

班级：________________ 小组：________________

姓名：__________ 学号：________________ 综合评分：__________

序号	任务内容	实施结果自评	小组互评
1	正确导入 pandas 包		
2	使用 pandas 读取 Excel 文件		
3	获取包括所有流量来源的最高与最低转化率商品		
4	获取付费流量来源的最高与最低转化率商品		
5	获取访客数、支付转化率、平均客单价均高于平均数的商品		
6	数据可视化显示图形		

学习小结：

教师评语：

评量标准

项　目	1～4 分	5～7 分	8～10 分
任务完成度	仅能部分完成任务内容，或任务内容完成有缺陷	可以基本完成任务规定内容，没有个人见解和活用效果	全面完成任务，并且有个人见解，能够举一反三
语言表达	语言不连贯，无法对完成内容进行清晰说明。仅可对部分任务内容进行性说明	能够对完成任务进行全部内容说明，语言表达基本连贯清晰	能够对完成内容进行非常流利的表述，并能够联系其他关联知识进行说明
学习态度	仅能保证基本到场参与，与同学和老师沟通交流少，缺乏学习积极性	能够保证课堂上与同学和老师互动，可以完成老师课堂布置的相关任务	积极参与课堂活动，并能够主动帮助同学解决学习问题，帮助老师进行教学活动

总结反思

1. 请简要描述如何进行业绩指标分析。

2. 请简要说明影响商品体验的因素有哪些。

3. 请说明如何利用好客户对商品的评价信息。

4. 请说明如何做好退款工作。